KB138249

생각하지 마라,
단지 보라

비트겐슈타인
논리철학논고 해제 2

생각하지 마라,
단지 보라

초판 1쇄 인쇄 2018년 2월 5일
초판 1쇄 발행 2018년 2월 12일

지은이 조중걸
발행인 김우진

발행처 이야기가있는집
등록 등록 2014년 2월 13일 제2014-000062호
주소 서울시 마포구 월드컵북로 375, 2306(DMC 이안오피스텔 1단지 2306호)
전화 전화 02-6215-1245 | 팩스 02-6215-1246
전자우편 editor@thestoryhouse.kr

ISBN 979-11-86761-23-6 04100
979-11-86761-21-2(세트)

이 도서의 국립중앙도서관 출판예정도서목록(CIP)은 서지정보유통지원시스템 홈페이지(http://seoji.nl.go.kr)와 국가자료공동목록시스템(http://www.nl.go.kr/kolisnet)에서 이용하실 수 있습니다.(CIP제어번호: CIP2018001862)

※한국출판문화산업진흥원 2017년 우수출판콘텐츠 제작 지원 사업 선정작입니다.

- 이야기가있는집은 (주)더스토리하우스의 인문, 문학 단행본 브랜드입니다.

- 책값은 뒤표지에 있습니다.

일러두기
이 책은 루틀리지의 《논리철학논고(Logisch-philosophische Abhandlung)》를 중심으로 강의 내용을 담고 있습니다. 《논리철학논고 해제》는 총 4권으로 출간 예정입니다.

비트겐슈타인 논리철학논고 해제 2

Ludwig Wittgenstein

생각하지 마라, 단지 보라

Don't think, Just look

조중걸 지음

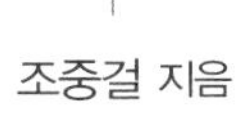

저자의 글

《논리철학논고해제》 2권에 해당되는 지금 책 《생각하지 마라, 단지 보라》는 비트겐슈타인의 철학 중에서 가장 중요하고 까다로운 주제 중 하나로 간주되는 진리함수를 본격적으로 다루는 부분이다.

비트겐슈타인은 먼저 사유thought와 언어language를 나눈다. 사유는 기만하지 않는다. 사유는 세계에 대한 실증적인 사실(정확히는 사실의 가능성)에 관한 것이다. 그러나 어떤 언어는 사유를 배반한다. '침묵 속에 지나쳐야 할 것들What should be passed over in silence'이 사유를 위장한 채로 언어 속에 발생한다. 비트겐슈타인의 철학은 이 명제를 nonsensical proposition(무의미한 명제)으로 치부한다. 이것이 소위 언어 비판이다. 그만큼은 면도날의 세례를 받아야 한다.

이제 유의미한 명제proposition with sense 안에 존재하는 언어의 세계를 가정할 때 우리의 세계는 일련의 명제의 집합이다. 그리고 이 명제는 분석되어 요소명제에 닿는다. 전통적인 철학은 요소명제를 먼저 가정하고 그 위에 일반명제(혹은 복합명제)를 쌓아올렸다. 그러나 비트겐슈타인은 복합명제의 존재가 요소명제의 존재를 요청한다고 가정하고 더 나아가 복합명제는 요소명제를 독립변수(비트겐슈타인의 용어로는 truth-argument)로 하는 진리함수라고 주장한다. 이 부분이 비트겐슈타인이 그의 철학을 통해 수학 세계를 풍요롭게 만든 〈명제〉 편이다. 그의 형식 논리학formal logical은 매우 날카롭고 종합적이며 까다롭다. 그러나 조심스럽게 접근하여 잘 이해한다면 우리의 언어 세계에 대한 더 한층 놀라운 통찰을 준다.

이 책은 일 년간 진행된 '논고 강독'에 의한 것이다. 따라서 기본적으로 강의록이다. 구어체의 문장은 이것이 강의록인 이유다. 필자는 이 '논고 강독'을 함께한 학생들에게 진심으로 감사한다. 나는 그들에게서 커다란 즐거움을 얻었다. 그들도 그랬기를 바란다. 이 원고를 정리해준 항공우주연구소의 임석희 연구원에게도 감사를 전한다. 학생이자 동료인 임석희 씨의 열의와 성실이 강의에 생명을 불어넣었다.

다음은 논고를 같이 공부했던 학생들이다. 나는 가르치며 배웠다. 이 학생들이 없었다면 논고 강의는 항상 그래왔던 것처럼 곧 폐강되었을 것이다. 그들의 날카롭고 적절한 질문은 내게 또한 커다란 행복이었다. 인연에 감사한다.

남문경(항공우주연구소 연구원), 이봉지(불문과 교수), 박성일(한의원 원장), 김기승(KBS PD), 한빛찬(수학연구소 MABS 연구소장), 한정인(의사), 지명훈(동아일보 기자), 안치용(생명과학연구소 연구원), 권형진(ETRI 연구원), 임석희(항공우주연구소 연구원), 이정원(ETRI 연구원), 조항주(철학과 대학원 재학)

-조중걸

CLASSIFICATION OF PROPOSITIONS

Authentic Proposition

1. Propositions of Logic(Demonstrative Knowledge, Analytic a priori Knowledge, Structure)

2. Propositions with Sense(Matters of Fact, Synthetic Empirical Knowledge, Thought, What can be said)

Nonsensical Proposition(Senseless Proposition, has symboless sign)

1. Cause and Effect(Causal Nexus, Scientific Knowledge, Superstition)

2. Metaphysics, Aesthetics, Theology, Ethics, Political Philosophy(What should be passed over in silence)

   ref) Pseudo-proposition Formal Proposition

   ref) Illogical Proposition

   ref) Non-Logical Proposition ; Proposition with Sense

❖ 이 정리는 비트겐슈타인이 언어라고 규정하는 명제에 관한 것이다. 이것이 비트겐슈타인 철학에서 가장 근본적인 골조를 구성하는 것이다.

명제 분류표

진성명제

1. 논리명제(논증적 지식, 분석적 선험지식, 구조)
2. 뜻이 있는 명제(사실문제, 종합적 경험지식, 사유)

넌센스 명제

1. 인과관계(뜻이 없는 명제) ; (과학지식, 미신)
2. 형이상학, 미학, 신학, 윤리학, 정치철학

   ref) 사이비 명제 ; 형식명제

   ref) 비논리적 명제

   ref) 비논리 명제 ; 뜻이 있는 명제

ex) • 210은 21×10이다. ; 논리명제

- 새가 날고 있다. ; 뜻이 있는 명제(비논리 명제)
- 두 물체 사이에는 힘이 존재한다. ; 인과관계
- 효는 인간됨의 기초이다. 미적 체험은 감각 이면에 있는 세계관과 감상자 세계관의 일치에 의한다. ; 윤리학, 미학
- 1은 숫자이다. 빨강은 색이다. ; 형식명제
- 자주색은 세 살이다. ; 비논리적 명제
- 새가 날고 있다. ; 비논리 명제(뜻이 있는 명제)

차례

Tractatus
Logico-Philosophicus
Tractatus

Tractatus

Logico-P

Tractatus

비트겐슈타인 《논리철학논고》 해제 2. 진리함수

인과율에 대한 믿음은 곧 미신이다

losophicus

사유와 언어
(뜻을 지닌 명제, 뜻이 없는 명제)
4~4.0031

4. A thought is a proposition with a sense.

사유란 뜻을 가진 명제이다.

4.001 The totality of propositions is language.

명제의 총체가 언어이다.

이게 문제다. 명제는 뜻을 가진 명제만 포함하는 게 아니라, 무의미한nonsensical 명제도 포함한다. 그래서 언어가 우리를 속이는 것이다. 언어는 두 종류의 명제로 구성된다.

첫째, 뜻을 가진 명제proposition with sense

둘째, 뜻이 없는 명제nonsensical proposition

이때 '뜻이 있다, 없다'를 가르는 것은 간단하게 말해 실증성이다. 경험 대상을 지니는 명제는 유의미하다. 우리의 언어에는 신, 아름다움, 윤리 등과 관련한 명제들이 있다. 그러나 이것들은 뜻을 지닌 명제, 즉 사유thouthf는 아니다. 실증적 대상이 아니기 때문이다. 비트겐슈타인의 철학은 언어비판이다. 무의미한 언어를 명제의 세계에서 구축해야 한다.

> 4.002 Man possesses the ability to construct languages capable of expressing every sense, without having any idea how each word has meaning or what its meaning is - just as people speak without knowing how the individual sounds are produced.
>
> 사람들은 각각의 말이 어떻게 의미를 가지는지 그리고 그 의미는 무엇인지에 대해 어떤 생각도 갖지 않고서도 모든 뜻을 표현하는 것이 가능한 언어를 구성할 능력이 있다. 마치 사람들이 어떻게 개별적인 음성들이 만들어지는지를 알지 못한 채로 말하듯이.

한마디로 간략하게 말하면 '사람들, 참 생각 없이 말하고 산다'라는 뜻이다. 우리가 '응'이라고 말할 때 구개의 어떤 작용과 어떤 울림, 어떤 모양 등에 의해서 나오는지 모르고도 '응'이라고 말한다. 어떻게 발음이 되는지도 모르면서 말을 하는 것처럼, 우리는 언어 속에 내포되어 있는 말들이 어떻게 가능한지 또 그 의미가 무엇인지에 대해서 모르는 채 모든 의미를 가지는 모든 뜻을 표현할 수 있는 언어를 구상해낼 능력이 있다는 것이다.

그래서 가끔 묻고 싶을 때가 있다. "너는 네가 말하고 있는 것이 무엇을 의미하는지를 아는가?" 우리가 도덕적 행위라고 말할 때, 그 말이 무엇을 의미하는지, 어떻게 해서 의미가 가능한지에 대해서 모르는 채로, 따져보지 않고 무턱대고 말을 한다.

Everyday language is a part of the human organism and is no less complicated than it. It is not humanly possible to gather immediately from it what the logic of language is.
일상적인 언어는 인간 유기체의 한 부분이다. 그리고 (일상 언어는) 그 유기체에 못지 않게 복잡하다. 즉시로 그 일상적인 언어로부터 언어의 논리가 어떠한가 하는 것을 추론해내는 것은 인간적으로 불가능하다.

고등학생 때 적분을 배우면서 치환하거나, 그것을 더 간단하게 계산하는 방법들을 배웠다. 그런데 그것이 원리상 어떻게 가능한 것인지, 그 원리에 대해 모르고서도 이를 계산할 수있다. 가령 우리는 1+1=2라는 것을 즉시 계산할 수 있다. 그러나 1+1이 어떻게 2가 될 수 있는지 증명하라고 하면, 우리는 증명할 수 없다. 우리는 언어를 사용할 때 굉장히 관용적으로 사용한다. 그것의 의미가 무엇인지, 그 관용적인 말이 언어의 논리를 지키고 있는지 아닌지를 모르고도 사용한다. 말을 하면서 동시에 그 언어의 논리를 추론하는 것은 불가능하다. 그저 우리는 기계적으로 말한다.

Language disguises thought. So much so, that from the outward form of the clothing it is impossible to infer the form of the thought beneath it, because the outward form of the clothing is not designed to reveal the form of the body, but for entirely different purposes.

언어는 사유를 위장한다. 옷의 외적인 형상으로부터 그 이면의 사유의 형식을 추론해내는 것이 불가능하다. 왜냐하면 옷의 외적인 형식은 몸의 형식을 드러내기 위해서 고안된 것은 아니고, 전적으로 다른 목적을 위해서 고안된 것이기 때문이다.

옷은 몸을 드러내기 위해서가 아니라 추위나 햇빛으로부터 몸을 보호하기 위해서 고안된 것이다. 우리의 육체의 모습을 그대로 드러내기 위해서 만든 것이 아니다. 그래서 옷은 우리 몸의 형상과는 상관이 없다. 물론 옷을 형상을 드러내기 위한 목적으로 삼는 사람도 있기는 하다. 하지만 옷은 몸의 형상을 드러내기 위한 목적으로 입는 것은 아니다.

언어도 그렇다. 언어는 전적으로 사유를 드러내기 위한 목적으로 사용되지 않는다. 우리 삶의 여러 관습convention에 의한 것이다. 옷으로 다시 이야기해보자면, 옷은 우리의 육체와는 따로 논다. 그런데 육체의 어떤 측면, 즉 추위와 햇빛으로부터 보호하기 위한 목적을 가지고 있다. 언어도 사유와 어떤 방식으로 관계를 맺기는 한다. 그러나 그 언어가 우리의 사유를 명료하게 표현하는 데 그 목적을 두고 있지는 않다.

옷은 몸의 형상을 드러내지 않는다. 마찬가지로 언어는 사유를 드러내지 않는다. 옷은 어떤 이익을 위한 것이다. 마찬가지로 언어도 어떤 이익을 위한 것이다.

The tacit conventions on which the understanding of everyday language depends are enormously complicated.
일상적인 언어에 대한 이해에 기초하는 암묵적인 언어의 관습은 매우 복잡하다.

언어는 참을 말하기 위해서 존재하는 것이 아니다. 언어가 우리에게 중요한 의미를 가지는 것은 뜻sense을 전달하는 데 있다. 이 뜻을 명료하고 정확하게 전달해야 하는데, 우리의 언어 관습은 반드시 뜻을 명료하게 전달하기 위해서만 사용되는 것은 아니다. 이것이 삶이 혼란하게 만드는 원인이다.

《논리철학논고》에서 사유라고 할 때는 어떤 대상에 대한 논리에 맞는 명료한 지칭이다. 사유에서 필요한 것은 적합성과 엄밀성이다. 옷은 무차별적이다. 그것은 몸을 드러내기도 하고, 감추기도 하고, 또 몸을 보호하기도 한다. 언어도 마찬가지다. 그것은 우리의 사유를 드러내기도 하고, 감추기도 하고, 또 다른 어떤 이익을 위해 공허하는 것이 되기도 한다. 언어가 '침묵 속에 지나가야 할 것'에 대해 떠들어댈 때 사유가 아닌 명제가 시작된다.

4.003 Most of the propositions and questions to be found in philosophical works are not false but nonsensical.
명제와 질문의 많은 것들은, 철학적인 작업에 있어서 발견되는 많은 명제와 의문들은 거짓인 것이 아니라 단지 무의미nonsensical할 뿐이다.

철학적 명제와 그것이 불러일으키는 많은 의문은 그것이 거짓이 아니고, 즉 참과 거짓을 다툴 문제가 아니라, 의미가 있느냐 의미가 없느냐 sensical or nonsensical의 문제에 해당한다. 이때 무의미nonsensical한 명제는 무엇인가 하면, 언어는 세계를 거울처럼 반사하고 반영해야 하는데, 반사하지 않는 언어이다.

Consequently we cannot give any answer to questions of this kind, but can only point out that they are nonsensical.
따라서 우리는 이러한 종류의 의문에 대해서는 어떠한 답변도 할 수 없다. 단지 그것들이 유의미하지 않다nonsensical고 지적하는 것밖에는.

누가 신은 존재한다거나 혹은 존재하느냐, 하지 않느냐에 대해서 묻고 말할 때, 우리는 어떤 답변도 할 수가 없다. 단지 우리는 그 의문이 유의미한지, 무의미한 질문인지를 지적하는 데 그칠 수밖에 없다.

Most of the propositions and questions of philosophers arise from our failure to understand the logic of our language. (They belong to the same class as the question whether the good is more or less identical than the beautiful.) And it is not surprising that the deepest problems are in fact not problems at all.
철학자들의 명제들과 의문들은 우리 언어의 논리들을 이해하기를 실패하는 것에서 기인한다. (그 질문들은 선이라는 것은 '미美'라는 것과 좀 더 가까운 것인지, 덜 가까운 것인지에 대한 질문과 같은 종류에 속한다.) 따라서 가장 심오한 문제들이 도대체 어떤 문제도 아니라는 사실은 그리 놀라울 것도 없다.

선善은 곧 미美고, 미는 곧 선이다. 선과 미는 같다. 하지만 나는 이런 말을 못하겠다. '선과 미는 같다'라는 말을 하기 위해서는 우선 선이 무엇인지 정의한 후 미가 무엇인지 정의해야 한다. 그리고 이제 선과 미가 어떻게 연관되는지도 증명해야 한다. 이것은 쉬운 일이 아니다.

가장 심오하다는 문제들은 문제 그 자체가 아니다. 죽음 그 자체의 삶은 있느냐 없느냐, 영혼은 불멸하느냐 등 이런 심오한 질문은 질문 그 자체가 아니라, 따질 필요도 없는 것이다.

4.0031 All philosophy is a 'critique of language(though not in Mauthner's sense)'. It was Russell who performed the service of showing that the apparent logical form of a proposition need not be its real one.

모든 철학은 언어비판이다(마우트너의 의미에서는 아니고). 명제의 외연적인 논리적 형식이 반드시 진정한 형식은 아니라는 사실을 보여준 이는 바로 러셀이었다.

'모든 철학은 이성비판이다'라고 한 사람은 칸트다. 즉 순수이성이 더 이상 미치지 말아야 할 곳에 대한 논의를 잘라낸다는 것이다. 여기서 critic은 잘라낸다는 의미로 사용되었다. 언어가 미치지 말아야 될 곳에 미친 상태, 그때 언어를 잘라내는 것이 언어비판이다. 언어는 언어의 한계 내에 머물러야 한다. 사유의 한계 속에 머물러야 한다. 즉 뜻을 가져야 한다는 것이다.

그렇다면 우리가 정의할 수도 없고, 뜻고 가지지 않는 '신'이라는 단어는 사용할 수 없는 것 아닌가?

그렇다. 신이라는 단어는 사용하지 않더라도, 신에 해당하는 그 무엇이라는 것, 그 또한 말할 수 없다. 그 무엇은 말할 수 없는 것에 해당한다. 거기에 대해서는 우리는 침묵해야 한다. 신앙으로서 혼자 믿는 것에 대해서는 아무 상관이 없지만, 철학에서나 일상생활에서 말할 수 없는 것을 말해서는 안 된다.

여기서 마우트너Mauthner는 무엇인가?

호랑이를 괴롭히는 진딧물이랄까. 사실 진딧물은 호랑이가 관심을 가질 만한 것이 아닌데도, 사실은 호랑이를 아주 괴롭힌다. 우리가 어떤 업적을 이룬 사람이 있다고 해보자. 그런데 항상 그것에 대해 태클을 거는 사람이 있다. 자신이 유명해지고 싶은 사람은 자신보다 잘난 사람에게 태클을 걸어라. 이렇게 생각하는 사람들이 있다. 그런데 중요한 것은 태클 받은 사람은 그걸 무심히 넘기기에는 너무 괴롭다.

비트겐슈타인도 그랬다. 그래서 '마우트너의 의미에서는 아니고'라고 언급한 것이다. 마우트너의 의미는 이것이다. 사실 칸트의 순수이성비판이니 하는 모든 비판은, 사실 칸트도 나중에 신을 인정하는 것처럼,

그것을 아주 잘라내려는 것이 아니라 결국에는 신을 올바르게 받아들이려는, 수정하려는 의도라고 계속 트집을 잡는 것이다. '나(비트겐슈타인)의 말에 대해 마우트너는 오해(칸트의 이성비판이 신에 대한 수정이고, 따라서 비트겐슈타인의 언어비판도 언어를 잘라내기가 아니라 언어에 대한 수정에 불과하다는 식의 주장)를 가지고 있지만, 나의 말은 마우트너의 의미에 해당하지 않는다.' 그리고 '명제의 외연적인 논리적 형식이 반드시 진정한 형식은 아니라는 사실을 보여준 이는 바로 러셀이었다.' 이렇게 러셀의 업적에 대해 말하고 있다.

표상형식 (그림형식, 논리형식) 4.01~4.032

4.01 A proposition is a picture of reality.

명제는 실재의 그림이다.

우리는 그림이론에 대해 살펴봤다. 명제는 실제에 대한 그림이다. 우리가 일반적으로 그림이라고 할 때에도, 그것은 우리의 규약이다. 즉 가장 자연주의적인 그림이라 할지라도, 그 그림은 세계에 대한 하나의 기호로서 작동하는 것이다. 마찬가지로 명제도 세계의 기호라는 것, 그림이라는 것이다. 예를 들어 자연과학에서 말하는 플레밍의 왼손 법칙과 오른손 법칙, 이것도 전자기에 대한 하나의 그림이다.

그렇다고 한다면 실재에 대한 그림과 실재가 서로 공유해야 하는 것은 무엇인가? 어떤 것이 실재에 대한 그림이 되기 위해서는 반드시 그것 안에 내재해 있어야 하는 것은 논리, 형식이다. 특히 양쪽의 내적 속성을 공유하거나 내적 관계를 공유한다. 예를 들어 '그 개는 뛴다'를 *x*라고 할 때, '그 개는 뛴다'라는 명제함수는 세계에 대한 하나의 그림으로 작동한다. 그런데 '개가 뛴다'라는 실재와 '개가 뛴다'라고 하는 명제는 서로 내적 속성을 공유한다. 그 내적 속성이 논리다. 만약 그 내적 속성에 대해 설명해달라고 한다면, 설명할 수 없다. 이 역시 say-show distinction(말해질 수 있는 것-보여야 하는 것)에 대한 구분과 관련되어 있다. 내적 속성은 보여져야 하는 것에 해당한다. 다음 문장은 역시 같은 이야기다.

A proposition is a modal of reality as we imagine it.
명제는 우리가 상상하는 바로서의 실재 모델이다.

4.011 At first sight a proposition - one set out the printed page, for example - does not seem to be a picture of the reality with which it is concerned.
명제는 인쇄된 페이지 위에 하나의 세트라고 본다면, 그 명제가 표상하는 그 실재의 그림으로 보이지는 않는다.

왜 그렇게 보이지 않을까? 일반적으로 우리의 시지각은 자연주의적으로 실재를 보도록 훈련된다. 그래서 '세계는 사실 우리의 기호이다'라고 생각하기 어렵다. 그래서 명제가 세계의 그림이라는 말을 받아들이기 어렵다. 그렇다면 이렇게 생각해보자. 우리의 여러 묘사 양식 중에 세계에 대한 그림이 아닌 게 있는가, 없는가? 세계에 대한 묘사 양식, 예를 들어 자연과학, 예술 등 어떤 양식들에 대해서 그 모든 것은 전부 세계에 대한 자기 방식대로의 그림이다. 따라서 명제도 세계에 대응하는, 즉 세계를 표상하는 한 세계에 대한 그림으로 봐야 한다.

> But neither do written notes seem at first sight to be a picture of a piece of music, nor our phonetic notation (the alphabet) to be a picture of our speech.
> 그러나 표기된 음표를 처음 볼 때는 음악의 한 조각의 그림으로 보이지는 않는다. 또한 우리의 음성 표기, 알파벳, 그것이 우리의 언급에 대한 그림이라고 생각하기 또한 어렵다.

악보를 읽을 줄 아는 사람은 악보만 보고도 그 음악이 어떤지 듣지 않고도 들을 수 있다. 그게 실제로 연주되었을 때는 이런 소리가 나겠구나 하는 것을 실제로 듣지 않아도 알 수 있다. 그렇다면 악보는 실제로 연주되는 음악의 그림이라고 할 수 있다. 형식을 공유하기 때문이다. 만약 명제를 보고 그 명제는 세계의 그림이라고 말하는 것이 이해되지 않는다면, 악보를 한번 생각해보라. 또 디스크, 레코드를 생각해보자. 디스크는 소리를 재연하는 데 있어서 일련의 기술적인 규칙이 있다. RIACover(Record Industry of American Association)는 미국 레코드협회의 기준이다. 디스크에 음골을 파는데, 디스크의 크기에 따라 넓은 음골이나 좁은 음골을 팔 수 있다. 소편성일 때는 음골이 좁아지지만, 일반적인 기준은 넓은 음골에 맞춰야 한다. 왜냐하면 넓은 음골은 좁은 음골을 맞출 수 있지만, 좁은 음골은 넓은 음골을 수용하지 못하기 때문이다. 음골이

넓어지게 되면 디스크에 수용할 수 있는 음악이 짧아지게 된다. 그래서 일정한 비율을 책정한다.

넓은 것은 좁히고 좁은 것은 넓혀서 일정한 비율에 따라 조정한다. 그러고 나서 다시 편다. 그래서 디스크를 들을 때는 반드시 포너스테이지가 있어야 한다. 넓은 음골, 좁은 음골을 어떤 조정 없이 파면 그야말로 소리 나는 형상대로 파는 것이다. 소리 나는 대로 파면 수록할 수 있는 음악의 길이가 짧아지는데, 이를 SP라고 한다. 12인치에 7분 정도의 음악을 수록한다. LP의 경우 25분 정도 연주한다. RIA가 필요한 이유는 SP가 아니라 LP로 디스크에 음악을 기록하기 위해서다. SP는 기록할 수 있는 길이가 짧아서 한 곡을 다 듣기 위해서는 몇 개의 판을 바꿔가면서 들어야 한다. LP는 25분 정도 기록할 수 있으므로 그 정도 길이의 음악이라면 한 번에 다 들을 수 있다. 반면에 이는 비율에 맞게 조정된 값이므로, 그 음악에 대한 왜곡이 있을 수 있다.

음표와 실제 연주되는 음악 사이에는 일대일 대응관계에 있다. 하지만 막연히 일대일 대응이 있는 것이 아니라 한쪽과 다른 쪽이 있다. 한쪽은 음표의 세계이고, 다른 쪽은 연주된 음악의 세계이다. 분명히 일대일 대응관계가 있지만, 둘은 무엇을 공유해야 하는가? 형식을 공유해야 한다. 어쨌든 둘은 형식을 공유하기 때문에 내적 속성이 같아야 한다.

알파벳은 구강의 모습을 닮은 것도 아니고, 그냥 그렇게 만들어진 것이다. 이도 그림이라고 보기에는 어렵다. 만약 명제가 세계에 대한 그림이라는 것을 이해하기 어렵다면, 음표가 음악의 기호이고 알파벳이 음성의 기호라고 하는 것도 역시 이해하기 어려울 것이다.

And yet these sign-languages prove to be pictures, even in the ordinary sense, of what they represent.

그리고 하지만 이런 기호–언어들은 그림임을 증명한다. 그 일반적인 의미에서 그것들, 기호–언어들이 재현하는 무엇에 대한 그림임을 입증한다.

4.012 It is obvious that a proposition of the form '*aRb*' strikes us as a picture. In this case the sign is obviously a likeness of what is signified.

aRb 형식에 대한 하나의 명제는 우리에게 하나의 그림과 같은 인상을 준다는 것은 명백하다. 이 경우에서 그 기호는 명백하게 기호화되는 무엇과 유사성이 있다.

aRb, 이것은 *a*와 *b*가 어떤 관계 속에 있다는 뜻이다. 그런데 이는 하나의 그림이다. 가령 'A is under B'라고 할 때 R이 'is under'라고 의미한다고 하자. 그렇다면 여기서 R이 'is under'라고 의미하고, 이렇게 표기한다고 약속하는 순간 하나의 그림이 되는 것이다. 이것이 바로 대수학 Algebra이다. 대수라는 것이 우리에게 아주 중요한데, 우리로 하여금 추상화 능력을 키워주는 것이 바로 대수학이다. '그림으로 만들어줄 수 있다, 그림은 좀 더 기호적이다' 이를 의미하는 것이 대수학이다. 예를 들어서 2+3=3+2, 5+7=7+5 이렇게 식을 나타낸다는 것이 바로 하나의 그림

으로 그려낸다는 의미이다. 이렇게 기호화되었을 때, 명제보다는 이 기호가 훨씬 더 그림 같다는 의미이다.

피카소와 레오나르도 다빈치의 그림 중 어느 쪽이 더 그림 같은가? 레오나르도 다빈치의 그림이 더 그림 같을 것이다. 덜 기호 같고 세상을 잘 반영하는 느낌을 주기 때문이다.

4.013 And if we penetrate to the essence of this pictorial character, we see that it is not impaired by apparent irregularities (such as the use of # and ♭ in musical notation). For even these irregularities depict what they are intended to express; only they do it in a different way.

만약에 우리가 이런 그림 특징의 본질을 간파한다면 우리는 그것, 그림 특징이 명백한 변칙들(음악적 기호에서 #과 ♭의 사용 같은 것들)에 의해 손상되는 것이 아니라는 것을 알게 된다. 심지어 이런 변칙들은 이 변칙들이 표현하기 위해 의도된 무엇을 묘사하기 때문이다.; 단지 그것들은 하나의 다른 방식일 뿐이다.

음악기호에 있어서 가령 #, ♭ 이런 기호들은 확실히 다른 음표와는 독특하게 '다르다'라는 느낌을 준다. 생김이나 음악적 진행에 있어서 모두 독특하다. 그런데 이 독특성마저 그 세계의 일부라는 것이다. 단지 거기에 어떤 특정한 규약이 있을 뿐이다. 하나 더 알아야 하는 규약이 있을 뿐이다.

4.014 A gramophone record, the musical idea, the written notes, and the sound-waves, all stand to one another in the same internal relation of depicting that holds between language and the world. They are all constructed according to a common logical pattern. (Like the two youths in the fairy-tale, their two horses, and their lilies. They are all in a certain sense one.)

레코드판, 음악적 개념, 사용된 음표들 그리고 음파들, 이렇게 표기하는 것들 모두 다 언어와 세계 사이에 대한 묘사의 동일한 내적 관계에 있다. 그것들은 전부 다 동일한 논리적 패턴에 준하여 만들어진다. (동화 속의 두 젊은이, 두 마리의 말 그리고 백합처럼 그것들은 모두 특정한 의미가 있다.)

레코드판, 음악적 개념, 사용된 음표들, 음파 모두 음악에 대한 하나의 언어로 작동한다. 이때는 음악이 세계이고, 이들이 음악의 그림이 된다. 사실, 전문가들은 음악의 진행, 사운드 웨이브를 악보를 보고 그릴 수 있다. 따라서 악보나 음파는 동일한 내적 관계에 있는 것이다.

4.0141 There is a general rule by means of which the musician can obtain the symphony from the score, and which makes it possible to derive the symphony from the groove on the gramophone record, and, using the first rule, to derive the score again. That is what constitutes is the inner similarity between these things which seem to be constructed in such entirely different ways. And that rule is the law of projection which projects the symphony into the language of musical notation. It is the rule of translating this language into the language of gramophone records.

음악가가 악보로부터 교향곡을 얻어내는 것, 또한 레코드판에서 교향곡을 잡아내는 것이 가능하게 만드는 것, 또 역으로 그 음악을 들으면서 다시 악보를 구성해내는 것, 여기에는 일반적인 규칙, 법칙이 있다. 이 일반적 법칙은 내적 속성을 공유한다. 그것이 내적 유사성을 구성하는 것이다. 그렇게 완전히 다른 것으로 보이게 구조된 축조된 것들 사이에 내적 유사성을 공유한다. 그리고 그 규칙이 투사의 법칙이다. 음악적 기호의 언어로 교향곡을 투사시키는, 투사의 규칙이다.

궁극적으로 우리가 우리 언어를 함수로 환원시킬 수 있는 이유도 여기에 있다. 여러 표현이 공유하는 일반 법칙이 내적 유사성을 구성한다는 것이다. 우리의 언어가 함수로 환원될 수 있다는 것은 우리의 언어가 무엇인가 함수와 내적 속성을 공유하고 있다는 의미이다. 그것이 4장의 후반부에서 중요한 내용이다. 바로 명제일반에 대한 이야기다.

하나의 언어를 다른 언어로 바꿀 수 있는 근원적인 원인은 모든 언어가 하나의 내적 속성을 공유하기 때문이다. 어떤 언어가 다른 하나의 언어로 번역될 수 없다면, 미안한 얘기지만 번역될 수 없는 언어는 언어가 아니다. 왜냐하면 그 언어의 사용자는 인류의 구성원이 아니라고 말할 수 있다. 물론 더 탁월할 수도 있지만 다른 존재들과 공유하는 것이 없다는 의미이다.

문화 인류학자들의 탐구 대상은 우리 문화에 있어서 루저들이다. 여기서 루저가 나쁘다는 것을 의미하지는 않는다. 그런데 신비한 것은 문화인류학자들이 탐구하는 이들의 언어가 모두 번역될 수 있다는 것이다. 어떻게 해서 번역될 수 있는가, 이는 말해질 수는 없지만 어쨌든 그렇게 보여지는 것이다.

비트겐슈타인이 투사의 규칙이라고 말할 때 의미하는 바는 내적 유사성이다. 내적 유사성이 있으므로 투사가 되는 것이다. 무작위로 배열된 원소에서 어떤 분자를 얻어낼 수 있는가? 없다. 원자가 어떤 분자가 되기 위해서는 반드시 형식상 이렇게 저렇게 되어야 한다. 단어를 모아둔다고 해서 그것이 문장이 될 수는 없다. 그것이 어떤 규칙과 형식하에 배열되어야 한다. 그 형식이 내적 유사성이다. 즉 세계와 그림, 음악과 음표가 형식을 공유하는 것이 내적 유사성이고 투사의 규칙이다.

실재가 있고, 이에 대한 그림이 있다. 그리고 일대일 대응이 있다. 그러나 일대일 대응이 전부는 아니다. 이들이 서로 가지는 내적 유사성은 투사의 규칙에 의해 표상되기 때문이다. 투사의 규칙에 의해서 '바다 위를 새 한 마리가 날고 있다'를 *aRb*라고 하자. 그런데 이 상황을 *bRa*라고 표기한다면, 이는 투사의 규칙을 지키지 않은 것이다. *bRa*라고 새로 정의하자고 요청해도 이는 무의미한 요청이다. 왜냐하면 우리는 이미 *aRb*로 사용하고 있기 때문이다.

기호로서의 언어가 갖는 가장 커다란 특징은 변화를 수용하지 않는다는 것이다. 변화를 수용하지 않는 이유는 이득이 없기 때문이다. 투사의 규칙을 바꿔봐야 이득이 없기 때문에 그냥 사용하는 것이다. 소쉬르는 '우리가 모르는 언젠가 언어와 세계는 그렇게 계약을 맺었다'라고 말했다. 계약의 시기나 목적은 알 수도 없고, 알 필요도 없다. 그것(투사의 규칙)이 언어, 즉 음악적 기호의 언어를 레코드판의 언어로 바꾸는 규칙이다.

4.015 The possibility of all imaginary, of all our pictorial modes of expression, is contained in the logic of depiction.
모든 표상의 가능성, 우리의 표현의 모든 그림 형식의 가능성, 그것이 묘사의 논리 속에 포함된다.

이 가능성은 전부라는 뜻이다. 우리가 '비가 온다'는 말을 할 수도 있고, '비가 안 온다'라고 말할 수 있다. 모든 표상의 가능성이라는 것은 이러한 표상일 수도 있고, 저러한 표상일 수도 있다는 가능성, 즉 실재가 표현될 수 있는 모든 가능성 전부를 의미한다.

4.016 In order to understand the essential nature of a proposition, we should consider hieroglyphic script, which depicts the facts that it describes. And alphabetic script developed out of it without losing what was essential to depiction.
명제의 근본적 본질을 이해가 위해서는, 우리는 그것이 기술하는 사실을 묘사하는 상형문자를 고려해야 한다. 상형문자는 그것이 기술하는 대상과 닮게 만들어졌다.

비트겐슈타인이 계속 노파심에서 이야기하는 것은 바로 이것이다. 명제를 하나의 그림으로 봐야 한다. 이 책은 그렇다. 1~7까지 구성되어 있는데, 1장에서 다음에 제시될 대표적인 내용들을 보여준다. 그리고 이어서 각각이 어떻게 적용되는지 설명한다. 그다음에 들어올지도 모르는 반례에 대해서 미리 방어한다. 좀 더 사례들을 자세히 제시해서 자신이 주장하는 그림이론의 설득력을 높이려는 것이다.

문명에서 제일 중요한 것이 상대성과 추상화다. 대상의 묘사를 통해 기호로 추상화되고 자율형식을 갖게 된다. 즉 추상화된 기호 체계다. 그것이 알파벳이다.

중국이 상형문자에서 백화체로 바꿨는데, 그 근거는 자신들의 언어 형식의 자율성을 확보하기 위해서다. 그래야 표현이 자유로워지고 추상화가 가능해진다. 그런데 비트겐슈타인은 애초에는 알파벳도 역시 그 기호로 추상화되기 전에는 상형문자였을 것이라고 말하는 것이다.

알파벳이 정착된 것을 B.C. 12세기 정도로 본다. 그리고 알파벳은 그 묘사에 대해서 필수적인 것을 잃지 않은 채로 발전되어 나왔다. 묘사에 대해서 필수적인 것은 그림, 이때 그림이 묘사하는 바는 바로 '세계'에 대한 그림이라는 그 요소를 놓치지 않고 전개되어 나왔다.

4.02 We can see this from the fact that we understand the sense of a propositional sign without its having been explained to us.

우리는 이것을 그 사실로부터 알 수 있다. 우리가 명제기호의 뜻을 그것이 우리에게 미리 설명되지 않은 채로 이해한다는 사실로부터 이것을 알 수 있다.

모든 명제는 하나의 명제이면서, 단위로 작동할 때 이를 명제기호라고 한다. 그런데 하나의 명제기호는 그것이 무엇을 의미하는지 우리에게 설명되지 않았다고 해도, 우리는 이를 이해할 수 있다.

이것이 의미하는 바는 명제의 뜻은 그 명제의 참과 거짓, 특히 참에서 독립해 있다는 것이다. 그 명제가 참이냐, 거짓이냐와 상관없이 우리는 명제가 제시될 때 명제를 이해한다. 우리가 미리 그 명제에 대해 설명하는 바를 알지 못하더라도 우리는 명제를 이해할 수 있다. 우리는 어떤 투사의 규칙에 준해서, 하나의 세계와 다른 세계가 참으로써 정해진다는 것을 안다. 언어, 그중에서 명제와 그에 상응하는 세계, 이 둘이 공유하는 내적 속성은 가능성을 공유한다. 명제와 세계가 서로 내적 속성을 공유한다는 것은 참을 공유한다는 의미가 아니다.

비가 있다. 이는 비가 와야지만 비가 있다는 의미는 아니다. 명제와 세계가 공유하는 바는 기저, 즉 대상과 형식의 합인 기저를 공유한다. 명제와 세계가 공유하는 것은 기저이지, 사건이 아니다. 그래서 명제가 이해되기 위해서는 그것이 반드시 참일 이유는 없다.

그렇다면 우리는 음악적 기호와 교향곡의 악보를 보면서 실제로 연주될 때에는 어떠하겠구나를 안다. 이것이 반드시 실제로 연주되었다는 사실을 확인할 필요는 없다. 악보가 있는 것과 그 악보에 상응하는 연주가 서로 내적 관계를 공유하고 있다면, 얼마든지 우리가 그 사건의 발생과 무관하게 이해할 수 있다. 따라서 우리가 어떤 명제를 이해한다는 것은 그것이 참이었을 때 어떠하다를 이해하는 것이다. 그것이 참이기 때문에 이해하는 것이 아니라, 그것이 참이라면 '이럴 수 있겠구나'로 이해하는 것이다.

sense와 meaning은 다르다. meaning은 존재하는 것으로서의 의미를 말하는 것이고, sense는 이해한다는 것으로서의 뜻을 말한다.

명제와 세계는 가능성을 공유하기 때문에 명제로 표현되는 내용은 모두 세계의 사건으로서 일어날 수 있는 것들이다. 그러나 그렇다고 해서 모든 명제가 세계에 발생된 것, 그것에 고정되는 것은 아니다. 단, 대응하는 실재가 없다면 그것은 명제 자체가 아니다. 또 현재 없는 것은 미리 말할 필요는 없다.

예를 들어 누군가가 $x^3+1=0$이 세계라고 말한다고 가정해보자. 세계를 제대로 보지 않으면 이런 것도 세계가 된다고 할 수 있다. 그런데 $x^3+1=0$을 분석하다 보면 $x^3+1=(x+1)(x^2-x+1)$이므로 $x=-1$이거나 $x=\frac{1\pm\sqrt{3}i}{2}$가 된다. $x=\frac{1\pm\sqrt{3}i}{2}$, 이렇게 분석된 부분은 세계의 일부라고 할 수 없다.

이런 부분들을 잘라내자는 것이다. 그것이 언어비판이다. 이런 것들은 윤리나 미, 신에 관한 이야기들이다. 그래서 배제하자는 것이다. 비트겐슈타인에 의하면 어떤 새로운 정보를 얻으면서 철학이 진행되는 것이 아니다. 어떤 새로움에 의해서가 아니라 기존에 알고 있던 것들에 대한 올바른 정렬에 의해서 세계를 이해할 수 있다는 것이다.

비트겐슈타인은 절대 이상적인 언어를 제시하는 것이 아니다. 단지 우리가 그저 상식적인 인간이라면 거기에 이미 이상적인 언어가 있다는 것이다. 왜냐하면 우리는 다른 언어를 선택하지 않았고, 그 언어는 이미 우리에게 선험적으로 주어져 있기 때문이다.

4.021 A proposition is a picture of reality: for if I understand a proposition, I know the situation that it represents. And I understand the proposition without having had its sense explained to me.

명제는 실재에 대한 하나의 그림이다.: 만약 내가 어떤 명제를 이해한다면, 나는 그것이 표상하는 상황을 알기 때문이다. 그리고 나는 나에게 그것의 뜻이 설명되지 않아도 그 명제를 이해한다.

4.022 A proposition shows its sense.

명제는 그것의 의미를 보여준다.

명제가 그 의미를 보여준다는 것은 명제가 스스로에 대해서 말할 수 없다는 것이다. 우리가 '개가 뛴다'고 말하면 어떤 그림이 떠오르는데, 그 그림이 어떻게 떠오르는지에 대해서 누가 물어보면 설명할 수 없다. 우리는 알지도 못하면서 저절로 어떤 명제의 뜻에 대해 떠올린다. 명제는 뜻을 보여주는 것이지, 명제 스스로가 어떻게 그런 의미를 가지게 되는지를 스스로 말하는 것은 아니다.

명제는 명제 스스로를 포함할 수 없다. 함수도 함수 스스로에 대해서 말할 수 없다. 또한 수학적 체계는 체계 스스로의 완결성에 대해서 말할 수가 없다. 이것이 괴델의 '불완전성의 정리'이다. 우리는 어떤 시스템을 사용한다. 그런데 그것이 어떻게 해서 그 시스템이 완결되는지, 그 시스템의 가능성의 이유가 무엇인지, 그것들에 대해서는 말할 수 없다. 그냥 그렇게 되어 있다. 보여주는 것이다.

A proposition shows how things stand if it is true. And it says that they do so stand.

명제는 만약 그것이 참이라면 어떻게(내적 속성, 어떤 규칙하에서) 사물들이 존립하는지를 보여준다. 그리고 그 명제는 그것들이 그렇게 존립해 있다는 사실을 말할 뿐이다.

명제를 이해한다는 것은 명제가 참일 때 어떠하다는 것을 이해하는 것이다.

4.023 A proposition must restrict reality to two alternatives: yes or no.

명제는 실재를 두 개 선택의 여지 중에 제한해야 한다.

실재는 실존할 때는 보통 참이라고 하고 비실존일 때는 보통 거짓이라고 이야기한다. 물론 참과 거짓은 제시된 명제에 준해서 정해진다. 따라서 항진명제와 모순이 사이비명제라는 것이다. 항상 그러한 것, 항상 그렇지 않은 것 이 모두에 대해서 미리 알고 있는 것에 대해서 참이나 거짓에 대한 판단할 수가 없다. 따라서 항진명제와 모순은 명제가 아니다. 실제로 실재와 비교해봤을 때 그렇다, 그렇지 않다를 알아냈을 때에만 yes 혹은 no로 말할 수 있는 것이다.

In order to do that, it must describe reality completely.

그렇게 하기 위해서 그것은 실재를 완전히 묘사해야 한다.

예를 들어 '비가 온다, 안 온다' 사이에 비가 오다가 마는 식의 묘사는 비가 온다는 것에 대한 완벽한 묘사가 아니다. 누가 무슨 말을 할 때, '이런 의미에서는 맞다, 저런 의미에서는 아니다'라는 식으로 말하는 사람들이 있는데, 이러면 아주 짜증난다. 취조할 때는 "'예' 혹은 '아니오'로만 답하시오"라고 요구한다. 그러나 '예, 아니오'로만 답하기 위해서는 '예, 아니오'로만 답할 수 있는 질문이어야 한다. 완전히 실재를 묘사하는 질문이어야 한다.

그리고 또 어떤 질문은 '항상 그렇다' 또는 '항상 아니다'라고밖에 말할 수 있는 명제들이 있다. 그렇거나 아니거나가 명제에 따라서 판단될 수 있는 것이 아니라, 이미 항상 그러하거나 그렇지 않은 것이다. 이것이 바로 항진명제와 모순이다.

A proposition is a description of a state of affairs.

명제는 원자적 사실, 사태의 묘사이다.

이것은 아주 중요하다. 대상object은 더 이상 분석의 여지가 없는 단순자이다. 최초의 단순자이므로 무엇인가를 스스로가 표현할 수 있는 것이 아니다. 대상은 따라서 사태를 통해서 생명을 얻는다. 사태는 '그 대상은 무엇이다'라고 천명하면서 시작된다. 따라서 대상은 스스로에 대해서 말할 수 없고, 반드시 그것에 가해지는 정의나 사태가 가하는 정의로부터 시작한다. 그렇지만 명제는 스스로 내적인 동기에 의해 하나의 형식으로써 상황을 표현한다. 이것이 아주 중요하다.

원소주기율표의 원소들이 대상이라고 가정해보자. 주기율표를 이해하려면 H가 무엇인지 O가 무엇인지 정의하고 시작해야 한다. 그렇지만 H_2O라고 한다면 여기에 대해서는 이미 이 분자식의 형식에 의해서 물이라는 의미를 내포하고 있다. H와 O는 스스로 무엇인지 설명할 수 없는, 비유적으로 하면 이들은 단순자이다. 그러나 H_2O는 스스로 자기 안에 내적 형식을 가지고 있는 명제이다. 그래서 명제는 자신의 주제를 자신의 내부에 가지는 특징이 있다. 어떤 그림은 자신이 묘사하는 바를 자신의 형식 내에 가지고 있다. 그렇지만 단순자는 생명을 위해서 그것에 대해 말해주는 누군가를 필요로 한다.

분석을 해나가면 단순자까지 이르겠지만, 우리가 사용하는 말이나 개념들 중에 단순자가 있는가? 전혀 없다. 그냥 논리적으로 단순자가 있어야만 하는 것이다. 그래야 세계를 묘사할 수 있기 때문이다. 만약 논리적으로 단순자가 없다고 했을 경우, 예를 들어 피타고라스의 정리, 오일러의 정리 등을 통해 다리를 건설한다고 가정해보자. 먼저 이를 뒷받침하는 최초의 토대들이 있을 것이다. 피타고라스의 정리를 사용해서 구조공학을 전개했다. 이때 '이 다리가 무너지면 어떡하나, 뭘 믿고 피타고라스의 정리를 쓴 건가'라고 질문하면 구조공학에 사용된 피타고라스의 정리를 증명해나갈 것이다.

증명을 하다 보면 공준에 닿는다. 공준이란 이미 전제로 정의된 것이고, 증명의 대상이다. 우리가 그러하게 정리된 세계에 산다는 것은 이미 최초의 단순자가 있음을 가정하는 일이다. 논리적으로 그러하다. 단순자는 스스로가 자신이 옳다거나 그르다는 것을 말할 수 없다. 단지 정리를 사용함에 의해서 이 단순자들은 드러나는 것이다. 정리는 증명될 수 있는 것이다. 증명될 수 있는 것이기 때문에 그 의미를 정리 내부에 가진다. 하지만 거짓 정리가 있을 수 있다. 그 이유는 그 정리가 자기 내부에 주제를 가지기 때문이다. 자신의 외부에 의해서만 말해진다면 스스로는 거짓을 말할 수가 없다는 의미가 된다.

Just as a description of an object describes it by giving its external properties, so a proposition describes reality by its internal properties.

대상의 묘사가 대상의 외적 속성에 의해 부여함으로써 대상을 묘사하는 것과 마찬가지로 명제는 실재를 그 내적 속성에 의해 묘사한다.

최초의 단순자에 대해서 다섯 개의 공리가 있고, 여러 종류의 공리가 있다고 하자. 삼각형의 내각의 합은 180도가 된다. 삼각형의 각에 대해 이런저런 논의를 하여 정리를 내리고 그 증명하다 보면, 이런저런 공리들을 사용했다는 것을 알게 된다. 하지만 그 공리에 대해서는 설명해내지는 못한다. 이런저런 정리들을 발견해내는 것을 종합이라고 한다. 또 연역이라고도 한다. 환원과 증명의 종점은 단순자이다. 종합과 연역의 출발점은 역으로 단순자인 것이 된다.

> A proposition construct a world with the help of a logical scaffolding, so that one can actually see from the proposition how everything stands logically if it is true.
> 여기서 하나의 명제는 논리적 토대의 도움을 받아서 세계를 건설한다. 그리하여 우리는 실제로 명제로부터 어떻게 모든 것이 논리적으로 존립하는가를 알 수 있다. 만약 그 명제가 참이라면.

모든 명제는 논리 형식을 가진다. 그것이 일단 일련의 논리 형식을 가진다면 그것은 이미 명제이다. 어떤 *x*가 '뛴다'라고 가정해보자. 'A dog runs'는 말이 되지만 'A run dog'이라고 말하면 말이 안된다. 왜 말이 안 되는지를 설명하라고 한다면, A run dog는 논리적 토대를 지키고 있지 않기 때문이다. 설명될 수 있는 것은 그뿐이다. 논리적 토대를 가졌을 때 그러기만 한다면 우리는 모든 명제를 이해할 수 있게 된다.

One can draw inferences form a false proposition.

그래서 우리는 거짓 명제로부터도 추론을 할 수 있다.

간단히 말해서 우리는 거짓 명제의 뜻을 이해할 수 있다. 왜냐하면 거짓 명제도 논리적 토대를 똑같이 가지기 때문이다.

4.024 To understand a proposition menas to know what is the case if it is true.

명제를 이해한다는 것은 만약 그것이 참이라면 어떤 사태인가를 의미하는 것이다.

'나는 그 명제를 이해해'라는 말은 그 명제가 참이라면 그때 어떠한 사태, 사례가 세계에 있는가를 의미하는 것을 이해한다는 것이다. 우리가 어떤 거짓된 명제들만 가지고는 세계가 어떻게 구성되어 있는지 이해할 수는 없다. 참일 때 세계가 어떠한지에 대한 사례들이 여러 개 있어야 세계를 이해할 수 있다. 거기서부터 세계를 추론해낼 수 있다. 이에 대해서는 나중에 더 자세히 이야기하도록 하자.

그렇다면 명제는 모두 현재에 대한 이야기이다. 과거에 대한 이야기는 이미 일어난 일이니까 항상 참이거나 항상 거짓이다. 그리고 미래에 대한 이야기는 아직 말할 필요가 없다. 명제에는 과거형도, 미래형도 없다. 명제는 현재 발생하고 있는 사건에 대한 기술이다. 만약 과거에 무슨 일이 발생했다고 하는 것은 이미 지난 일이고, 이것이 우리에게 주지된 사실이라는 것을 안다.

그렇다면 우리는 그것을 말할 이유가 없다. 우리는 이미 그것을 알고 있으니까. 알고 있는 것을 또 말할 필요는 없다. 따라서 명제는 사태의 존립 혹은 비존립에 대해서만 말한다. 이때의 존립 혹은 비존립은 현재라는 조건이 내포되어 있는 상황이다.

미리 이야기하자면, 인과율에 대한 믿음이 왜 미신일까? 어떤 규칙을 말할 때 우리는 그 자체가 불가능하다. 규칙은 말할 수 없는 것이다. 보여져야 하는 것이다. 우리는 경험적으로 볼 수 있는 것만 말할 수 있다. 현재의 사건과 미래의 사건이 내적 관계 속에서 맺어질 수는 없다. 하나의 법칙이 되기 위해서는 분석적이어야만 한다. 분석적이 아니면서 하나의 법칙일 수는 없다. 현재의 사건을 분석한다고 해서 미래의 사건이 포함되어 있지 않다. 따라서 현재의 사건에서 미래의 사건을 추론할 수는 없다. 작년에 우리나라에서 주식투자로 제일 돈을 많이 번 사람이 정몽준 회장이다. 그 사람은 이렇게 말한다. 기업의 내재적 가치, 현물시장이 아니라 선물시장이 현물시장을 흔든다. 뜻이 중요하지, 그 뜻의 참과 거짓은 중요하지 않다.

(One can understand it, therefore, without knowing whether it is true.)

우리는 그것이 참인지 거짓인지 모르면서도 그것을 이해할 수는 있다.

만약 영어를 우리말로 번역한다고 하자. 그 구성 요소들, 영어 단어의 뜻을 사전을 통해서 알게 되었다고 하자. 그런데도 번역이 안 된다면, 이 사람은 영어를 못 하는 사람이다. 이 사람은 각각의 뜻을 모르는 것이 아니라, 영어의 구성 형식을 모른다는 의미이다. 아예 영어를 못 하는 것이다. 이 사람에게 사전은 소용없다. 우리가 어떤 명제를 이해한다는 것은 그 구성 요소만 주어지면 그 상황을 즉시 이해한다는 것이다.

It is understood by anyone who understands its constituents.

그것은 그 구성 요소를 이해하는 누구에게라도 이해된다.

우리가 어떤 문장을 보면서 어떤 구성 요소에 대해서는 모를 수 있다. 예를 들어 단어의 뜻 같은 것은 모를 수 있다. 그렇지만 명제가 이해된다고 하는 것은 그 구성 요소만을 알고 있다면 그것이 어떤 사태의 존립을 이야기하는가를 상상해낼 수 있다. 즉 그림을 그려낼 수 있다는 것이다.

명제는 언제나 하나의 실험이다. 실험은 하나의 가설적 상황을 제시이다. 실험의 구성 요소와 과정을 알게 되면 이 실험 전체가 무엇에 대한 묘사인지를 알게 된다. 명제도 똑같다. 영어나 프랑스어를 우리말로 번역할 때, 사실 그 구성 요소에 대해서 말하는 것 그리고 그 언어의 형식에 대해서 말하는 것 외에는 더 말할 수 있는 것은 사실 없다. 문법은 형식에 의해서 정해진 것이다. 문법의 이유에 대해서는 할 말이 없다.

4.025 When translating one language into another, we do not proceed by translating each proposition of the one into a proposition of the other, but merely by translating the constituents of propositions. (And the dictionary translates not only substantives, but also verbs, adjectives, and conjunctions, ets.; and it treats them all in the same way.)

하나의 언어를 다른 언어로 번역할 때, 우리는 각각의 명제를 다른 명제로 전환시키는 것으로 진행하지는 않는다. 단지 명제의 구성 요소를 번역함으로써 시작한다. 단지 구성 요소만 알면 두 개의 언어가 같은 형식을 공유하기 때문에 더 말할 것이 없다. (사전은 실사(명사와 대명사)뿐만 아니라 동사, 부사, 접속사 등을 번역한다. 그리고 동일한 양식으로 그것들을 다룬다.)

4.026 The meanings of simple signs (words) must be explained to us if we are to understand them.

단순기호의 의미를 이해하기 위해서는 이미 우리에게 설명되어야 한다.

단순기호simple sign에 대응하는 대상의 이름object name은 우리의 정신적 기호mental sign이다.

With propositions, however, we make ourselves understood.

그러나 명제와 관해서는 우리는 그것을 설명되지 않고서도 이해한다.

명제는 뜻을 보여주기 때문이다.

4.027 It belongs to the essence of a proposition that it should be able to communicate a new sense to us.

새로운 뜻을 우리에게 전달할 수 있어야 한다는 것이 명제의 본질적 · 필수적 속성에 속한다.

우리는 이전에 그 명제를 한번도 대한 적이 없어도 명제가 제시되면 그 뜻을 이해한다. 예를 들어 레오나르도 다 빈치의 〈동굴의 성모〉라는 그림을 한번도 본 적이 없다. 그런데 그 그림을 보면 '바위 동굴에 성모와 성 안나, 아기 예수가 있구나'라는 것을 안다. 이것이 명제에 필수적인 것이다. 명제는 반드시 그래야 한다. 한번도 본 적이 없는 그림을 보고 이해한다. 한번도 본 적이 없는, 처음 보는 명제도 우리에게 뜻을 전달할 수 있다. 그 이유는 논리적 토대가 있기 때문이다.

우리는 전에 이런저런 것들이 묘사된 것을 봐왔다. 동굴은 어떻게 묘사되는지, 여성은 어떻게 묘사되는지, 아기는 어떻게 묘사되는지, 사람들의 표정은 어떠한지 이런 것들을 이미 봐왔다. 그리고 우리는 이미 논리적 형식에 의해서, 실재와 그림을 일치시키는 투사의 규칙에 익숙해져 있다. 때문에 그림을 보고 우리는 '아, 그렇구나' 하고 이해하게 된다.

이를 자연과학에서는 패러다임이라고 한다. 그 패러다임 속에서 사는 것이다. 처음 보는 영어 문장을 해석할 수 있는 것도 마찬가지다. 새로운 그림, 생전 처음 보는 상황의 묘사를 보고서도 그것을 이해할 수 있는 것은 논리 형식을 공유하고, 투사의 법칙에 따르고, 논리적 토대에 근거해 묘사되고 있기 때문이다.

4.03 A proposition must use old expressions to communicate a

new sense. A proposition communicates a situation to us, and so it must be essentially connected which the situation. And the connexion is precisely that it is its logical picture. A proposition states something only in so far as it is a picture.
명제는 새로운 뜻을 전달하기 위하여 기존의 표현을 사용해야 한다. 무슨 말인지 이해될 것이다. 동일한 논리적 토대를 가지고 있을 때, 우리는 얼마든지 다양한 문장을 만들어낼 수 있다. 그 규칙을 지킨다는 전제하에. 그리고 그 연계성이 정확하게 그 논리적 그림이다. 하나의 명제는 그것이 그림인 한에 있어서만 무엇인가에 대해서 언명한다.

그렇지만 기존의 논리적 토대 속에 있는 표현을 사용할 수밖에 없다. 셰익스피어에 대한 이야기들 중 어휘는 조상들의 것이다. 그러나 그 문장은 그의 고유의 것이다. 계속 새로운 표현 형식을 제시했다는 것이다. 이는 과거의 표현에 기초해서 새로운 문장의 구성이 얼마든지 가능하다는 것을 의미한다. 과거의 표현을 통해 새로운 표현을 잘 구성해내는 것이 문학성이다. 멋지게 새롭게 구성하는 것이다. 그러기 위해서는 과거의 표현에 많이 노출되고, 많이 암기해야 하고, 고상한 표현들 속에서 살아야 한다. 우리가 기존의 음악적 기법하에서 얼마든지 새로운 음악을 작곡할 수 있는 것과 같은 이치다.

그림이 아닌 명제가 있을까?

있다. 하느님을 그리거나, 인과율에 대해서 말하는 것이다. 두 물체 사이에는 끄는 힘이 존재한다. 구체적인 그림을 제시하고 말한다면 이는 명제다. 그런데 막연하게 말하거나, 아니면 참인지 거짓인지를 대응할 실재가 없다면, 예를 들어 '신이 전능하다'라는 이런 명제는 사이비 명제다. 명제이긴 하지만 참과 거짓을 판단할 수 없는 명제로서 가짜 명제다.

따라서 보편개념이라는 건 모두 가짜 명제라는 것이다. 비트겐슈타인은 formal concept(형식개념), concept proper(골개념)는 말해질 수 없고 보여지기만 하는 것이므로 이에 대해서는 더 이상 말하지 않겠다고 하면서 넘어간다. 그러나 보편개념에 대해서는 아주 날카롭다. 비트겐슈타인이 formal concept와 concept proper을 말할 때 겨냥하는 사람들은 모든 실재론자다. 심지어 러셀과 프레게도 실재론적 요소를 가지고 있다고 말하면서 비판의 범주에 넣는다. 세상에 만연해 있는 혼란들 역시 실재론적 시각에서 따라오는 것이다.

4.031 In a proposition a situation is, as it were, constructed by way of experiment. Instead of, 'This proposition has such and such a sense', we can simply say, 'This proposition represents such and such a situation'.

명제에서 하나의 상황은 이를테면, 실험의 방법으로 구성된다. 명제에 있어서 우리는 '이 명제는 이러이러한 뜻을 가진다'라는 말을 하는 대신에 간단하게 이렇게 말한다. '이 명제는 이러저러한 상황을 표상한다.'

실험이라는 것은 그것이 참인지 거짓인지와 상관없다. 해봐야 알게 되니까 아직 모르는 것이다. 그러나 실험은 기존 세계의 가설들과 이전 실험들과 공유해야 하는 과학적 가설은 분명이 있다. 실험이 엉뚱하게 다른 방식으로 진행될 수는 없다. 명제도 그렇다.

'이 명제는 이러저러한 상황을 표상한다'라는 것은 그것이 참이라고 믿게 하는 혼란을 불러일으킬 수 있다. 때문에 이 명제는 단지 무엇을 표상할 뿐이라고 말하는 게 더 정확하다는 것이다. 예를 들어 〈동굴의 성모〉는 피난길의 성모와 성 안나가 동굴 속에서 휴식을 취하는 그림이다. 〈동굴의 성모〉는 성모와 성 안나의 이러저러한 상황을 표상한다는 다르게 이해될 수 있다. say는 말해지는 것이 참이라는 의미를 유도하기도 한다. 따라서 명제에 대해 우리는 단지 가설적 상황에 대한 표상에 지나지 않음을 인지해야 한다.

하나마나한 일, 이미 하지 않아도 참, 거짓을 알 수 있는 일을 실험이라고 하지 않는다. 즉 실험은 유의미한 실험과 무의미한 실험이 있다는 것이다.

4.0311 One name stands for one thing, another for another thing, and they are combined with one another. In this way the whole group – like a tableau vivant – presents a state of affairs.

하나의 이름은 하나의 대상을 가리킨다. 다른 것은 다른 것을 가리킨다. 이것들은 상호 간에 서로 얽혀 있다. 하나의 체인처럼 얽혀 있다고 앞에서 말한 바 있다. 이러한 양식으로 tableau vivant(타블로 비방) 같이 전체 이름의 그룹이 사태를 표상, 제시한다.

tableau vivant(타블로 비방)이란 미장센의 종류로, 실제로 연극에서 유명한 장면을 배우들이 그대로 재연하는 것이다. 사물들의 합, 대상들의 합이라고 볼 수 있다.

4.0312 The possibility of propositions is based on the principle that objects have signs as their representatives.
명제의 가능성은 대상들이 기호를 그들의 대변자로서 가진다는 것을 가정한다.

만약 대상에 대해 그것을 기호로 명명할 수 없다면 명제가 세상을 묘사할 수 없게 된다. 왜냐하면 명제는 기호로 구성되기 때문이다. 세계를 묘사하기 위해서는 이름의 대상에 대해서 이름에 대한 기호들이 정해져야 한다. 대상에 대응하는 이름, 이름에 대해 우리에게 인식될 수 있는 부분이 기호이고, 그 기호는 물질적인 것이다. 엄밀한 의미에서 이름은 우리에 속한 것이 아니고, 기호는 우리의 것이다. 기호는 우리에게 속한 것이다. 그 때문에 경험론이다. 세상은 형식에 들어맞는 기호의 집합에 다름 아니다. 세계의 물리적 총체성은 그저 기호들이 일련의 형식들로 구성된 것이다.

My fundamental idea is that the 'logical constants' are not representatives; that there can be no representatives of the logic of facts.

나의 기본적인 아이디어는, 논리 상수는 대변자가 아니라는 것이다.; 사실의 논리에는 대변자가 있을 수 없다.

좀 더 본격적인 논리학에 다가가는 것이다.

논리곱, 논리합, 어떤 x에 대하여, 모든 x에 대하여, 부정(~), 부정논리곱(nand) 등 이들을 모두 논리상수라고 한다. Sheffer's stroke, nand, not and(기호로는 ∥), 부정 논리곱 p와 q는 동시에 둘 다가 아니다.

세상은 and와 nand로 이루어져 있다고 말해도 과언이 아니다. 그렇다면 세계는 아주 간단하다. 세계가 만약 p, q, r, s를 구성 요소로 가진다면 이때 가능한 세계의 경우의 수는 각 요소마다 존립/비존립을 근거로 해서 2^4이 된다. 셰퍼의 스크로크에 따르자면 세계는 $p \wedge q \wedge r \wedge s$이거나 $\sim p \vee \sim q \vee \sim r \vee \sim s$이다. 하나의 경우와 15가지의 경우 둘로 나눌 수 있는 것이다. 따라서 논리상수는 이름에 대한 대변자는 아니다. 왜냐하면 이 논리상수에 대응하는 실재가 없기 때문이다.

4.032 It is only in so far as a proposition is logically articulated that it is a picture of a situation.

명제가 상황에 대한 그림이 되는 것은 그것이 논리적으로 분별되어 있는 경우에 한해서이다.

즉 논리적으로 분별되어 있다는 것은 이를테면 사실 보편적 형식을 갖추어야 한다는 의미이다. 사실 같은 얘기다. "대상의 집합이 명제는 아니다. 그러한 것들이 체계적으로 분절되어articulated 있어야 한다"는 말의 반복이다.

(Even the proposition, 'Ambulo', is composite: for its stem with a different ending yields a different sense, and so does its ending with a different stem.)
(그것조차도 하나의 명제 'Ambulo(양발의)'는 체계적으로 분절되어 있는 복합명제이다. 왜냐하면 다른 종류의 어미를 가지게 되는 그 어간은 서로 다른 의미를 가지게 된다. 또한 그 반대로 그 어미가 다른 종류의 어간을 가지게 되면, 다른 의미를 산출하기 때문이다.)

여기에서 복합명제라는 것은 체계적으로 분절되어 있는 명제를 말한다. 예를 들어 'ambulo'라는 어간은 '양발의, 두발의'란 의미를 갖는다. 이 어간이 붙어 ambulant(두발로 걷는), ambulatory(행상, 돌아다니는 사람)가 된다. 이렇게 어간에 무엇인가가 붙으면 다양한 뜻을 표현할 수 있다. 그리고 마찬가지로 다른 종류의 어미를 가지게 되는 어간은 서로 다른 의미를 가지게 된다. 왜냐하면 복합체이기 때문이다. 그 자체가 복합체이기 때문이다. 또한 그 반대로 그 어미가 다른 종류의 어간을 가지게 되면, 또한 다른 의미를 산출하기 때문이다its ending with a different stem yields a different sense.

Ambulo의 어간과 어미는 어떻게 구분될까?

ambulo

ambulate = ambul + ate

= ambula + te

ambulance = ambula +nce

ambulatory

ambulant

Ambulo에서 어디까지가 어간인지 또 어미는 무엇인지 정확하게 구분되지 않는다. 그래서 이 자체 스스로가 복합체이다. 만약 ambulate에서 ambul을 어간으로 보면 ate가 어간이고 ambul, ambula… 이런 식으로 어간이 다양해질 수 있다. 우리가 어디까지를 어간으로 보는가에 따라 다르다.

《논리철학논고》에서 인용한 ambulo는 라틴어다. 즉 어미를 독립적으로 두고, 어간을 다른 것으로 사용하게 되면 또 다른 뜻이 된다. ambulo가 복합체이기 때문에 얼마든지 다양한 의미를 산출할 가능성이 있다. 다양한 의미를 가진다는 것이 복합체의 특징이다. ambulo는 두 개 이상의 요소를 가진 단어이다. 명사는 명제이다. 단순자가 아닌 한 모두 명제이다.

명제의 뜻과 그 의미 4.04~4.0641

4.04 In a proposition there must be exactly as many distinguishable parts as in the situation that it represents.
명제에 있어서는 그것이 표상하는 과 똑같은 수의 구분되는 요소가 있어야 한다.

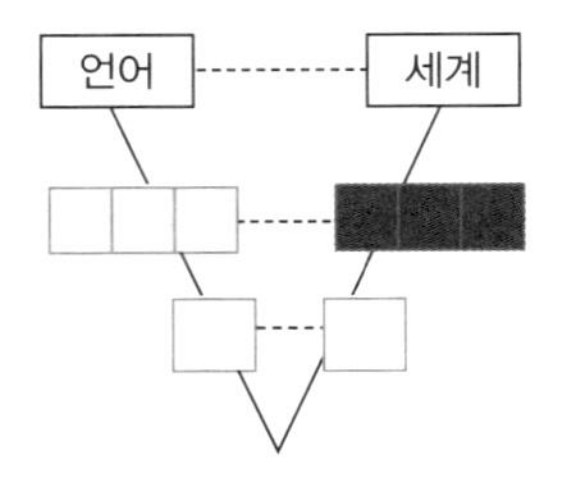

복제성multiplicity이 필요하다. 즉 명제는 하나의 그림이다. 그래서 첫 번째 수준에서 명제 1은 그림 1에, 두 번째 수준에서 명제 2는 그림 2에

촉수가 닿는다. 각 측에서의 명제가 가지는 요소의 숫자와 그림이 가지는 요소의 숫자는 같아야 한다. 우선 요소의 개수가 같아야 한다. 만약 요소의 숫자를 빼거나 더한다는 것은 조작, 즉 사건의 조작이다.

The two must possess the same logical (mathematical) multiplicity.
둘은 동일한 논리적(수학적) 복제성을 가져야 한다.

여기에서 논리적 복제성이 나왔는데, 복제성이란 그림이 있으면 그림의 복사판인 명제가 있다는 것이다. 명제와 그림이 대응하는 것, 이것을 복제성이라고 한다. 일대일 대응이며, 논리적이어야 한다. 논리적 복제성 혹은 수학적이다. 예를 들어 '한 개가 짖는다'를 D_b라고 표현한다. D_b, 이것을 세계의 그림이라고 하면 '개는 짖는다'는 명제이다. 이때 그림 D_b와 명제 '개는 짖는다'는 일치한다. 우선 같은 개수의 요소를 가진다. 그리고 난 후 D_b와 '개는 짖는다'는 형식을 공유한다. '개가 짖는다'라는 것을 '개는 다짖는'라고 할 수 없다.

D_b 개는 짖는다.
D, b 개, 짖는다.

다시 말하면 그림과 명제는 무엇인가를 공유한다. 우선 요소의 숫자를 공유하고, 그리고 요소의 형식을 공유한다. D_b는 '개가 짖는다' 이렇게 표현해야만 형식에 맞는다. '개는 다짖가'는 안 된다.

여기에서 수학적이라는 것은 논리적이라는 것과 같은 뜻이다. 수학이 가지는 특별한 특징보다는 개인적으로 생각할 때에는 항진적 · 분석적으로 그렇다라는 의미인 것이다.

(Compare Hertz's Mechanics on dynamical models.)

(헤르츠의 동역학 모델과 비교해보라.)

헤르츠의 역학론을 알고 있는가? 헤르츠는 주파수 대역band width을 만든 사람이다. 소리의 고저를 주파수 모델로 바꾸어서, 소리의 고저라는 세계를 하나의 그림으로 복제한 것이다. 소리의 역학과 비교해보라. 아마 당시에는 이것이 혁신적이었을 것이다.

4.041 This mathematical multiplicity, of course, cannot itself be the subject of depiction. One cannot get away from it when depicting.

이 수학적인 복제성은 물론, 그 스스로가 묘사의 주제가 될 수는 없다. 묘사할 때, 우리는 단지 그것을 배제할 수 없을 뿐이다.

이것을 무엇이라고 하는가? cannot be said, but must be shown(말할 수는 없으나 보여져야 하는 것)이다. 왜 그렇게 묘사하는지 우리는 모른다. 단지 묘사할 때 그것이 반드시 동반될 뿐이다. 왜냐하면 우리가 세계이고, 세계가 우리이기 때문이다. 세계 속에 그렇게 생겨먹은 우리 인간이 이미 들어가 있기 때문이다.

4.0411 If, for example, we wanted to express what we now write as '$(x).fx$' by putting an affix in front of 'fx' – for instance by writing '$Gen.fx$' - it would not be adequate:

예를 들어 만약 'fx' 앞에 첨가해서 우리가 '$(x).fx$'라고 지금 쓰는 것을 표현했다면, 예를 들어 '$Gen. fx$'라고 쓰는 것은 부적절하다.

앞에서 설명했듯이 전칭기호universal quantifier $\forall x$는 $\forall$를 쓰지 않고 x라고만 쓰고, 존재기호existential quantifier $\exists x$, '어떤 x'는 반드시 '어떤'이라는 기호 $\exists$를 사용한다고 했다. 그래서 $\exists x$는 어떤 x, 그냥 x는 모든 x, $\forall x$이다. 그래서 $\forall$이 없으면 '모든'이라는 뜻이다.

	$\forall x, f(x)$		모든 x는 $f(x)$이다.
⇨	$x,\ f(x)$	$\Leftrightarrow$	모든 x는 $f(x)$이다.
⇨	$x, b(x)$		모든 x는 $f(x)$이다.

$Gen.f(x)$ $\Leftrightarrow$ 모든 x는 $f(x)$이다.

우리는 모든 x에 대해 그렇다. 예를 들어 '모든 개는 짖는다'라는 것을 $\forall x, fx$라고 표현한다. 이제 f를 b라고 정의하면, '모든 개는 짖는다'가 된다. 그러면 $x, b(x)$는 세계에 대한 정확한 수학적 복제 표현이다.

그런데 '모든 x, $\forall x, x$'라는 것 대신에, 수학이 아닌 다른 어떤 언어로 표현하기 위해서, '모든 일반적인 것은 $f(x)$'를 '$Gen.f(x)$'라고 사용한다면,

즉 '$Gen.f(x)$'가 전체를 가리킨다고 할 수 있는가? 그렇지 않다. $Gen.f(x)$라는 기호는 좋지 않다는 의미이다. 왜냐하면 '일반화된 모든 것'이 무엇이 일반화되는지 모르기 때문이다.

$x, f(x)$는 '모든 x는 $f(x)$이다'와 일치하므로 복제성의 작동이 보여진다. 반면 $Gen.f(x)$는 $Gen.$이 f인지, x인지를 모른다. 그래서 좋은 기호라고 볼 수 없다. 즉 모든 f, all $f(x)$인지, 모든 $x(\forall x)$인지가 불분명하다. '모든 개는 짖는다, 운다, 걷는다'인지, '모든 개, 말, 소'인지 불분명하다.

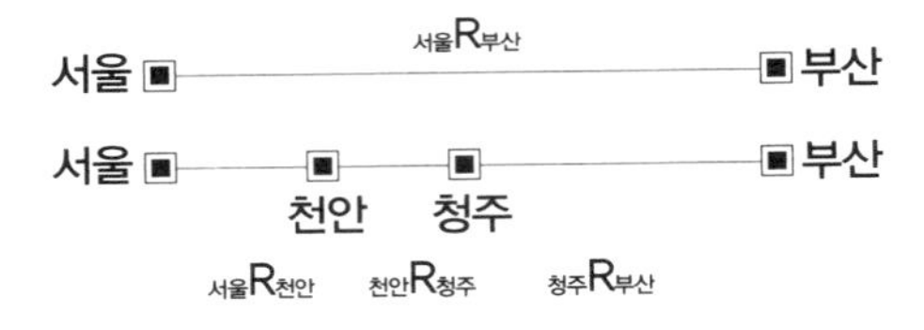

서울에서 부산까지 간다고 가정해보자. 서울을 a, 부산을 b 그리고 그 사이의 거리를 R이라고 하고, aRb라고 표현한다고 하자. 그런데 중간에 천안이 있다면 $aRb=aR_{천안}$, $_{천안}R_{청주}$, $_{청주}Rb$가 된다. 그러니까 얼마든지 할 수 있다. 우리가 세계에 대해 하는 이것이 철학이 하는 것이다.

또 이렇게 생각해보자. $a = x^4 - 1$, $b = (x^2 + 1)(x^2 - 1)$라고 하면, aRb는 $(x^4 - 1) = (x^2 + 1)(x^2 - 1)$가 된다. 중간에 분석적으로 나열할 수 있다. 세계에 대한 명제적 분석은 이런 것이다.

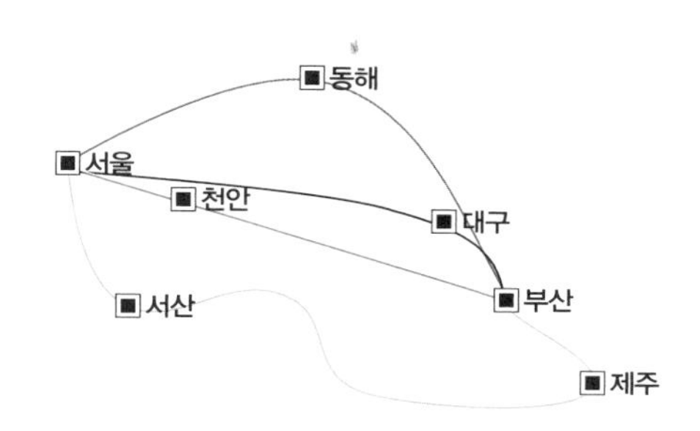

*R*을 직선거리로 둔다면, 위와 같고, *a*(서울)과 *b*(부산) 사이에 있는 어떤 도시를 경유해도 된다. 이번에는 만약 *R*을 '서울에서 부산까지 가는 길'이라고 정의한다면 서울에서 부산 가는 길은 어떤 경로여도 된다. 직선 거리어야 할 필요도 없고, 처음과 끝이 서울과 부산이기만 하면 어떤 경로도 상관없다.

세상이 매우 복잡해 보이고, 우리가 하는 일이 복잡한 것이라고 생각되어도 우리가 하는 것은 이런 것이다. 그래서 사실 the simpler, the better(더 단순하게, 더 좋게)라고 말하지만, more simple, more difficult(더 간단하게, 더 어렵게)가 맞다. 단순한 것이 더 좋다고 말하지만, 간결할수록 더 어렵다.

it would not be adequate: we should not know what was being generalized. If we wanted to signalize it with an affix 'g'–for instance by writing '$f(x_g)$'–that would not be adequate either:

we should not know the scope of the generality-sign. If we were to try to do it by introducing a mark into the argument - places - for instance by writing '(G,G).F(G,G)' - it would not be adequate: we should not be able to establish the identity of the variables. And so on. All these modes of signifying are inadequate because they lack the necessary mathematical multiplicity.

그래서 그것은 부적절하다. 우리는 지금 우리가 일반화되고 있는지 모를 것이다. 우리가 또 어미 g를 넣어서 $f(x_g)$라고 표현하면, 도대체 x의 어떤 영역이 일반화되는지 알 수 없다. 역시 x인지, f인지 그 영역을 또 알 수 없다. 또한 일반화된 것을 말하는 바, (G,G).F(G,G) 또한 그대로 일치한다고 말하는 것도 좋은 표기 방법은 아니다. 이러한 모든 표현 양식은 부적절하다. 왜냐하면, 필요한 수학적 복제성을 결하고 있기 때문이다.

4.0412 For the same reason the idealist's appeal to 'spatial spectacles' is inadequate to explain the seeing of spatial relations, because it cannot explain the multiplicity of these relations.

그리고 같은 이유로 관념론자들의 '공간적 색안경'으로의 호소(의지함)는, 색안경이 관계의 복제성을 설명할 수 없기 때문에 공간적 관계라는 시각을 설명하는 데 부적절하다.

여기에서 spectacles는 무엇일까? 색안경이다. 공간적 색안경spatial spectacle. 자, 누구의 얘기인가? 바로 칸트이다. '우리는 각자 채색된 안경을 가지고 태어나서, 어떠한 대상에 대해 공간적 카테고리를 구성하게 된다. 그럼으로써 우리는 그 대상을 공간적으로 파악할 수 있게 된다. 그것만큼은 객관적이다.' 칸트는 이렇게 주장했지만, 비트겐슈타인은 '이것으로는 수학적 복제성을 표현할 방법이 없다. 그래서 좋은 방법이 아니다. 제일 좋은 것은 수학적 표현양식이 제일 좋다'라는 뜻이다.

이때 수학적 표현양식을 택하고, 공간적 색안경을 포기할 때 우리가 포기하는 것은 무엇인가? 얻게 되는 것은 분명하다. 수학을 택함으로써, 세계와 우리의 언어가 일대일 대응을 택함으로써 명확해지는 것은 맞다.

반면, 우리가 잃게 되는 것은 무엇일까? 우리의 인식이 세계에 직접 미친다는 것을 포기하게 된다. 그냥 거기에 수학이 존재해서 우리는 수학적으로 세계를 보는데, 그것은 우리가 세계에 미치는 것이 아니라 세계는 수학이라는 시스템에 갇혀 있다는 것을 인정해야 한다.

세계를 표현하는 한 도구로서의 수학이라고 할 때, 수학은 결국 계속해서 항진명제를 이끌고 가는 것이다. 그럼으로써 수학이 우리에게 새로운 세상을 열어주는 것은 아니라는 점을 인정하게 된다. 그리고 또한 우리는 아마 다른 것으로 세계를 표현할 수 있겠지만, 그냥 어쩌다 우연히 수학을 선택해서 세계를 표현하게 되었다고 생각하게 된다. 그렇게 함으로써 수학과 세계 사이의 실제적 관계를 단절시키게 된다. 우리는 우리 시스템 속에 갇혀 있게 되면서, 말해질 수 없는 세계가 발생하게 된다. 그것을 넘어서는 것에 대해서는 말해서는 안 된다는 것, 우리의 인식 능력의 한계를 분명히 하게 된다. 수학적 복제성을 받아들인다는 것은 이런 것들을 인정할 수밖에 없게 된다.

4.05 Reality is compared with propositions.

실재는 명제와 비교되어야 한다.

그 이유는 어디에 있는가? 그 명제가 그 실재의 한 부분인가 아닌가를 알아보기 위함이다. 실재와 비교해서, 그 명제가 먼저 실제의 형식 속에 있는지를 알아보기 위해서 비교되어야 한다. 그다음에 또 실재와 비교되어야 하는 이유는 그 실재 속에서 어떤 것이 존재하고, 비존재인지를 알아내서 궁극적으로는 참/거짓을 알아내기 위해서이다.

4.06 A proposition can be true or false only in virtue of being a picture of reality.

명제는 실재의 그림임에 의해서만 참 혹은 거짓일 수 있다.

그러니까 일단 실재의 그림이 아닌 한, 그것은 참/거짓을 따질 여지가 없다. 그러면 참/거짓을 따지기 이전에 전제되어야 하는 것은 그 명제가 의미를 가지느냐이다. 그리고 명제가 의미를 가지기 위해서는 실재와 비교해서 실재의 형식을 충족해야 한다. 그러니까 명백히 말이 안 되는 주장을 하는 사람들에게는 "너는 실재를 벗어나 있다. 실재에 없거든?" 이 한마디만 하면 된다.

4.061 It must not be overlooked that a proposition has a sense that is independent of the facts: otherwise one can easily suppose that true and false are relations of equal status between signs and what they signify.

명제는 사실과 독립해서 의미를 가질 수 있다는 사실이 절대 간과되어서는 안 된다. 그렇지 않다면 우리는 참 혹은 거짓을 기호와 그 기호가 작동하는 양식 사이에 동일한 자격의 관계라고 쉽게 가정한다.

혹시라도 비트겐슈타인이 한 말을 또 하고, 또 한다고 비난하기보다는, 비트겐슈타인이 노파심으로 같은 이야기를 이런 견지에서 설명하고, 또 다른 견지에서 설명하니 참으로 친절하구나라고 이해해주길 바란다. 사실 철학이 얼마나 간단한가? 계속되는 실재론과 유명론의 변주에 다름 아니다.

수학명제의 경우에는 내재적 형식에 의해 항상 참이다. 분석적이기 때문에 수학명제는 초월적이다. 수학명제는 실재와 비교해서 참이 아니라, 항진명제이므로 처음부터 참이다.

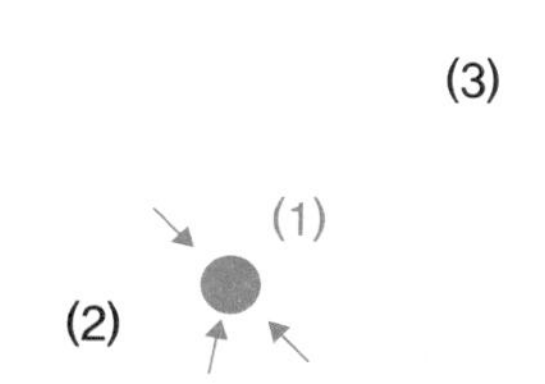

세계에는 세 종류의 명제가 있다. 항진명제, 우리가 보통 말하는 명제, 그리고 모순명제이다. 우리가 원을 그리면 모순명제는 원 밖에 있다. 항진명제는 원의 중심, 근거 없는 중심을 향한다. 그리고 나머지 영역들이 참/거짓을 따질 수 있는 명제이다.

지금부터는 어려운 이야기이다.

In that case one could say, for example, that '*p*' signified in the true way what '~*p*' signified in the false way, etc.

*p*라고 사용되면, 무조건 참이라고 여기고 ~*p*는 무조건 거짓이라고 쉽게 여기게 된다.

우리는 쉽게 예를 들어 말한다. 그리고 '*p*는 참된 방식으로 표상한다. ~*p*는 잘못된 방식으로 표상하게 된다' 등으로 생각하게 된다.

도대체 무슨 뜻일까? 명제가 참과 거짓에서 독립하지 않는다면, 우리는 *p*와 ~*p*를 동일한 자격을 가졌지만, 단지 표상양식만 다르다고 쉽게 믿게 된다(그렇게 믿을 수밖에 없게 된다). 그때 우리는 *p*는 올바른 양식으로 표상한 것이고, ~*p*는 잘못된 양식으로 표상한 것으로 쉽게 말한다는 것이 무슨 뜻일까?

*p*와 ~*p*는 동등한 상태가 아니다. 왜냐하면 본래적으로 참이라는 것은 없다. 예를 들어서 5라고 하면, 우리는 ~5를 -5라고 생각하는 습관에 젖어 있다. 그래서 ~5를 대등한 자격을 가지는 다른 표상양식이라고 생

각하기 쉽다. 그렇지만 p와 $\sim p$는 존재와 비존재이다. 둘 다 동일한 실재에 대해서, 둘 다 실재를 가정하고 있다. 단지 지금 '나타났다/나타나지 않았다'는 것을 $p/\sim p$라고 한다(서로 다른 실재인 5와 -5가 아니라 5가 나타나거나, 나타나지 않거나의 상태이다. 그렇다고 해서 5가 나타났다고 해서 항상 참이고, 나타나지 않는다고 해서 항상 거짓이라고 말하는 것은 틀리다. 단 5가 나타나거나 나타나지 않는 표상형식은 같다. 따라서 5의 나타남/나타나지 않음의 뜻은 그것이 실제로 사실로서 존재하거나 존재하지 않거나, 독립되어 있다. 즉 반드시 거짓에 대응하는 형식은 없다).

다른 예를 보자. 포커 게임을 한다고 해보자. 포커 게임은 카드 7장을 받아 3장을 보여주고, 4장을 손에 들고 한다. 그런데 어떤 사람이 4장을 보여주고, 3장을 가리면 무조건 이기는 법칙을 가지고 있다고 주장한다면, 우리는 이 사람에게 뭐라고 얘기하는가? "미쳤네"라고 할 것이다. 포커에서 '이긴다/진다'라는 의미는 '이긴다/진다'라는 사실에서 독립해 있다. 즉 '이긴다/진다'는 사실을 안다는 것은 어떤 경우에 이긴다는 것을 알고, 어떤 경우에 진다는 것을 안다는 뜻이다. 그래서 어떻게 함으로써 이기고 진다는 것이 아니라, 어떤 경우에 이기고 지는지를 단지 알 뿐이라는 뜻이다. 그런데 어떤 사람이 "본래 이기는 방식이 따로 있어. 올바른 양식으로 표상하는 방식signify in the true way이 있어"라고 주장한다면, "본래 참인 명제와 거짓인 명제는 태생부터가 다르다"고 하는 것과 같다.

개가 짖는다.	개가 짖지 않는다.
p	$\sim p$

"개가 짖는다는 것은 P로 반드시 참이고, 후자는 반드시 거짓 명제야"라고 말하는 것과 같다. "왜냐하면 ~이 있으면, 무조건 거짓이다"라고 주장한다고 해보자. 다시 말해 두 개는 대등한 자격을 가지는데, 표상형식에서 '~'이 붙으면 무조건 거짓인 명제이고, 없으면 참이다. 그래서 표상형식에서 선험적으로 참/거짓이 결정된다고 주장한다면, 이것은 우리가 명제를 올바르게 이해하지 못하고 있는 것이다. 그러므로 p와 $\sim p$는 동일한 상태가 아니다. 독보적인 것은 p가 존재를 나타낸다는 점이다. 참 그리고 p가 항상 존재를 뜻하는 것도 아니다. 우리는 약속에 의해 얼마든지 존재하지 않는 것을 p로, 존재하는 것을 $\sim p$로 표현할 수 있다.

$p/\sim p$, 이 둘이 대등한 자격을 가지는 것이 아니라, 이 중에서 존재를 가르치는 것과 비존재를 가리키는 것은 차원이 다른 문제이다. 단지 이것들이 어떤 동일한 상태, p는 항상 참인 자격을 가지는 높은 명제, $\sim p$는 항상 거짓일 수밖에 없는 저열한 명제라고 해서도 안 된다.

p와 $\sim p$는 일단 자격은 대등하다. 표상형식에서 대등하지만, 단지 참/거짓이 아니라, 거기에는 실재가 있다. 그리고 p와 $\sim p$는 표상형식은 완전이 같다. 그래야만 명제로서의 자격이 있다. 그러나 단지 차이가 나는 것은 실제로 현실에 있어 존립하는 것으로 드러나는가, 드러나지 않는가

만 나중에 따지면 된다. 따라서 p와 $\sim p$는 존립/비존립에서 독립해 있다.

다시 말하면 "어떤 명제에 대해서 의미를 안다는 것은 그 명제가 참일 때 어떠하다는 것을 아는 것이다"라고 말할 수 있다. 단지 이것뿐이다. 그렇기 때문에 명제의 의미는 참과 거짓에서 독립한다는 것과 같은 말이다. 명제의 뜻이 참/거짓에서 독립하지 않는다면, 특정한 방식은 참을 나타내고, 어떤 특정한 방식은 거짓에 대응하게 된다.

이것이 지성을 가지느냐, 지성을 가지지 않았느냐의 차이다. 《파브르 곤충기》에서 보면 랑도도크 사냥벌 이야기가 나온다. 사냥벌은 땅을 파고 그 안에 집을 짓는데, 배추벌레를 잡아서 어떤 외과의사보다도 재빠르고 정확하게 순간적으로 마취시킨다. 그러면 그 배추벌레는 마취상태에서 보름 동안 산다. 사냥벌은 배추벌레 속에 알을 낳는다. 그리고 알이 들어 있는 마취된 배추벌레를 사냥벌은 후진으로 집으로 끌고 가는데, 그때 배추벌레를 싹 없애버린다. 이때 사냥벌은 어떻게 할까?

사냥벌에게 그해 농사는 그걸로 끝이다. 사냥벌은 자신의 행위 의미를 독립해서 생각하지 못한다. 즉 배추벌레를 잡아온 것이 번식에 성공하느냐 아니냐와 독립된 것이라고 보는 것, 이것은 인간만이 하는 것이다. 그런데 사냥벌에게 모든 행위는 참이다. 그래서 집으로 배추벌레를 후진으로 끌고 갈 때, 알이 부화하는 것이 자동으로 발생하지 않으면 그해 농사는 끝난 것이다.

반면 인간은 독립된 것으로 보기 때문에 시행착오를 통해 교정해나갈 수 있다. 어쨌든 형식을 모두 지키는 상태에서 '이 형식으로 하면 참이 되고, 저 형식으로 하면 거짓이네'를 반복함으로써 의미를 다양하게 가져갈 수 있어서 실험이 가능하다. 그래서 모든 명제는 하나의 실험적 성격을 가진다는 것이다.

하지만 사냥벌은 이렇게 생각한다. '내가 배추벌레를 잡아와서 전진해서 들어가면 새끼를 못 낳고, 후진해서 들어가면 새끼를 낳는다.' 이런 식으로 표상형식이 어느 경우에는 참이고, 어느 경우에는 거짓이라고 미리 결정해놓았다고 생각해보자. 그러면 후진으로 들어가면 무조건 새끼를 낳는다고 보는 것이다. 사냥벌은 전진/후진이 번식의 성공/실패로부터 분리되어 있지 않다. 그해 농사가 끝나서, 매우 혼란스러워하다가 포기하고 만다.

사냥벌에게는 후진으로 들어갔는데, 번식에 실패하는 그런 상황에 대처할 프로그램이 없다. 왜냐하면 후진으로 들어가면 번식에 성공하는 것이 참이기 때문이다.

포커에서도 마찬가지다. 3장을 보여주고, 4장을 가지고 있는 것이 규칙이다. 그리고 어떤 경우에 이기고 지는지 알고 있다. 그러나 패를 열어봐야 알 수 있다. 그런데 이길 수밖에 없는 방식이 이미 있다고 믿는 사람이 있어서 4장을 보여주면 반드시 이긴다고 말하는 사람은 없다. 우리는 주사위를 던질 때 손을 이렇게 던지면 이기고, 저렇게 던지면 진다고 말하지 않는다.

명제가 독립해 있다면 p를 항상 참으로, $\sim p$를 항상 거짓으로 보아서는 안 된다. 그러니까 참/거짓과 관련해서 어떤 특정한 표상형식이 참/

거짓에 대응하는 것이 아니다. 참/거짓과 형식은 독립적이다. 대등한 자격이 아니라, p라고 하는 하나의 자격밖에는 없다. 그리고 사실 $\sim p$도 p이다. p와 $\sim p$가 서로 낮거나 높은 것도 아니고, 대등한 자격을 가진 두 개의 분리된 명제가 아니다. 하나의 실재에 대해 드러나느냐, 아니냐의 문제인 것이다.

4.062 Can we not make ourselves understood with false propositions just as we have done up till now with true ones?–So long as it is known that they are meant to be false.

우리가 지금까지 참인 명제로 그래왔던 것처럼 거짓 명제로도 그 명제를 이해할 수 있을까? 단 그 명제가 거짓이라는 명제로 이미 알려져 있다면.

누군가가 거짓 명제를 말해준다고 하자. 대신 "그거 거짓이야"라고 말한다. 또 명제를 말한 후에 거짓이라고 반복한다. 그렇게 거짓이라는 것을 아는 채로 명제를 받아들이게 되면, 듣는 사람은 세계를 이해할 수 있을까? 없다. 왜 없을까?

세계를, 명제를 이해하기 위해서는 그것이 참이었을 때 어떠하다는 사실을 알아야 한다. 그런데 계속 거짓이라는 사실을 아는 채로 거짓명제를 들으면, 세계가 본래 어떠하다는 형식을 구성할 수 있음을 알 수 없게 된다.

어떤 사람에게 거짓 명제만을 말해준다, 참이라고 하면서. 그러면 그것을 듣는 사람은 세계를 이해할 수 있다. 이것이 바로 세뇌이다. 세뇌하는 사람은 나름의 세계를 가지고 있다. 그런데 "세계는 이러저러해. 그런데 아니야"라고 반복해서 말하면, 듣는 사람은 세계를 이해할 수 없다. 언제나 전제는 그것이 참이었을 때 어떠하다는 것을 알았을 때에만 세계에 대한 이해가 가능하다.

그러니까 거짓말일지언정 그것이 참이라고 말해주면, 듣는 사람은 하나의 세계를 구성하게 된다. 세뇌에 의해서 거짓 명제를 계속 참이라고 알려주는 것이 세뇌이고, 거짓 명제를 계속 거짓이라고 알려주는 것은 혼란을 조장하는 것이다.

No! For a proposition is true if we use it to say that things stand in a certain way, and they do;

안 된다! 왜냐하면 우리가 그 명제를 어떤 사물이나 대상이 어떤 양식으로 존립한다고 말하고, 또한 실제로 그러할 때 어떤 명제는 참이기 때문에, 그한 명제는 참이다.

그러니까 참이라는 전제하에 말해주어야 한다는 것이다.

and if by '*p*' we mean ~*p* and things stand as we mean that they do, then, construed in the new way, '*p*' is true and not false.

그리고 또 '*p*'를 말하면서 사실은 ~*p*를 의미하고, 사물은 우리가 의미한대로 그대로 존립할 것이라고 말하고 그것대로 존재하면, 새로운 방식의 해석에 의해서 '*p*'는 참이고, 거짓은 아닌 것이다.

이 말은 명제의 뜻은 명제의 참/거짓에서 독립한다는 것을 이런저런 예를 들어서 알려주는 부분이다. 원의 정의가 무엇인가? 한 점으로부터 일정한 거리에 있는 점의 집합이다. 여기에 관계된 응용 문제는 무한정으로 낼 수 있다. 그 무한정한 문제들을 대체로 다 이해해야 원이 무엇인지를 비로소 이해하게 된다. 철학도 마찬가지다. 정의는 하나이다. '명제의 뜻은 명제의 참/거짓에서 독립한다.' 이 한 문장을 이렇게 저렇게 계속 반복해서 설명하는 것이다. 그래야 진짜로 이해하게 되니까. 그러니 한 말 또 하고, 또 한다고 말하지 말자.

우리가 p라는 명제를 '비가 온다'라고 말한다면, 이 경우 $\sim p$는 '비가 오지 않는다'이다. 그런데 비가 오긴 오는데, 즉 "비가 와"라고 말하지만 이 정도 비는 '비가 오지 않는 것이야'라는 것을 p라고 하자라고 새로운 약속을 했다. 그러면 실재로 비가 안 오면 참이다. 이때에는 비가 오지 않는 것이 p이다.

비가 조금 오는 것을 전자의 경우처럼 $\sim p$라고 표현하건, 후자의 경우처럼 p라고 표현하건, 그 표현에 의해 우리가 이해하는 바가 중요하다. 그러니까 p냐 $\sim p$냐가 중요한 것이 아니라, 우리가 그것을 어떤 식으로 해석하고, 어떻게 해석하도록 약속되어 있느냐가 더 중요한 것이다. 즉 뜻이 더 중요하다.

예를 들어 '하늘에서 비가 온다, 조금 온다'를 '비가 오지 않는다'라고 표현한다면(약속한다면), 새로운 양식에 의해 비가 조금 오는 것은 '비가 오지 않는' 것으로써 참이 된다.

어떤 명제의 표현양식이 모두 본래적으로 참/거짓을 나타내는 것이 아니라, 명제의 의미는 독립해 있다. 그리고 어떤 것을 참으로, 또 어떤 것을 거짓으로 보기로 하느냐에 달려 있는 것이지, 명제의 본래 성격상 참인 것은 없다는 의미이다.

나는 20대를 한국에서 보낸 적이 없다. 군대생활 빼면, 유학 가고 22년 동안 외국 생활을 했으니까. 한국을 떠나기 전에는 담배를 피우는 것이 사나이다움의 표상이었다. 그래서 으레 담배를 피워야 하는 것으로 알았다. 실내에서도 먼지가 자욱해질 정도로 피우고, 극장에서는 스크린이 보이지 않을 정도로 담배 연기를 품어대던 그런 시절이 있었다. 그리고 유학을 갔는데, 그 동네는 이미 실내에서 담배를 못 피우게 했다. 혼란스러웠다. 그때 알았다. '명제의 의미는 참/거짓에서 독립하는구나. 본래 사나이다움이란 없구나. 어디에서는 사나이다운 행위이지만, 또 다른 곳에서는 비신사적이구나'라고.

4.0621 But it is important that the signs 'p' and '$\sim p$' can say the same thing. For it shows that nothing in reality corresponds to the sign '$\sim$'. The occurrence of negation in a proposition is not enough to characterize its sense($\sim\sim p = p$).

그러나 p와 $\sim p$는 동일한 것을 말한다는 사실은 매우 중요하다. 왜냐하면 '~'이라는 기호에 대응하는 어떤 것도 실재에는 없다는 사실이기 때문이다. 명제에 있어 부정은 명제의 뜻을 정하는 정도로 충분하지는 않다 $(\sim\sim p = p)$.

the signs '*p*' and '~*p*' can say the same thing. 이것은 매우 중요한 명제이다. 이해하기가 어려운 부분이지만, 이렇게 설명해보자. 이것은 비트겐슈타인의 천재성을 보여주는 대표적인 명제 중 하나이다.

우리는 당연한 것처럼 얘기한다. *p*와 ~*p*는 사실 같은 실재에 대해 말한다. 그런데 이것이 현현되느냐epiphany/그렇지 않으냐의 문제이다. 그래서 *p*와 ~*p*는 사실 동일한 것에 대해 말하는 것이지, 서로 다른 것이 아니다.

동일한 것을 말하지만, 의미만 반대이다. 그러나 실재는 같은 것이다. 그래서 이것을 논리적으로 보여준다면 우리가 *p*라고 했을 때 세계에는 실재밖에 없다. 그런데 실재 속에 '~'는 없다. 실재는 매우 실증적이다. 실재에는 대상과 그 형식이 있다. 그런데 대상에 '~'라는 것은 없다. 그 사실을 논리적으로는 이렇게 말한다. 세계 속에 '~'에 대응하는 실재는 없다. *p*에 대응하는 실재도 있고, (~*p*) 전체에 대응하는 실재도 있지만, not '~' 에 대응하는 실재는 없다.

∧,∨에 대응하는 실재는 없다. 논리상수(~, ∧, ∨)는 연산자이지, 실재를 가지지 않는다. 세계는 *a*, *b*라는 요소명제를 가지고 있다. 논리상수는 무엇인가를 보여주는 논리 형식이다. ~*p*는 본래 있지만, 발생하지 않았을 뿐을 보여준다. 만약 *p*에 대해 ~*p*가 실재에 대응하는 것이 있다라

고 하면, $\sim(\sim p)$는 또 다른 새로운 실재가 있어야 한다. 그런데 $\sim\sim p$는 p가 된다. 이 사실 자체가 $\sim\sim p = p$이다. 그리고 $a \wedge b$, $a \vee b$ 곱해지건 더해지건 두 가지의 실재가 있다.

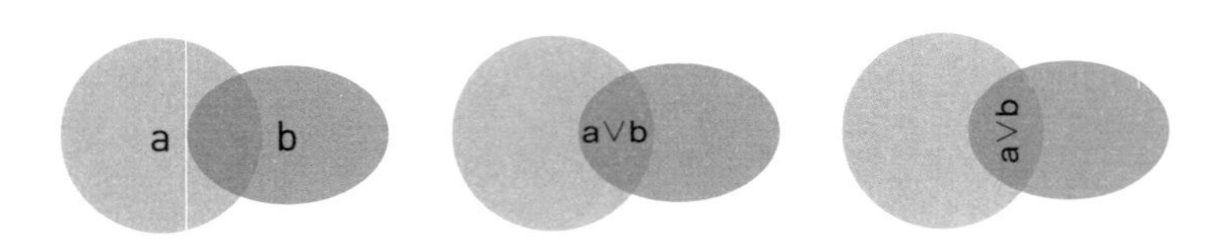

이 부분은 아주 어려운 부분이다. 악명 높은 부분이다. 하지만 알고 보면 쉽다. 콜롬부스의 달걀이다. 고생은 한 사람만 하면 된다.

어떤 실재가 있다. 그것을 p라고 한다. 그리고 실재하는 것에 대해서만 $\sim p$라고 할 수 있다.

The propositions '*p*' and '~*p*' have opposite sense, but there corresponds to them one and the same reality.
명제 p와 ~p는 서로 상반되는 의미를 가지지만, 하나이며 동일한 실재가 대응한다.

지금까지 반복해서 설명해왔던 부분이다.

4.063 An analogy to illustrate the concept of truth:

진리의 개념을 설명하기 위한 유추:

이것도 아주 길게 얘기했는데, 사실 비트겐슈타인은 노파심에서 또 이런 표현으로도 쓴 것이다.

오컴, 퍼스, 소쉬르, 카르납, 러셀 중에서 배운다면 누구를 제일 배우고 싶은가? 오컴, 퍼스? 배울 기회가 있다면 사실은 퍼스를 배워야 한다. 왜냐하면 퍼스를 이해하면 오컴을 이해하게 된다. 그렇지만 오컴을 이해한다고 해서 퍼스를 이해하는 것은 아니다. 퍼스는 프레게와 같은 급이다. 자기 선전을 못해서 그렇지 퍼스는 정말 위대한 사람이다. 가장 위대한 사람은 물론 비트겐슈타인이다, 내 생각에는. 하지만 역사적으로는 오컴이 제일 위대하다. 오컴이 없었다면 비트겐슈타인이 있을 수 없었으니까. 오컴은 맨땅에 헤딩한 사람이다.

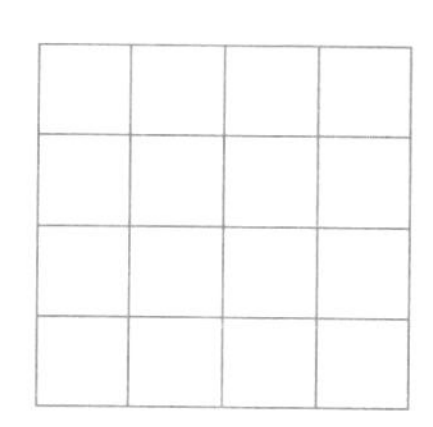

여기에 종이가 있다. 다트를 던져서 검은 부분을 맞추면 사탕을 받고, 흰 부분을 맞추면 사탕을 받지 못한다는 규칙이 있다. 이때 게임을 이해하려면 어디를 어떻게 던진다는 행위보다, 먼저 어느 조건이 이기는 것인지를 알아야 한다. 제대로 맞추고 아닌가를 아는 것보다는 먼저 언제 사탕을 받는지, 아닌지를 알고 있어야 한다. 이 얘기를 이렇게 복잡하게 써놨다. 비트겐슈타인의《철학적 탐구》에서 이것을 확장한 것이 게임이론이다. 아무것도 아니다. 이제《철학적 탐구》를 굉장히 쉽게 읽게 될 것이다. 사실《논리철학논고》의 주석서라고 할 수 있다. 다트를 던지기 전에 게임의 규칙을 알아야 한다.

게임의 법칙이 철학과 무슨 관계인가?

게임을 하기 전에 규칙을 먼저 알아야 한다는 것은 '명제의 참/거짓은 명제의 의미에서 독립한다'와 같다. 어떻게 던져서 이기고 지느냐보다, 참을 선택하느냐 거짓을 선택하느냐보다 더 중요한 것은 언제 이기고 지는지, 언제 참이 되고, 언제 거짓이 되는지를 아는 것이다.

어떤 명제가 말해질 때, 우리는 그 명제의 참/거짓보다 그 명제의 뜻을 이미 안다. 우리는 한번도 들었던 적이 없던 명제를 듣고도 이해한다. 즉 우리가 게임의 규칙을 알고 있다면, 어떤 축구 경기든지 즐길 수 있다. 생전 처음 보는 축구 경기일지라도. 왜냐하면 규칙을 이미 알고 있기 때문이다. 만약 어떤 사람이 '공을 뒤로 차면 반드시 이기고, 공을 앞으로 차면 반드시 진다. 즉 축구공을 차는 표상 형식에 의해 참/거짓은 이미 결정되어 있다'라고 한다면 그를 이상한 사람이라고 생각한다. 거기에 본래의 방법은 없다. 다트를 던질 때 눈을 감고 던지면 지고, 뒤돌아 던지면 이긴다라는 것은 없다. 그냥 단지 어떤 경우에 이기고, 어떤 경우에 진다는 사실이 먼저 있다. 축구 경기를 즐기고 이해하기 위한 준비가 되어 있는 것이지, 경기에서 지고 이기고가 미리 어떤 양식에 의해 정해져 있는 것은 아니다.

그런데 과연 그렇게 생각하는 사람들이 있는가?

보통의 과학자들, 그리고 인과율을 주장하는 사람들이다.

징크스가 이런 종류 아닌가?

하지만 징크스만으로 한정지을 문제는 아니다. 천국으로 가는 방법이 이미 있다고 주장하는 것도 포함된다. 설명해주면 다 이해한다. 그러나 일상생활 속에서는 그렇지 않다. 그래서 언어는 사유를 기만한다. '1은 숫자이다'를 보면, 1을 사용한다는 것은 이미 그 배경에 1이 숫자라는 것을 알고 있다. 즉 하나마나한 소리를 계속 하는 것이다.

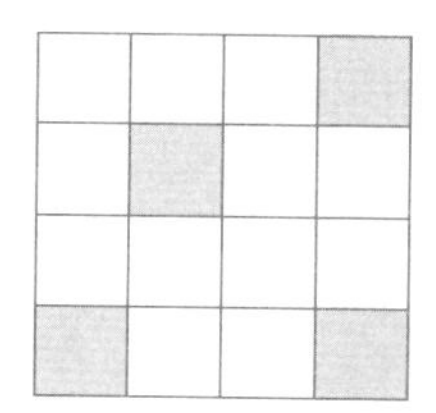

다트 게임을 한다고 해보자. 이때 '눈을 감고 던져서 검정에 맞으면 상품을 받는다'는 규칙이 있다. 이때 던지고 나서야 결과를 알게 된다. 그렇지만 게임이 성립되기 위해서는 게임의 규칙을 알아야 한다. 즉 어느 경우에 상품을 받고, 어느 경우에 상품을 받지 못하는지 미리 알고 있어야 한다. 그렇기 때문에 센스(의미)는 진짜로 (일어나는 사실인) 상품을 받는 것, 상품을 받지 못하는 것으로부터 독립해 있다. 먼저 어떤 상황에서 이기고, 어떤 상황에서 진다는 게임의 규칙을 먼저 알고 있어야 한다. 이런 뜻이다.

그다음, 역시 같은 얘기이다.

4.064 Every proposition must already have a sense: it cannot be given a sense by affirmation.
모든 명제는 반드시 이미 의미(뜻)를 지니고 있어야 한다. 그 명제의 의미는 긍정에 의해서 주어지지 않는다(그 명제는 긍정에 의해서 의미를 부여받지 않는다).

우리가 절대로 실수하지 말아야 할 것은 어떤 명제가 참일 때만 의미를 가지고, 거짓일 때는 의미를 가지지 않는다고 여기면 안 된다는 것이다. 절대로 어떤 명제를 긍정에 둔다고 해서, 그 명제가 참이라고 해서 의미를 부여받는 것은 아니다. 명제의 의미는 이미 그 전에 따로 가지고 있다.

'보라색 코끼리가 날고 있다'는 명제가 아니라는 것과의 차이는 무엇일까?

이 경우에는 그 이전에 이미 형식에 의해서 명제가 아니다. 보라색 코끼리처럼 없는 것을 얘기하는 것은 참/거짓의 문제가 아니라, 의미와 지시대상referent의 문제이다. 즉 뜻은 있는데, 지시대상이 없는 것이다. 비교할 실재가 없는 것이다.

우리가 대상으로부터 어떤 형식에 따라 세계를 구성해나갈 때, 그 세계 속에는 들어 있지 않은 경우다. 지시대상이 없으면 명제가 아니다. 그래서 황금산, 스핑크스 이런 것은 그 자체가 명제가 아니다. 레퍼런스를 가지고 있지 않다. 우리가 황금산, 스핑크스 같은 것의 의미를 안다고는 하지만, 사실은 그것이 무의미하거나 의미를 모르는 것이다. 지시하는 대상이 없기 때문이다.

따라서 4.064에서 have a sense는 위에서 설명한 게임의 규칙이다. 그러니까 그것을 긍정한다고 해서 뜻을 가지는 것은 아니다. 긍정/부정 이전에 이미 뜻을 가지고 있고, 그 후에 명제에 대해 긍정해줄 수 있고, 부정할 수도 있다.

Indeed its sense is just what is affirmed.

정말이지, 그 의미라는 것은 긍정되는 바로 그것이 의미이다.

긍정되는 바로 그것, 앞에서 말한 '우리가 그 명제의 뜻을 안다는 것은 그 명제가 참이라고 할 때에 어떠하다는 것을 아는 것이다'이다. 그러므로 그 명제가 참이라고 할 때에는 이미 그 의미가 부여된 다음이다. 우리가 어떤 경우에 그 명제가 참인지를 모르는 채로 세계의 뜻을 알 수 없다. 참이라는 것이 나열되어야 알 수 있다. 그러니까 우리가 긍정할 때 이미 그 이전에 그 의미는 주어져 있다. 긍정에 의해서 그 의미는 주어지게 된다.

And the same applies to negation, etc.

그리고 부정에도 그것은 똑같이 적용된다, 기타 등등.

4.0641이 조금 어렵다.

4.0641 One could say that negating must be related to the logical place determined by the proposition which is negated.

부정된 명제는 또다시 부정될 수 있다. 이것이 보여주는 것은 부정되는 것은 이미 하나의 명제이지 예비 명제는 아니라는 사실이다.

어떤 p라는 명제가 있다. 이때 $\sim p$는 부정되는negated 명제이다. 그리고 명제 p를 부정하면negating $\sim p$이 된다.

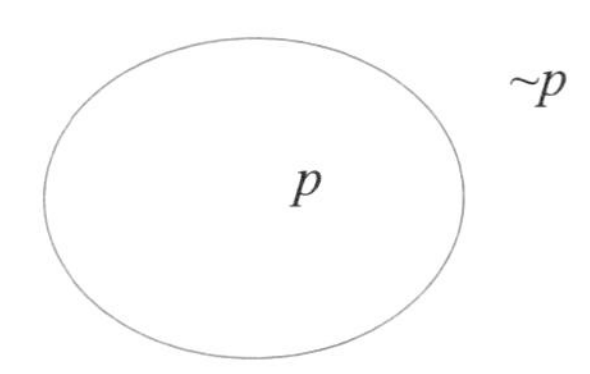

이렇게 생각해보자. '비가 온다'라는 명제 p가 있다. 이것을 부정하면,

'비가 오지 않는다'이다. '않는다'를 붙임에 의해서 *p*를 부정negating했다. 그런데 이 둘의 논리 장소는 서로 연결되어 있다. 왜냐하면 둘이 서로 반대되는 명제이기 때문이다. *p*와 ~*p*는 서로가 그 바깥쪽에 위치한다.

The negating proposition determines a logical place different from that of the proposition which is negated. The negating proposition determines a logical place with the help of the logical place of the proposition which is negated.

부정하는 명제는 논리 장소를 결정짓는다. 부정하게 될, 부정되고 있는 그 명제의 논리 장소와는 다른 것이다.

'논리 장소'가 다른 것이 당연하다. 그러니까 부정하는 명제는 부정되는 명제의 논리 장소의 도움을 받아서 논리 장소를 결정한다. 우리가 '비가 오지 않는다'의 논리 장소, 논리 영역은 반드시 '비가 온다'는 명제의 도움을 받아서 알게 된다. '비가 온다'가 전제되어야 '비가 오지 않는다'가 성립된다. 즉 ~*p*는 *p*를 이미 전제로 하고 있다. 부정하게 될 명제(*p*)의 도움을 받아서 ~*p*의 논리 장소가 결정된다. 서로 반대되기 때문이다.

For it describes it as lying outside the latter's logical place.

왜냐하면 그 부정하는 명제는 부정하게 될 명제의 바깥 쪽에 논리 장소를 규정하기 때문이다.

여기에서 it은 논리 장소이다. 후자의 논리 장소 밖에서, 즉 부정하게 될 명제의 밖이다. 단지 안이냐, 밖이냐만 다르다.

> The negated proposition can be negated again, and this in itself shows that what is negated is already a proposition, and not merely something that is prelimary to a proposition.
> 부정된 명제는 다시 부정될 수 있으며, 이것은 부정된 것이 이미 명제에 우선하기 때문이 아니라, 이미 명제이기 때문이다.

어떤 명제가 부정되면($\sim p$), 그 부정된 명제($\sim p$)를 다시 부정할 수 있다($\sim(\sim p)$). 얼마든지 부정할 수 있다. 그러면 이것이 의미하는 것은 자기 자신이다($\sim(\sim p)=p$).

만약 p와 $\sim p$가 서로 간에 상반되는 관계가 아니라고 해보자.

p가 명제일 때, $\sim p$도 이미 하나의 명제이다. p는 명제이고, $\sim p$는 반푼이 명제가 아니다. 의미라는 측면에서는 대등한 자격이다. 다만 반대 의미일 뿐이다.

그렇다면 서로가 서로를 부정하면 자기 자신이 된다는 것은, 각각이 명제이지, 하나($\sim p$)가 다른 하나($\sim p$)를 위한 반푼이 명제, 봉사를 하는 아닌 것이다. 예를 들어 결혼했다(p)라는 명제와 결혼하지 않았다($\sim p$)라는 명제를 보자. 이 경우에 우리는 결혼하지 않은 것이 결혼하기 위한 종속된 명제라고, 그 자체가 독립적인 명제는 아니라고 생각하지 않는다. 결혼하지 않는 것도 하나의 생활 양식이다. 무엇을 위해 예비된 것이 아닌, 대등한 자격을 가지는 하나의 명제이다.

우리가 $\sim p$를 말할 때 조심해야 할 점이 있다. 우리는 쉽게 흔히 5에 대해서 -5를 상대적인 것으로 본다. 하지만 명제에서는 5에 대한 $\sim p$는 0이다. 명제에 있어서는 단지 존재와 비존재인 것이다. 이것은 조심해야 한다. -5는 수학 세계에서 없다. 존재하지 않는 수이다. 필요에 의해서만 사용하는 수이다.

이런 견지에서 한번 보자. $\sim p$를 p에 무엇인가가 더해진 것이라고 해 보자. 예를 들어 'p : 비가 온다', '$\sim p$: 비가 오지 안 온다'라고 하면 '오지 않는다'는 것은 p에서 독립한, p와는 관계가 없는 어떤 개별적인 사안이라고 해보자. 예를 들어 $\sim p$를 $(a \vee p)$라고 하고, 이것을 부정하게 되면 $\sim(\sim p) = \sim(a \vee p) = \sim a \wedge \sim p$가 된다. p로 돌아가지 않는다.

이 얘기는 '(비가) 오지 않는다(~)'는 것은 실재가 없다는 것이다. $a \vee p$는 예정은 되어 있지만 $\sim p$은 대등한 자격을 가진 명제이다. 즉 $a \vee p$처럼 p가 되기 위해 a 같은 것이 붙는 이상한 명제가 아니라는 뜻이다.

즉 논리상수(~, ∧, ∨)는 실체를 갖고 있지 않다. 가질 필요가 없다. 우리가 명제를 끝까지 분석해나가면, 요소명제만 남는다. 그러면 거기에 요소명제를 나열하고, 그것이 세계라고 하면 끝이다. 거기에 논리상수가 하나의 요소로 자리 잡을 이유가 없다. 세계의 요소명제로 p와 q가 있다고 하자. 그런데 p도 발생하고, q도 발생하면, $p \wedge q$라고 표현하면 된다. 여기에서 ∧는 실체가 없이 동시에 발생했다는 의미이지, ∧에 대응하는 대상을 가지고 있지 않다. ∧는 그냥 표현의 한 수단일 뿐이다.

다시 한번 설명하면, 우리가 $\sim p$라고 하는 것을 보면서 ~도 실체가 있다라고 보고, $\sim p$는 p의 반편이 명제로 보고, 또 $\sim p=(\sim a+p)$를 부정하면 $\sim(\sim a+p)$가 되고, 결국 p가 되지 않는다.

$$\sim p = \sim a \vee p$$

$$\sim(\sim p) = \sim(\sim a \vee p) = (a \wedge \sim p) \neq p$$

즉 $\sim p$는 p와 동등하지만, 서로 반대되는 의미를 가질 뿐이다.

관계와 형식개념
4.1~4.128

4.1 Propositions represent the existence and non-existence of states of affairs.

명제는 사태(원자적 사실)의 존립 혹은 비존립을 보여준다.

당연하다. 예를 들어 원자적 사실 중에 비(p)라는 것이 있고, 덥다(q)가 있다고 하자. 그러면 '비가 오고, 덥지 않다' p는 존립, q(덥다)는 존립하지 않은 것이다($p \wedge \sim q$). 명제는 어떤 사태의 존립과 비존립을 보인다. 그것뿐이다. 명제는 거울처럼 반사해준다.

4.11 The totality of true propositions is the whole of natural science(or the whole corpus of the natural sciences).

참인 명제의 전체가 자연과학 전체이다(혹은 자연과학 전체를 말한다).

즉 처음이 곧 끝이라는 얘기이다. 거기에서 무엇인가를 봄에 의해서 거기에서 끝난다. 다시 말해서 눈만 있다면 무슨 일이 일어나는지, 일어나지 않는지 알 수 있다. 그리고 무슨 일이 일어나는지는 명제로 서로 통한다, 명제에 의해서. 그러므로 모든 명제가 자연과학의 전체이다. 그래서 보는 순간 끝난다. 세계와 대비해서 실제로 그렇게 일어났을 때의 명제이다.

같은 현상을 놓고 지동설, 천동설을 주장한 것을 보면, 참이라고 생각한 명제가 아닌가?

그렇지만 사실 천동설이나 지동설을 개념화한 것 자체가 웃긴 얘기이다. 운동은 상대적이다. 지구를 고정시키면 태양이 돈다. 보기 나름이다. 그래서 코페르니쿠스도 이렇게 말했다. "보기에 편한 것으로 하자."

그냥 눈에 보이는 대로이다. 그래서 비트겐슈타인이 계속 말하는 것은 "설명하지 말고, 단지 기술하라Describe, don't explain." 혹은 "우리의 지식은 새로운 것을 얻음에 의해서가 아니라, 이미 본 것을 정돈함에 의해서이다." 이렇게 계속 반복하는 것은 그냥 참인 명제 전체가 자연과학이라는 뜻이다.

자, 이렇게 생각해보자. "지금 비가 오고 덥지 않다." 그러면 이것은 그냥 자연과학이다. 그런데 누군가가 이렇게 말할 수 있다. "본래적으로 비, 덥다가 있다. 후자의 문장은 자연과학이 아닌가?"라고 물을 수 있다. 아니다. 전자의 문장이 자연과학이다. 자연과학은 있을 수 있는 일이 아니라, 있는 일을 다룬다.

4.111 Philosophy is not one of the natural sciences.

철학은 자연과학 중 하나가 아니다.

자연과학은 발생하는 세계를 대상으로 한다. 그런데 철학은 발생하는 세계를 대상으로 하지 않는다. 그것은 실체가 없는 학문이다.

(The word 'philosophy' must mean something whose place is above or below the natural sciences, not beside them.)

('철학'이라는 단어는 의미해야 한다. 그 장소가 자연과학의 옆이 아니라, 위나 아래에 있는 것으로서)

철학은 자연과학과 대등한 자격을 가지지 못한다. 철학은 자연과학 옆에 있지 못하고, 위에 있거나 아래에 있다.

4.112 Philosophy aims at the logical clarification of thoughts. Philosophy is not a body of doctrine but an activity.

철학은 사유의 논리적 명료화를 겨냥한다. 철학은 일련의 교의가 아니라 단지 활동일 뿐이다.

우리의 사유를 명료하게 만드는 하나의 활동이다. 그러므로 '이것이 삶의 원칙이야, 이렇게 살아야 해, 저렇게 살아야 해.' 이런 것은 철학이 아니다. 철학은 그냥 우리 사유의 명료화를 향하는 우리의 활동이다. 많은 사람이 이 점을 오해하고 있다.

A philosophical work consists essentially of elucidations. Philosophy does not result in 'philosophical propositions', but rather in the clarification of propositions.

철학적 작업은 본질적으로 명료화로 구성된다. 철학은 철학명제로 귀결되지 않는다. 오히려 명제의 명료화로 귀결된다.

왜 그럴까? '철학명제'는 형용모순이다. 철학은 명제를 가지지 않는다. 그리고 명제는 철학일 수 없다. 명제는 실증적인 것으로써 자연과학에만 해당한다. 교의는 존재하지 않는다.

다른 책에서 나오는 철학적 명제들은 실재론자들의 주장이다. 현대 철학의 입장에서 철학명제는 없다. 명제라고 할 때는 이미 자연과학이고, 자연과학 외의 다른 명제는 없다. 지금 우리 눈앞에서 벌어지고 있는 세계의 현상, 이것 외에 명제라고 말할 것은 없다. 그 외에 우리가 안다고 말할 것도 없다. 그럴 근거가 없다.

Without philosophy thoughts are, as it were, cloudy and indistinct: its task is to make them clear and to give them sharp boundaries.

철학 없이는 사유가 구름에 끼인 듯하고, 불명료하다. 철학의 업무(과업)는 우리의 사유를 명료화하게 하는 것이고, 우리 사유에 날카로운 경계성을 그어주는 것이다.

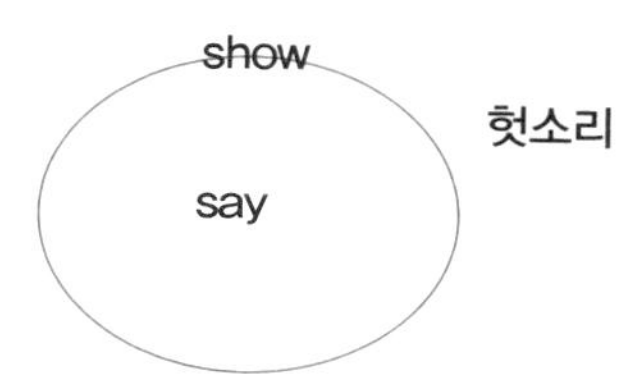

자, '우리 사유의 날카로운 경계선'에서 날카로운 경계선이 무엇일까? Say/Show distinction(말해지는 것과 보여지는 것)이 날카로운 경계선이다. 명제는 반드시 Say와 관련된다. show는 그 say가 기초라는 논리형식이다. 이것은 proposition with sense(의미를 가진 명제)들에 의해 보여진다. 그리고 그 밖에 what must be passed over in silence(침묵 속으로 지나가야 할 것)의 세계가 있다. 철학은 what can be said(말할 수 있는 것)와 what must be passed over in silence 사이에 경계를 긋는다.

4.1121 Psychology is no more closely related to philosophy than any other natural science.

심리학이 철학과 긴밀히 연결되지 않는 것은 다른 어떤 자연과학이 철학과 긴밀히 연결되지 않는 것과 마찬가지다.

심리학은 과학이다. 이것도 하나의 생리활동, 경험적 사실이다. 그러므로 심리학도 자연과학 중 하나이지, 철학이 아니다.

Theory of knowledge is the philosophy of psychology.

인식론은 심리학의 철학이다.

인식론이라는 것은 우리 심리에 날카로운 경계를 긋는 것이다. 우리 심리를 분석해서 보여주는 것이다.

Does not my study of sign-language correspond to the study of thought-processes, which philosophers used to consider so essential to the philosophy of logic?

기호 언어에 대한 나의 연구가, 철학자들이 논리철학에서 그렇게 오랫동안 필수적인 것으로 생각해왔던 사유-과정의 연구에 대응하지 않는가?

아니다. 무엇이냐 하면 우리는 어떻게 해서 그런 논리를 가지게 되었는지를 탐구하지 않는다. 이것은 show다. 그렇기 때문에 철학자들이 오랫동안 집착해왔던 지식을 얻는 과정, 이것에 대해서와 자신의 연구는 다르다는 것이다.

그래서 비트겐슈타인의 철학을 '언어절대주의'라고 말하기도 한다. 말 만들기 좋아하는 사람들이 만든 것이니 그냥 참고로만 알자. 그냥 절대적으로 논리적인 언어가 있다. 그리고 이미 그것을 우리는 쓰고 있다. 단지 그것은 사유 과정 속에만 있다. 그런데 언어가 가끔 그것을 위장한다. 마치 진정한 사유인 것처럼. 그래서 우리의 언어에서 그 부분을 비판적으로 베어내고, 사유에만 합당한 언어를 남긴다면 세계를 똑바로 바로 볼 수 있게 된다. 그렇다고 해서 비트겐슈타인이 더 좋은 언어를 도입하거나, 더 논리적인 언어를 도입하거나, 우리의 언어가 잘못되었다고 말하는 것이 아니다. 이것은 매우 중요한 얘기이다.

우리는 이미 그것을 다 알고 있다. 그냥 본능적으로 알고 있다. 우리가 수학을 할 때, "그걸 뭐 어떻게 설명해? 저절로 아는 것 아니야?"라는 말을 하기도 한다. 수학은 저절로 되는 것이다. 실증적으로 눈에 보이지는 않는다. 선생님이 하는 것을 보면서 '저렇게 하는구나'를 알게 된다. 그럼으로써 인류의 구성원이 되어간다. 그런 식으로 절대언어라는 것이 우리 언어 속에 이미 자리 잡고 있는데, 우리의 잘못된 언어가 그것을 흐리게 한다. 괜찮다. 그 흐림 덕분에 예술도 있고, 풍자도 있고, 아이러니도 있다. 그러나 우리는 명심해야 한다. 우리가 만약 과학을 한다면, 과학에는 반드시 사유에 합당한 언어를 사용해야 한다.

> Only in most cases they got entangled in unessential psychological investigations, and with my method too there is an analogous risk.
> 단지 많은 경우에 있어서 철학자들은 필수적이지 않은 심리적 탐구에 뒤얽혀 있다. 그리고 나의 연구와 관련해서도 그와 유사한 위험성이 있다.

자신의 언어철학도 인간이 언어를 얻게 되는 과정이다. 우리의 인식론 중에 어떤 인식 과정을 통하는지, 자신에 대해서도 그렇게 말할 수 있게 될 것이다. 하지만 더 이야기하자면 나는 거기에 관심도 없고, 거기에 이미 그러한 것이 있다고 가정하고 있다. 마치 수학이 거기에 선험적으로 있듯이. 이렇게 말하는 것이다.

4.1122 Darwin's theory has no more to do with philosophy than any other hypothesis in natural science.

다윈의 이론이 철학과 관련이 없는 것은 자연과학에 있어서 다른 어떤 가설과 관계 없는 것과 마찬가지다.

왜 이런 얘기를 했는가 하면, 다윈의 진화론에 대해서 종교, 철학에서 여러 의견이 많았다. 그것은 단지 실증적 사실의 문제, 즉 자연과학의 문제이지 철학이나 종교, 신학이 참여할 것은 아니라는 주장이다. 그때 난리도 아니었다. 토머스 헉슬리는 다윈이 맞다고 하고, 다윈을 비판하는 쪽은 다윈에게 조상이 원숭이라면 친가가 원숭이이냐, 외가가 원숭이냐고 따지기도 했다. 다윈의 이론에 왜 신학, 철학을 들이미는가. 단지 자연과학일 뿐이다.

4.113 Philosophy sets limits to the much disputed sphere of natural science.

철학은 혼란스러운 논란이 많은 자연과학의 영역에 한계를 그어준다.

제일 큰 문제가 이것이다. 실증적인 사실에만 적용되어야 하는 명제를 실증적이지 않은 곳에 들이댄다. 예를 들어 자연과학을 다루는 언어를 신에 대해 사용하고, 윤리와 아름다움, 사랑에 대해 말한다. 철학은 그것에 한계를 긋는다. '이것은 명제가 아니다'라고 선을 긋는 것이다.

4.114 It must set limits to what can be thought; and, in doing so, to what cannot be thought. It must set limits to what cannot be thought by working outwards through what can be thought.

철학은 사유될 수 있는 것에 한계를 그어야 하다. 그리고 그렇게 함에 의해서 사유될 수 없는 것에도 한계를 그어야 한다.

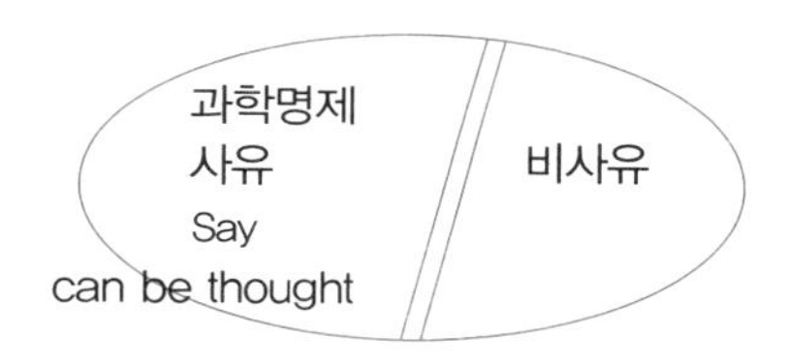

여기에서 say는 can be thought(사유할 수 있는)이다. 이 문장은 사유될 수 있는 것에 대해서 한계를 긋고, 사유될 수 없는 것에도 한계를 그음으로써 서로 참견하지 못하게 한다는 의미이다.

4.115 It will signify what cannot be said, by presenting clearly what can be said.

철학은 명백하게 말해질 수 있는 것을 제시함으로써 말해질 수 없는 것을 표상한다.

4.116 Everything that can be thought at all can be thought clearly. Everything that can be put into words can be put clearly.
사유될 수 있는 모든 것은 명료하게 사유될 수 있다. 언어로 표현될 수 있는 모든 것은 명료하게 표현될 수 있다.

사유가 가능하면 명료하게 사유되어야 하고, 그것이 언어로 표현될 수 있다면 명료하게 표현되어야 한다. 그런데 그 경계가 항상 흐리다는 것이 문제다. 사유가 적용되면 명료해야 하는데, 명료하지 않다. 구름이 낀 것 같다. 훈련이 되지 않은 것 같다. 그리고 내가 보기에는 무엇인가를 애매하게 함으로써 자신의 것이 아닌 것을 얻어내려는 것 같다.

철학은 우리에게 무엇인가를 얻게 하기 위해 존재하는 것이 아니라, 무엇을 내려놓아야 하는지, 또 왜 그것을 내려놓을 수밖에 없는지를 가르침으로써 존재한다. 명심하자. 우리가 지혜로워지는 과정은 어떤 것을 얻음에 의해서가 아니라, 얻을 수 없다는 것을 앎에 의해서다. 자신의 것이 아닌 것에는 손을 대지 말자. 자신의 것에 한계를 긋자.

4.12 Propositions can represent the whole of reality, but they cannot represent what they must have in common with reality in order to be able to represent it-logical form.
명제는 실재 전체를 표상할 수 있다. 그러나 명제는 그것들이 실재를 표상하기 위해 실재와 공유하는 그것을 표상할 수는 없다.

명제는 실재 전체를 표상할 수 있다. 이것이 가능성이다. 그러나 논

레오나르도 다 빈치, 〈암굴의 성모〉(1503)

리적 형식을 표상할 수는 없다. 이것이 show다. 그리고 표상형식을 표상할 수는 없다.

In order to be able to represent logical form, we should have to be able to station ourselves with propositions somewhere outside logic, that is to say outside the world.
논리형식을 표상하기 위해서 우리는 자신을 논리 바깥 어디엔가 위치시켜야 한다. 이를테면 세계 바깥에 위치시켜야 한다.

우리가 우리 세계 바깥에 위치할 수 있는가? 없다. 우리에게는 논리형식이 배어 있다. 우리는 그것이 무엇인지 모른다. 우리가 무엇에 대해 그림을 그릴 수 있는 것은 우리 자신이 그 대상 밖에 있기 때문에 가능하다. 예를 들어 레오나르도 다 빈치의 〈암굴의 성모〉를 본다고 하자. 그림을 보면서 이렇게 생각한다.

'여기, 성모가 동굴 입구에 가까이 있고, 그 앞쪽에 성 안나가 있고, 성 안나 왼쪽에 세례 요한이 있고, 성모 오른쪽에 아기 예수가 있고, 동굴은 바깥쪽이 완전히 암석으로 되어 있다'라고 표상한다고 하자. 이것은 3차원 표상이다. 우리는 2차원의 그림을 보면서 이렇게 3차원으로 표상한다. 어떻게 2차원을 보면서 3차원으로 표상하는 것이 가능할까? 어떻게 그것이 가능한지를 보여주기 위해서는 (우리의 시각이) 그 바깥에 있어야 한다. 우리가 무엇을 묘사하기 위해서는 그것의 바깥에 위치해야 한다. 그렇지만 우리는 그 형식을 모른다. 왜 그래야 하는지도 모른다. 그것만 모르는가? 많이 모른다. 심지어 우리 명제는 왜 함수로 표현될 수 있는가에 대해서도 모른다. 또 마땅히 원한다면 함수로 표현해야 하는지도 모른다. 모르는 것이 이외에도 많다. 이것은 모른다는 것보다 배어 있는 것이고, 단지 말해질 수 없는 것이다.

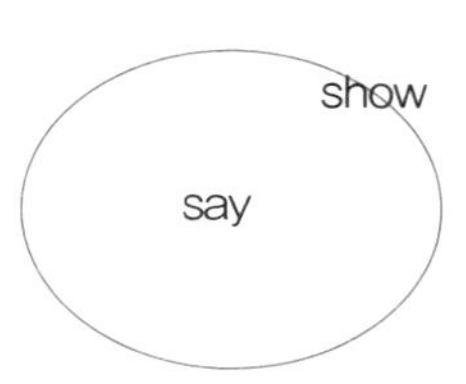

그래서 이렇게 보면 된다. 어떤 경계선이 있다. 그 내부는 우리가 묘사할 수 있는 것으로 채워져 있다. 그 안에 명제가 있다. 그리고 그 명제에 배어 있는 것이 이를테면 논리형식이다. 그리고 논리형식을 묘사하려면 우리는 그 밖으로 나가서 안을 보아야 한다. 그렇지만 우리는 그 밖으로 나갈 수 없다. 이것이 그 유명한 새장이다.

어떤 화가가 자화상을 그리려면, 거울에 비친 자신의 모습을 보아야만 그릴 수 있다. 이것과 같은 것 같다. 그렇다. 자신을 그리려면, 자기 자신의 바깥에서 (거울에 비친) 자신을 보아야 한다. 그러므로 'I am my world. 내가 나의 세계이다.' 그리고 나의 언어의 한계가 나의 세계의 한계이다. 내가 세계에 스며들어 있고, 세계가 나에게 스며들어 있다. 내가 그렇듯 당신도 스며든다. 당신도 당신의 세계를 가지고 있다.

자연과학 지식이 늘어나면, 저 경계는 점점 넓어지는가?

아니다. 그 경계는 초월적이므로 그렇지 않다. 자연과학의 경계가 늘어난다는 것은 거기에는 발견되는 사실이 많아지는 것이지, 논리형식이 발견되는 것은 아니다. 만약 그렇다면 인식론에서 말하겠지만, 인식론은 철학이 아니다.

화성에 대한 정보, 명제가 계속 바뀌고 있다. 지식이 늘어나고 있는 것 아닌가?

그것은 이 영역의 확산을 의미하는 것이 아니다. 왜냐하면 언제나 우리가 아는 것 그 자체가 우리 세계이다. 그러니까 우리는 미래에 대해서 말할 수도 없고, 말할 필요도 없다. 그냥 현재 우리가 아는 세계가 자연과학이다. 그리고 미래에 더 많은 것이 발견된다면, 그때 그것이 우리의 자연과학이라고 얘기하면 된다.

자연과학은 전문가들이 말하는 현재 일어나는 사실을 장님은 못 본다. 또 누군가는 눈이 좋아서 더 많이 볼 수 있다. 일반적으로는 그렇다는 것이다. 이 영역이 절대로 넓어진다고 생각하지 마라. 이 영역의 한계를 긋는 것은 논리형식이고, 그 밖은 명제로 표현될 수 없는 것, 실증적이지 않은 것이다. 과학은 언제나 미래에 대해서 말해서는 안 된다. 과학의 첫 번째 의무는 현재 발생하는 일에 대해서만 말하는 것이다. 그것이 자연과학 전체이다. 더 이상의 자연과학은 없다. 현재 발생하는 일일 뿐이다.

지식의 늘어난다는 것은 새장은 그대로이고, 새장 내에서 발견되는 명제 p의 개수가 늘어나는 것인가?

그럴 수 있다. 그렇지만 개수가 정말 늘어난다고 할 수 있을까? 장님이 눈을 뜬다고 해서, 없던 세계가 생기는 것은 아니다. 우리가 현재 발견하는 세계가 바로 그 세계 자체이다. 존재란 피인식이다. 아무것도 아니다. 그래서 미래의 피인식이 미래의 과학이다. 현재와 미래는 어떤 식으로도 관계를 맺지 않는다. 인간이 먼저 모르고 나중에 안다고 할 수 없다. 현재와 미래는 어떤 종류의 연관성도 없다. 내일의 태양을 본 사람이 없다. 그러니 내일 무엇이 발견되어서 인간의 지식이 확장될 것이라는 것은 순진한 진보론자의 얘기이다. 그냥 현존만 있는 것이다.

4.121 Propositions cannot represent logical form: it is mirrored in them. What finds its reflection in language, language cannot represent. What expresses itself in language, we cannot express by means of language. Propositions show the logical form of reality. They display it.

명제는 논리형식을 표상할 수는 없다. 논리형식은 명제 가운데에 이미 반사되어 있다. 그 반사를 언어 속에서 발견하는 것을 언어는 사실 표상할 수 없다. 언어 속에서 표현되는 그 자체를 언어에 의해서 우리가 표현할 수는 없다. 명제는 실제의 논리형식을 보인다. 명제는 그것을 현시한다.

4.121의 각 문장의 의미의 차이는 다음 문장의 차이와 같다.

나는 그를 한 대 쳤다. / 나는 그에게 한 방 먹였다.

비트겐슈타인은 노파심이 상당해서 이렇게 다각적으로 설명했다.

4.1211 Thus one proposition 'fa' shows that the object a occurs in its sense, two propositions 'fa' and 'ga' show that the same object is mentioned in both of them.

따라서 한 명제 fa는 대상 a가 그 명제의 의미에서 발생했다는 것을 보여준다. 그리고 두 명제 'fa'와 'ga'는 동일한 대상이 양쪽 명제에서 언급됨을 보여준다.

이 문장은 전체적으로 '분석'이라고 보면 된다. 분석이 어떤 것에 기초하는지 나오기 시작한다.

a = 개

b = 늑대

f = 짖는다, *g* = 물다

fa = 개가 짖는다.

ga = (동일한) 개가 문다.

*fa*의 *a*, *ga*의 *a* = 동일한 대상

예를 들어 *a*를 개로, *b*를 늑대로 하면 *fa*, 대상 *a*는 *fa*에서 발생한 것이다. *f*를 '짖는다'라고 하면 '짖는다'는 의미 속에서 대상이 발생한 사건이다. *g*를 '문다'라고 하면, *ga*는 이번에 동일한 개가 이번에는 물었다가 된다. 그리고 *fa*와 *ga*는 동일한 대상인 그 개가 양쪽 의미에서 발생한 것이다.

If two propositions contradict one another, then their structure shows it;

만약 두 개의 명제가 서로 모순된다면, 그 구조가 이미 그것을 보여준다.

예를 들어 두 개의 명제가 선험적으로 서로 모순이라면, 즉 여기 p와 $\sim p$가 있다면, 이 두 명제는 서로 대척점에 있다. 동시에 발생할 수 없다. 명제의 구조만 보면 동시에 발생하지 못한다는 것을, 그래서 모순이라는 것을 알게 된다. 그 구조에 의해서 보여진다.

모순이라는 것은 항상 ~(; not)이 붙는 것인가?

아니다. 예를 들어서 어떤 하나의 명제를 제시했을 때, 명제의 구조상 한 명제를 긍정으로 보면 거기에 부정명제가 있으면 된다. p와 $\sim p$로만 볼 것은 아니다. 지금 설명하는 것(p, $\sim p$)은 대표적인 예이다. 그래서 p와 $\sim p$ 두 경우가 서로 모순된다. 이것은 바로 표현될 수 있다. 이것이 모순이다. 'p이면서 $\sim p$이다'는 있을 수 없다. 이것이 가장 간단한 예이다.

모순명제란 동시에 발생할 수 없는 명제이며, 명제함수로 표현하면 그것이 구조적으로 동시에 발생할 수 없다는 것이 보여진다. 예를 들면 $p \wedge \sim p$, '울면서 동시에 웃는다', '온도가 오르고, 압력이 내려간다', '눈이 녹으면서 동시에 얼음이 언다.'

the same is true if one of them follows from the other. And so on.

명제 중 하나가 다른 어떤 명제로부터 나오면 그 구조에서 이미 보여진다.

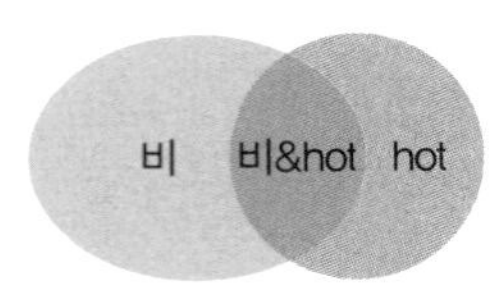

p와 $p \wedge q$를 생각해보자. 명제 $p \wedge q$는 명제 p에서 나올 수 있다. 구조상 명제가 생긴 모습으로부터 그 얘기가 이미 내포되어 있다. p와 $p \wedge q$를 '비가 온다'와 '비가 오고 덥다'로 해보자. 비가 온다는 얘기 속에는 비가 오고 덥다는 것이 포함된다($p \supset (p \cap q)$). 예를 들어 '비가 온다'라는 원래 명제에는 '비가 오고, 덥다', '비가 오고 춥다' 두 개가 모두 포함된다. 그러니까 '비가 오고 덥다'는 '비가 온다'에서부터 나온다. 그 중의 일부이다. 딱 구조상 보여진다는 뜻이다.

$p \wedge q$에서 $p \vee q$는 어떤가?

이 경우에는 $p \vee q$에서 $p \wedge q$이 나왔다. 이 경우에도 구조상 보여 진다. $p \wedge q$에는 $p \vee q$, $p \wedge \sim q$, $\sim p \vee q$이 포함된다. $(p \cup q) = (p \cap p_c) \cup (p \cap q) \cup (p_c \cap q)$ 이것이 다 참을 형성한다. 이미 구조에서 딱 보여진다. 더할 필요가 없다. 이렇게 이미 보여진다. 그런데 왜 그렇게 되는가? 우리는 '그렇게 되어 있어'라고 말할 수밖에 없다. 구조상 그렇다라고 말할 수밖에 없다.

4.1212 What can be shown, cannot be said.

보여져야 하는 것은 말해질 수 없다.

4.1213 Now, too, we understand our feeling that once we have a sign-language in which everything is all right, we already have a correct logical point of view.

그리하여 이제 또한 우리는 일단 우리가 모든 것들이 올바르게 되어 있는 기호언어를 가지게 되면, 우리는 정확한 논리적 시각을 이미 갖게 된다는 우리의 느낌을 이해한다.

모든 것이 제대로 된 언어기호로 제시되면, 언어기호에는 반드시 논리형식이 스며 있는 채로 제시된다. 그래서 어떠한 일련의 언어기호가 제시되면, 이미 우리는 하나의 논리형식을 가지게 된다. 대표적인 것이 수학이다.

4.122 In a certain sense we can talk about formal properties of objects and states of affairs, or, in the case of facts, about structural properties: and in the same sense about formal relations and structural relations.

어떤 의미에 있어서 우리는 대상과 원자적 사실에 대해서는 형식 속성을 가진다고 말할 수 있고, 명제에 대해서는 구조 속성을 가진다고 말할 수 있다.

여기에서 formal property를 형식 속성이라고 하자.

거기에 대상이 있다고 하자. 그런데 그 대상이 왜 존재하는지, 어떻게 존재하는지, 어떻게 결합해서 최초의 원자적 사실을 구성하는지 우리는 모른다. 그것은 형식 속에 들어 있다. 그래서 우리는 그것을 형식 속성이라고 부르기로 하자. 반면 명제에 있어서는 '*x* is on the *y*'를 보면서, *x*가 *y* 위에 있다는 것을 우리는 안다. 하지만 그 구조적 속성에 대해서 왜 그런지 우리는 말할 수 없다. 이것은 언어형식에 속해서 우리는 왜 그런지 모른다고 말할 뿐이다.

object ----- -- formal property

proposition ---- structural property

(Instead of 'structural property' I also say 'internal property'; instead of 'structural relation', 'internal relation'. I introduce these expressions in order to indicate the source of the confusion between internal relations and relations proper (external relations), which is very widespread among philosophers.)

(구조 속성 대신에 나는 또한 내적 속성이라고 부르고, 구조적 관계 대신에 내적관계라고 부르겠다. 나는 철학자들 사이에 매우 널리 퍼져있는 내적 관계와 관계 속성(외적 관계) 사이에 발생하는 혼란의 근원을 보여주기 위해서 이러한 표현을 도입한다.)

이런 생각을 해보자. *x* is on the *y*와 the hat is on the table. 이때 '*x* is on the *y*'식으로 표현된 것을 내적 속성이라고 하고, 'the hat is on the table'를 외적 속성이라고 하자. 혹은 외적 속성을 외적 관계, 관계 속성이라고 하자. 그리고 *x*와 *y*가 맺고 있는 관계, 즉 is가 내적 관계이다. 예를 들어 *xRy*에서 *x*와 *y*가 변수(미지수)일 때는 내적 관계에 있고, *aRb*는 외적 관계에 있다고 한다.

x is on the y ------------ internal property

(*x* is *y*)

the hat is on the table ---- relation property, external property

xRy ----------------- internal relation

aRb, 모자*R*책상 ---------- external relation(relation proper)

내적 속성, 외적 속성은 문장 전체에 관련되고, 반면 형식 속성은 대상에 관련된다. *x* 혹은 *y*에. 그래서 4.126이 형식 속성에 대비한 형식개념에 대한 것이고, 이 부분이 아주 어렵다고 하는 부분이다. 하지만 여기까지만 하면, 거의 반을 한 셈이 된다. 그다음은 수학, 함수이다. 자, 계속해보자.

그래서 철학자들 사이에서 자꾸 많은 혼란이 있으니까, 비트겐슈타인이 구조 속성이라는 용어 대신에 내적 속성, 외적 속성이라는 용어를 도입한 것이다.

예를 들어 누가, 어떤 철학자들이 내적 속성과 외적 속성을 혼란스러워했는가? 실재론자들을 가리키는 것이다. 사실 내적 속성은 show 되는 것이다. 외적 속성은 say될 수 있다. 그래서 이것도 역시 say/show distinction이다.

그런데 이런 구분 없이 전통적인 실재론적 철학자들은 마치 내적 속성, 외적 속성 이 두 가지가 서로 독립한 것처럼, 그래서 본질이 별도로 존재하다고 말했다. 그런데 아니다. 본질이 따로 있는 게 아니라, 외적 속성이 제시되는 순간 내적 속성은 그 배경으로 되어 있다. 외적 속성이 제시된다는 것은 내적 속성이 형식으로 가정되고 있는 것이다. 실재로 제시되는 어떤 것이 외적 속성이고, 이미 가정되는 것이 내적 속성이다.

It is impossible, however, to assert by means of propositions that such internal properties and relations obtain:

그러나 명제에 의해서 그러한 내적 속성과 내적 관계가 얻는 무엇을 확언하는 것은 불가능하다.

그렇다. 우리가 명제 그 자체를 통해서 내적 속성이 어떤 형식을 얻는지, 어떤 형식을 취하는지, 그 형식이 가능한지 불가능한지 등 형식의 속성에 대해서 우리는 알 수 없다. 그냥 그렇게 표현되는 것이다.

rather, this makes itself manifest in the propositions that represent the relevant states of affairs and are concerned with the relevant objects.

오히려 위의 사실은 서로 상관되는 원자적 사실을 표상하고 그리고 서로 상관되는 대상과 관련되는 명제 속에서, 그 스스로를 명백하게 보여준다.

예를 들어서, the hat과 the table만이 원자적 사실이라고 하자. the hat, the table 이 속에서 이미 맺고 있는 그 이면에 내적 관계가 드러나고 있다. 그리고 또한 이것을 분석해나가면, 서로 맺고 있는 관계가 계속해서 내적 속성으로 드러나게 된다.

이렇게 생각해보자. *aRb*, 우리는 이것을 분석해나가면 명제가 한없이 분석된다는 것을 안다. 요소명제, 원자적 사실까지 분석된다. 우리는 요소명제가 무엇인지는 모르지만, 단지 분석될 수 있다는 사실만 안다. 그래서 *aRb*가 무엇인가로 한 번 분석될 수 있다고 할 때는 *aRx*, *xRb*로 표현하면 된다. 우리가 이런 변수들(*x*, *a*, *b*), 특히 이런 형식으로 드러날 때, *x*를 매개변수라고 한다. 모든 분석은 매개변수에 의한 것이다. 이때 우리가 왜 여기에서 *aRb*를 *aRx*, *xR*b로 같이 사용하느냐 하면, 계속해서 같은 내적 속성을 가진 채로 분석되기 때문이다. *a*, *x*, *b*가 같은 속성을 가지므로, *R*을 공통으로 사용할 수 있다.

$$x = 2t, y = t^2$$
$$t = \frac{x}{3}$$
$$y = t^2 = \frac{x^2}{4}$$
$$y = \frac{x^2}{4}$$

파라미터는 우선 변수이다. 여기에서 매개변수는 x와 y를 이어주는 t이다.

4.1221 An internal property of a fact can also be called a feature of that fact(in the sense in which we speak of facial features, for example).

어떤 사실의 내적 속성은 또한 그 사실의 특징이라고 불릴 수 있다(예를 들어 우리가 얼굴의 특징이라고 말할 때의 그 의미로).

사람의 얼굴은 이런 형상(용모), 저런 형상을 가지고 있다. 물론 각각의 얼굴 생김새 내에서 찡그린 표정, 웃는 표정이 있어도 기본적인 특징은 가지고 있다. 이것이 하나의 형식 속성이고 내적 속성이다. 예를 들어 x is on the y는 어떤 사실에 대한 하나의 특징이다. 다른 특징을 가지는 다른 명제도 있다. 그리고 이런 특징들은 나의 표정 중 하나이다.

4.123 A property is internal if it is unthinkable that its object should not possess it.

만약 그 속성의 대상이 그 속성을 가지지 않았다고 생각할 수 없다면, 어떤 속성은 내적인 것이다.

우리가 하나의 명제로 '푸른색'이라고 하자. 그러면 이 푸른색은 색이라는 속성을 가지고 있다. 이때 그 배경에 해당하는 색은 '푸른색'의 내적 속성이다. 푸른색은 색이라는 배경 없이 생각될 수 없다. 이때 푸른색이 색이라는 속성을 가지지 않았다고 생각할 수 없다. 이때 그 색이 '푸른색'의 내적 속성이다.

예를 들어 7이라고 하자. 그러면 7은 그 이면에 수라는 속성을 이미 가지고 있다. 이때 수를 7의 내적 속성이라고 한다. 7은 이런 '수'라는 내적 속성 없이 생각될 수 없다.

지금까지 형식에 대해 진행해온 것은 세계 전체의 골조로서의 논리이다. 지금까지 논리를 해왔다. 그래서 이번에는 개념에 대해서 알아보자. 논리 속에 들어있는 보편 개념, 형식개념, 개념이라는 것은 언어철학에서 무엇인가, 어떻게 규정되는가로 지금 나아가고 있는 것이다.

(This shade of blue and that one stand, eo ipso, in the internal relation of lighter to darker. It is unthinkable that these two objects should not stand in this relation.)

이 명도의 푸른색과 저 명도의 푸른색은 마찬가지로 밝은 데에서 어두운 데로 나가는 내적 관계에 있다(두 대상들, 두 개의 푸른색들이 이 관계, 이 내적 관계에 있어서는 안 된다고 생각되지 않는다. 즉 두 푸른색이 하나의 내적 관계에 놓이지 말아야 한다고는 생각되지 않는다).

여기에서 eo ipso는 '마찬가지로'라는 의미이다. 명도의 스펙트럼상에 있다는 뜻이다. 그러므로 그 문장의 내적 속성은 명도의 스펙트럼이 된다.

(Here the shifting use of the word 'object' corresponds to the shifting use of the words 'property' and 'relation'.)
(바로 여기에서 '대상'이라는 단어의 이전된 사용은 '속성' 혹은 '관계'라는 단어의 이전된 사용에 대응한다.)

한 번 보자. 대상object이란, 사실은 실재론적 철학자들이 전통적으로 말해왔던 being이다. 존재가 대상인 것이다. 사실 대상은 존재로 이동된 것이다. 마찬가지로 여기에 속성도 이를테면 내적인 것으로 이전되어서 사용된다. 내적인 것이 속성으로 전이 된 것이다. 지금까지 속성이라고 했던 것은 그것이 가지고 있는 내적인 어떤 기본 배경인 것이다. 예를 들어 7은 수로, 색깔은 색으로, 대상은 존재로. 지금 비트겐슈타인이 개념의 본질로 들어가기 위해서 계속 다지고 있는 것이다. being은 실재론적 철학자들에게 '존재란 무엇인가'라는 제일 큰 과제였다.

대상 → 존재

internal → property

7 → 수

푸른 → 색

대상 → 논리 공간 → 개념으로 이동 중

앞의 2.013에서 '대상 없는 공간은 있어도, 공간 없는 대상은 없다This

space I can imagine empty, but I cannot imagine the thing without the space'고 했다. 대상을 떠올리면, 공간이 떠오른다.

앞에서부터 지금까지는 이해를 쉽게 하기 위해서 공간이라고 말했지만, 사실은 비트겐슈타인이 논리형식이라고 하는 것은 대상이 아니라 어떤 세계가 구성되기 위한 기본 골격이다. 하지만 그것을 대상에 적용할 때에는 '어떠한 것이 된다'가 지금 나온다. 즉 세계의 논리와 관련해서 논리형식에 대해서 말하고, 지금 그 세계 논리 속에 있는 개념이라고 하면서 배워왔던 것, 개념의 내적인 논리형식을 지금 내적 속성이라고 말하고, 이것을 탐구하는 단계이다.

4.124 The existence of an internal property of a possible situation is not expressed by means of a proposition: rather, it expresses itself in the proposition representing the situation, by means of an internal property of that proposition.
가능한 상황의 내적 속성의 존재는 명제에 의해서 드러나지 않는다. 그것은 명제의 내적속성에 의해 어떤 상황을 표상하는 명제 안에서 그 자체가 표현된다(단지 그것, 내적 속성은 그 상황을 표상하는 그 명제 안에서, 그 명제의 하나의 내적 속성으로서, 내적 속성 그 스스로를 표현한다).

명제에 의해서 드러나는 것은 기껏해야 '모자는 테이블 위에 있다' 이런 것에 의해 드러나지, 그 이면에 있는 내적 속성의 본질, 즉 내적 속성 자체를 말해주지는 않는다. 하지만 명제가 그것을 보여줄 수는 있다.

비트겐슈타인이 나중에 《철학적 탐구》에서 'say/show distinction' "이 구분이 이 책 전체를 관통하는 주제이다"라고 했다.

It would be just as nonsensical to assert that a proposition had a formal property as to deny it.
따라서 어떠한 명제가 어떠한 형식 속성을 가진다고 단언하는 것은 그런 것을 가지지 않는다고 단언하는 것만큼 엉터리다.

그러니까 이 명제는 이런 형식 속성을 가지고, 저 명제는 저런 형식 속성을 가진다고 말할 수 없다. 그냥 드러나 있는 것이지, 형식 속성에 대해서는 아예 말을 할 수 없는 것이다.

4.1241 It is impossible to distinguish forms from one another by saying that one has this property and another that property: for this presupposes that it makes sense to ascribe either property to either form.
한 명제는 이런 속성을, 다른 명제는 다른 속성을 가진다고 말함으로써 상호 간의 형식을 구분하는 것은 불가능하다. 왜냐하면 이것은 각각의 형식이 각각의 속성을 부여한다는 것을 의미하기 전제하기 때문이다.

각각의 형식이 각각의 속성을 부여할 수 없다. 이미 부여되어 있다.

4.125 The existence of an internal relation between possible situations expresses itself in language by means of an internal relation between the propositions representing them.

가능한 상황들 사이의 내적 관계의 존재는 그것들을 표상하는 명제 사이의 내적 관계에 의해서 언어 속에서 스스로를 표상한다.

예를 들어 *aRb*라고 하면, *a*와 *b*라는 명제를 맺어주는 *R*이라는 관계식은 이미 그 내적 관계에 의해서 스스로를 표현하고 있다.

4.1251 Here we have the answer to the vexed question 'whether all relations are internal or external'.

여기에서 우리는 '모든 관계는 내적인지? 혹은 외적인지?'라는 그 당혹스러운 질문에 답하게 된다.

이랬을 때, 어떤 관계는 내적이고, 어떤 관계는 외적이다. 반면 실재론자는 모든 관계는 내적이라고 했다. 그래서 "거기에서 우연적으로 무엇인가가 떨어질 때, 그 우연적인 것들은 다 내적 관계에 포함되는 푼돈이다. 내적 관계는 금화이고, 우연적인 것은 푼돈이다. 금화가 제시되면, 푼돈은 저절도 떨어진다. 그러므로 금화를 챙겨라. 모든 것은 내적 관계이다. 사실 우리 눈에 안개가 끼어서 외적 관계가 있다고 생각하지만, 그런 것은 없다. 이 세상에는 내적 관계만 있다"라고 하면서 마치 내적 관계라는 것이 표현될 수 있고, 손으로 잡을 수 있는 어떤 것처럼 말해왔다. 반면 비트겐슈타인은 '말해질 수 없고, 단지 외적 관계를 통해서 보여질 뿐이다'라고 한다.

4.1252 I call a series that is ordered by an internal relation a series of forms. The order of the number-series is not governed by an external relation but by an internal relation. The same is true of the series of propositions 'aRb', '$(\exists x): aRx. xRb$', '$(\exists x, y): aRx. xRy. yRb$', and so forth. (If b stands in one of these relations to a, I call b a successor of a.)

나는 내적 관계에 의해서 주문되는 연쇄를 형식의 연쇄라고 부르겠다. 숫자 연쇄의 정렬(질서, 정돈)은 외적 관계에 의해서가 아니라, 내적 관계에 의해서 규정된다. 동일한 것이 'aRb', '$(\exists x): aRx. xRb$', '$(\exists x,y): aRx. xRy. yRb$' 등과 같은 명제의 연쇄에 있어서도 같다.

$$aRb$$

$$(\exists x): aRx. xRb$$

$$(\exists x, y): aRx. xRy. yRb$$

어떤 형식을 공유하는 명제라고 하자. 그리고 비트겐슈타인은 'b는 a 다음에 온다'를 aRb라고 표현한다. 그러면 우리는 얼마든지 어떤 x가 있어서, 그 x는 a 다음에 오고, b는 x 다음에 온다. $(\exists x): aRx. xRb$라고 할 수 있다. 왜냐하면 내적 속성을 공유하는 것에 의해서 계속 분석될 수 있기 때문이다. 또한 우리가 매개변수를 두 개 사용하고 싶으면 x, y를 추가해서 $aRx . xRy . yRb$도 가능하다. 얼마든지 가능하다.

우리에게 서울에서 부산으로 가는 길이 있다. 이것을 R이라고 규정하고, 서울R부산이라고 하자. R은 '간다'는 사실이다. 그러면 서울과 부산 사이에 아무 도시나 통하면 된다. 한 도시가 아니라, 두 도시를 거쳐서 가도 된다. R이 간다는 사실만 포함하고 있다면, 얼마든지 분석될 수 있다. 즉 이 속성, 형식만 공유한다면, 매개변수를 얼마든지 도입해서 그 문장을 분석해나갈 수 있다.

서울R부산

= 서울R천안, 천안R부산

= 서울R대전, 대전R대구, 대구R구미···울산R부산

여기에 있는 것 전부가 모든 주석서가 피해하는 부분이다. 4.126은 더욱 심하다.

4.126 We can now talk about formal concepts, in the same sense that we speak of formal properties. (I introduce this expression in order to exhibit the source of the confusion between formal concepts and concepts proper, which pervades the whole of traditional logic.)
자, 이제 우리가 형식 속성에 대해 말한 그 동일한 의미에 있어서, 형식개념에 대해서 말할 때가 되었다. (전통적 논리 전체에 스며들어 있는 형식 속성

과 개념 속성 혼동의 근원을 보여주기 위해서 나는 이런 표현을 도입하고자 한다.)

우선 다음을 보자.

formal concept	…	concept proper
internal concept	…	external concept
pseudo-concept	…	genuine concetp
transcendental concept	…	empirical concept concept on similarity

여기에서 우리는 concept proper를 고유개념, formal concept는 형식개념이라고 하자. 그리고 매우 중요한 것인데, 전자가 곧 concept on similarity(유사성의 개념)이다.

이제 한번 전개시켜 보자. 먼저 전통적으로 항상 철학자들에게 논란의 대상이었던 보편개념, 본유관념은 비트겐슈타인에게는 없다. 말할 필요조차 없을 정도다. 이것은 이미 프레게가 해치웠다. 보편개념이란 말이라고 하는 개념, 선험적으로 존재하는, 우리와 독립해서 extra-mentally(정신 바깥쪽)에 존재하는, 문맥을 벗어나서 홀로 존재하는 어떤 개념이다. 이런 것들은 프레게가 다 정리했다. 논의의 여지조차 없다.

그런데 분명히 존재하고는 있다. 아예 존재조차 하지 않는 이런 보편개념이 아니라, 분명히 존재는 하고 있기 때문에 그것을 부정할 수는 없다. 하지만 그래도 그것을 개념이라고 하기에는 매우 애매한 것들이 있다. 말할 수가 없는 것, 말하게 되면 곧장 모순이 발생하는 것. 여기에 속하는 개념들이 수number, 색color, *fx*, object(being)이고, 이런 것들이 이를테면 formal concept에 해당한다.

선생님과 어떤 아이가 수에 대해 얘기하는 상황을 보자.
선생님이 "짝수 한 번 써봐"라고 했더니, 그 아이가 이렇게 말한다.
"짝수란 무엇인가요?"
"2의 배수지."
"그럼 2의 배수는요?"
"나누면 2로 나누어지는 것이야"
"그럼 수란 무엇인가요?"

이런 식으로 계속해서 물어볼 수 있다. 이때 계속해서 그것을 설명할 수 없다. 여러분에게 물어보자. "수란 무엇인가?" 하면, 우리는 답변할 수 없다. 수란, 단지 어떤 숫자들이 나열될 때 불현듯이 그것의 배경을 이루면서 나오는 개념이다. 그래서 '1 is a number' 이것은 말이 안 된다. 이것은 마치 number가 개념인 것처럼(formal concept 중 하나인 number가 말할 수 있는 개념인 것처럼) 나온다. 말이 안 된다.

반면 'Henry is a man'은 '1 is a number'와 다르다. Henry is a man, Tom is a man, Ellen is a man. 여기서 'man'은 경험적 유사성으로 규정되는 개념이다.

그렇지만 'number'은 그런 개념이 아니다. 이것은 마치 본유관념과 같은 개념이다. 'Henry is a man'은 우리가 경험적으로 이 사실을 확인함으로써 명제가 된다. 과학의 일부가 된다. 반면 '1 is a number'은 확인될 사실이 없다. 왜냐하면 '1'도 개념이고, '수'도 개념이기 때문이다. 개념의 자리에 개념이 있는 것은 괜찮지만, 어떤 대상(변수)을 취해야 하는 자리에 개념이 오면 안 된다. 프레게가 보았다면, 말이 안 된다고 했을 프레게의 논리이다. 그런데 비트겐슈타인은 '그냥 거기에 형식개념(수, number)이 있다'고 지금 나름의 논리를 사용하고 있다. .

계속 보자.

> When something falls under a formal concept as one of its objects, this cannot be expressed by means of a proposition. Instead it is shown in the very sign for this object.
>
> 어떠한 것이 그 형식개념의 한 대상으로서 형식개념 아래에 들어오게 되면, 이것은 명제로 표현될 수 없다. 대신 이것은 이 대상에 대한 바로 그 기호에 의해 보여진다.

예를 들어 이런 것이다. '1'이라는 것이 제시되면, '수'라는 개념으로 포섭된다. something falls under it이다. '수'라는 개념 안에 떨어지게 된다. 그런데 이 '수'를 형식개념이라고 한다면, 그 개념을 설명할 수는 없다는 것이다.

다시 한번 보자. 무엇인가가 그 대상 중의 하나로서 형식개념 안에 들어온다면, 이것은 명제에 의해서 표현될 수는 없다. 그것은 이 대상의 바로 그 기호(1)로 보여질 뿐이다. 1이라는 바로 그 기호에 의해서 이미 '수'가 보여지는 것이지, 1이 무엇이라고 말할 수 없다.

this cannot be expressed by means of a proposition(이것은 명제로 표현될 수 없다)이란 '1 is number'는 될 수 없다는 의미이다. 이미 1이라는 것은 그 안에, 그 이면에 이미 '수'를 내포하고 있다. 그렇다면 '1의 본질은 무엇인가? 1은 어디에서 나왔는가? 1은 무엇인가?'라는 것을 1에 대해 '수'라는 견지로 설명할 수 없다. 단지 1이라는 기호, 2라는 기호 등으로 형식개념을 배경으로 하고 있는 것이다. 이때 이것('수')를 형식개념이라고 한다. 매우 어려운 부분이다.

반면 'man'은 경험적 개념empirical concept이고, 유사성에 입각한 개념이다. 그리고 이것을 제일 먼저 말한 사람은 중세의 피에르 아벨라르이고, 오컴이 이어서 말했다.

'푸르다, 빨갛다'는 외적 속성이고, 색은 내적 속성인가?

'1'이라는 숫자를 다시 한번 보자. 우리가 지금 '개념'으로 진입했다. 개념에 대한 규정은 철학에 있어서 매우 중요하다. 철학 전체나 마찬가지다. 그런데 지금까지 우리가 알고 있었던 보편개념, 인간 그 자체, '말' 그 자체, 개별적인 말로부터 독립해서 존재하는 본유개념으로서의

'말' 이런 것은 없다. 이런 것은 필요한 것이 아니다. 오컴의 맥심Ockham's Maxim에서 면도날로 이미 잘려나가서 이것을 논할 필요는 없다.

그런데 따지지 않을 수 없는 개념들이 있다. 수, 색같이 존재 자체를 부정할 수 없는 개념들이 있다. 이 개념의 성격을 어떻게 규정짓는가 하면, 존재하는 것도 아니고, 존재하지 않는 것도 아니다. 하지만 그러한 것들이 분명히 존재한다. 그러나 한편으로는 손에 쥐어지지 않는다는 점에서 존재하지 않는다. 그러니까 존재와 비존재 사이에 있는 개념이다. 그냥 자연적으로 이 개념이 논리형식처럼 우리에게 장착되어 있다. 그러므로 사이비 개념이다. 단지 내 설명은 이것뿐이다.

그다음 여기에서 'pink'라고 했다고 하자. 이것은 경험 속성인지 내적 속성인지를 따질 필요가 없다. 그냥 하나의 대상, thing, 여기에서 말하는 something이다. 그리고 pink라는 것은, pink가 제시되면 이것은 pink다, 저것은 pink다라고 말한다. 'pink'는 경험적으로 알 수 있다고 해도, 그 이면의 형식개념을 배경으로 하고 있는 하나의 thing일 뿐인 것이지, 이것 자체가 내적 속성, 외적 속성을 가졌다고 말할 수는 없다.

1은 개념이다. pink도 개념이다. 'pink는 색이다'에서 pink도 개념이고, 색도 개념이다. 그래서 'pink는 색이다'는 올바른 문장이 아니다. 우리는 pink를 본 적 있는가? 단지 pink가 입혀진 무엇을 보았을 뿐이다. 그래서 바로 이것이 비트겐슈타인의 범주론theory of category이다. 칸트는 시간, 공간 그리고 카테고리를 초월적이라고 했다. 반면 비트겐슈타인은 반드시 something falls 해야 한다. 무엇인가가 거기에 제시되어야만, 비로서 그 개념이 생겨난다. 칸트가 말하기를 "경험 없는 관념 없고, 관념 없는 경험 없다"라고 했다. 거기에 실제로 무엇인가가 경험되어야만, 그 이면에 있는 카테고리나 시간, 공간에 대한 경험이 떠오른다. 이것을 언어적으로 볼 때 이러하다는 것이다.

'보여진다, 보여준다는 것은 눈으로 보이는 것이 아니라, 우리가 그것을 이미 배경으로 말하고 있다. 그런 측면에서 명제가 보여주는 것이다. 이 경우에는 명제가 아니라. 개념이 보여주는 것이다. 거기에 이미 그러한 것이 카테고리로서 존재하고 있다.

'색'은 경험적이지 않은 것인가?

앞에서 비트겐슈타인이 기저에 대해 얘기하면서, 시간, 공간 그리고 색은 선험적이라고 했다. 이렇게 생각해보자.

there is a book on table.

거기에 무엇인가가 있다. 그것은 존재이다. 그것은 책이다. 그것은 테이블 위에 있다.

$(\exists x)$ Ox, Bx, Tx 이 세 개의 함수로 표현되었다 하자. 어떤 x가 있다. x는 존재이다. x는 책이다. 이것이 맞는 함수적 표현인가? 아니다. Ox가 없어져야 한다. 왜냐하면 변수 x에 이미 Ox가 포함되어 있다.

이번에는 두 문장을 비교해보자.

there is a book which is F.

$(\exists x)\ Bx, Fx$

there is an object which is F.

$(\exists x)\ Fx$

전자는 $(\exists x)\ Bx, Fx$라는 함수이다. 두 번째 것은 그냥 $(\exists x)\ Fx$로 끝이다. 어떤 x, $(\exists x)$에 이미 there is an object가 포함된다.

이렇게 달라진다. 그래서 우리가 무엇인가를 가리키면서, 그것은 이 책은 먼저 하나의 존재다. 라고 말하지 않는다. 책이라는 것 자체가 이미 존재를 전제하고 있다. 문제는 그러한 것들을 하나의 개념이라고 간주하는 것이다. 여기에 책이라는 존재, 존재라는 개념이 있는가 보다. 아니다. 책이라고 말할 때, 그렇게 말함에 의해서 이미 거기에 존재라는 것이 있다는 것이 가정된다. 이것이 형식개념이다.

참이라고 새로 입증된 사실들에 관한 것이 현재 자연과학의 전체이다. 과학적 방법에서는 가설을 세우고, 가설이 현실과 부합하는가/아닌가를 밝히는 것이 과학자들의 활동이다. 과학 가설은 겉으로는 명제와 똑같이 생겼다. 참으로 밝혀지면, 명제의 자리로 가게 된다.

그래서 명제는 하나의 실험 형태이다. 명제는 언제나 하나의 실험적 가설이다. 예를 들어 “오늘 점심에 부산에 다녀왔어”라고 하면, ‘왔다 갔구나, 확실하구나'라고 믿는 사람이 있는가 하면, '말은 그렇고'라고 여기는 사람도 있다. 여기에서 후자가 가설이다. 그리고 실제로 그러했는지 아닌지는 실재reality와 비교하면 된다.

그 비교가 어떤 명제는 지금 가능할 수 있고, 또 어떤 명제는 자료가 지금은 부족해서 나중에 비교 가능할 수도 있다. 그런 것은 말할 필요가 없다. 무엇인가를 가리키면서 '*x* is a horse'라고 했다고 하자. 그리고 그 사람이 '말'이라고 하는 순간, 우리는 그것이 무엇을 의미하는지 안다고 하자. 그러면 그 사람은 '말'이 소, 원숭이, 개가 아니라는 사실, 즉 '말'과 더불어 알고 있는 동물들이 다 떠오르게 된다. 이것은 이를테면 space(공간)다. 특히 이것은 '가능한' 공간이다. 다시 말하지만 '말'이라는 것을 떠올리는 순간, 사실 이러한 가능한 공간이 다 같이 떠오른다. 그런데 이 공간은 한마디로 unlimited(제한이 없는)이다.

이 공간의 특징은 무한하다는 점이다. 그럼에도 불구하고 우리가 어떤 것을 '말'이라고 말할 수 있는 것은 우리 지식이란 언제나 제한된다는 것을 전제하기 때문이다. 이 '가능한' 공간이 무한하다는 전제와 그럼에도 불구하고 우리의 제한된 지식 안에서 우리가 이해하고 있다는 것, 이 두 가지가 병존한다. 이 제한됨에 의해서 우리가 알고 있다는 것, 이것이 실재로 발생한 사건이다. 그리고 질문한 내용은 '가능한' 공간의 무한성에 대한 것이다.

이 공간을 넓게 펼치는 사람을 유식하다고 말한다. 그리고 공간이 좁은 사람을 무식하다고 한다. 또 사람들은 매사에 나름대로 이해할 수밖에 없다. 그렇기 때문에 "어떤 사건이 지금의 지식이 부족하기 때문에, 앞으로 이 공간이 더 넓어질 수 있다. 그때 가서 이 가설이 맞을 수도 있고, 틀릴 수도 있다"라고 말할 수 있다.

물론 그렇다. 그렇지만 중요한 것은 현재이다. "현재를 기준으로는 틀리다." 이것밖에 말할 수 없다. "그러면 미래에 대해서 말할 수는 없는가?"라고 물을 수 있다. 내 대답은 "말할 수 없다"이다. "그냥 그때 가서 얘기하자"가 된다.

지금 틀리다고 말할 수 있으면 간단한데, 리만 가설의 경우 그것이 참이라고 가정하고, 그 위에 무엇인가를 잔뜩 올렸다. 언제나 무엇이든지 그렇다. 유클리드는 다른가? 유클리드도 마찬가지다. 리만 기하학, 유클리드 기하학만 그런 것이 아니다.

택시 기하학도 마찬가지다. 다음 그림을 보자.

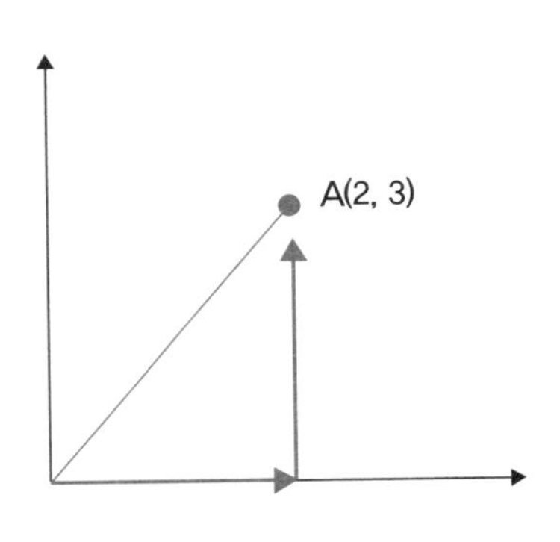

원점에서 점 A까지의 거리는 피타고라스 정리에 의해서 $\sqrt{13}$이다.

그러데 이 두 점 사이에 건물이 있다고 할 때 택시 기사 입장에서는 A까지의 최단거리는 $\sqrt{13}$이지만, 두 점 사이를 잇는 대각선에 건물이 있기 때문에 두 지점 사이의 최단거리는 5(2+3)이다. 그러면 한번 생각해보자. 이 세상에 건물 없는 블록 있는가? 모든 블록에는 다 건물이 있다. 이것이 거리이다. 이때 삼각형이나 사각형이나 최단거리의 정의는 다 다르다. 그래서 이런 것을 택시 기하학taxi-geometry이라고 부른다.

그러면 "가설은 무엇인가?"라고 묻는다면, 모든 명제는 실재와 비교되기 전까지는 모두 하나의 가설이다.

4.126 계속

Formal concepts cannot, in fact, be represented by means of a function, as concepts proper can.

형식개념은 사실상 고유 개념이 가능한 것과는 다르게 함수에 의해서 표상될 수는 없다.

예를 들어 이런 것이다.

x is a horse. $\rightarrow Hx(o)$

x is a number. $\rightarrow Nx(X)$

x is a horse. 그러면 이것은 *Hx*라고 할 수 있다. 사실 엄밀히 말하면, *Hx*는 아니지만, 그렇다고 치자. 반면 *x* is a number. 이것은 *Nx*라고 표현할 수 없다. 왜냐하면 '수'는 형식개념, 카테고리다. 그래서 이미 *x*에 1, 2, 등이 들어올 때 그것에 성격에 대해서 밝혀줄 수 없다. 왜냐하면 1, 2라는 것은 이미 수라는 형식개념을 전제하고 있다. 그렇기 때문에 함수로 표현할 수 없다.

Formal concepts cannot, in fact, be represented by means of a function은 *Nx*를 말하는가? 즉 *Nx*도 안 되고, *x* is a number도 안 된다. *Nx*, *x* is a number는 모두 함수형식을 하고 있으나, 함수가 아니기 때문에 그런 표현을 사용하면 안 된다.

> For their characteristics, formal properties, are not expressed by means of functions. The expression for a formal property is a feature of certain symbols.
> 그 특성, 즉 형식 속성은 함수로는 표현될 수 없다. 형식 속성에 대한 표현이 어떤 기호의 특징이다.

여기부터가 아주 중요하다. 어떤 기호인지 한 번 보자.

> So the sign for the characteristics of a formal concept is a distinctive feature of all symbols whose meanings fall under the

concept. So the expression for a formal concept is a propositional variable in which this distinctive feature alone is constant.
따라서 그것이 무엇인지는 모르겠지만, 형식 속성의 특징을 대변하는 기호는 모든 상징의 구별되는 특징이다. 그 의미가 그 개념 아래에 포괄(포섭)되는. 그리하여 형식 속성에 대한 표현은 형식 속성을 표현하는 것은 항상 일정하다는 특징만이 함수인 명제변수이다.

주의 깊게 듣자. 그것이 무엇인지 아직 안 나왔다. 여기에서 for는 대변한다는 의미이다. 형식 속성의 특징을 대변하는 기호는 이것이 무엇일까? 일단 propositional variables, 명제변수에 줄을 긋자.

이런 생각을 한번 해보자. 'there is a book on the table.' 책이 있다. 그런데 책은 일단 대상, 존재이다. 그 *x*가 책이다. 그 책이 테이블 위에 있다. 이것을 $(\exists x)Ox, Bx, Tx$라고 표현한다고 해보자. 사람들은 말한다. "일단 존재라는 것을 밝혀야지!"

그런데 비트겐슈타인은 '존재라는 것은 대상으로서'라고 시작한다. 사실 앞에서 대상은 정의가 불가능하다고 배웠다. 아무튼 여기에서 제일 중요한 것은 대상이 가지는 존재성이다. 그래서 우리가 '책'이라고 말할 때에는 이미 '책'은 어떤 형식 속성 아래로 떨어지는가? '존재' 'being'이다. 그런데 우리는 이것(*Ox*, 대상에 대한 설명은 어떤 방식으로든 불가능하다)을 말할 수 없다. 그래서 우리는 거기에 어떤 대상이 있는데, 그 대상은 책이고, 그 대상은 책상아래에 있다고 말한다. $(\exists x)Bx, Tx$라고 한다. 그래서 ∃x에서 변수 x가 형식개념인 것이다. 즉 모든 명제변수는 다 형식개념이다. 위의 것처럼 (∃x)Ox, Bx, Tx라고 쓰면 안 된다. 절대 안 된다.

x가 Bx에서도 형식 속성인가?

당연히 그렇다. 여기에는 다(언제나 (∃x)는 일명 Ox, 대상이 존재하고 있다는 것을 항상) 포괄하고 있는 것이다. 우리는 ∃x에서 ∃를 existential quantifier라고 부른다. 즉 이미 being을 말하고 있다.

So the expression for a formal concept is a propositional variable in which this distinctive feature alone is constant.

그리하여 형식개념에 대한 표현은 명제변수이다. 그 명제변수 안에서 그것을 형식개념이도록 만들어주는 고유의 특징, 이것만은 상수이다.

여기에서 무엇이 변수인가 하면 그 자체로 자신이 존재함을 전제하고 있다는 것이다. '그러한 x가 있다.' 이것은 상수이다. '그러한 x가 존재한다'라는 뜻이다. 다시 보자. ∃x는 x가 존재한다는 것인데, 사실 (∃x)Ox라고 표현하면 안 되고, ∃x라고 표현해야 한다. 즉 대상은 존재를 전제로 하는데, 그것 자체가 함수로 표현될 수는 없고, 단지 명제변수propositional variable로 표현되어야 한다. 그러면 ∃x에서 항상 내포하고 있는 것은 '존재'이다. '그러한 것이 있다', '그러한 것이 있다는 사실' 그것은 변하지 않는 사실이다. 그러므로 이것만이 상수가 되는 그러한 명제변수라는 뜻이다. 그리고 여기에서 'being'만을 상수로 만들어주는 것이 명제변수의 distinctive feature(구별되는 특징)이다.

어떤 명제에서 요소명제를 'p, q, r'이라고 해보자. 그리고 이때 p, q, r은 변수이다. 그러면 이런 명제가 있다 라고 규정할 필요가 없다. 변수이기 때문이다. 그렇지만 'p, q, r'이 내포하고 있는 것은 어떠한 요소명제가 '있다'이다. 마찬가지다. 알고 보니 모든 명제변수가 형식개념인 것이다. 모든 명제변수는 존재를 그 특징으로 하는 distinctive feature를 가진다. 모든 명제변수는 '존재'를 형식개념으로 가지고, 그것은 항상이므로 상수이다. 명제변수에 이미 존재는 어떤 변수에 대해서든 그 존재가 전제되고 있다. 모든 명제변수는 '존재'를 항상 형식개념으로 가지므로, 존재함은 모든 명제변수의 상수이다.

$\exists x$

$(\exists x)Bx$

$(\exists x)Bx, Tx$

존재 이외의 다른 distinctive feature도 있는가? 없다. 이제 여기$(\exists x)$에 무엇인가(Bx, Tx 등)가 더해지게 되게 됨에 따라 Bx, Tx부터 x가 어떤 확고한 대상으로써 구체적으로 규정되어 나간다. $(\exists x)Bx$, Tx 등. 그러나 일단 이렇게 제시되었을 때, 어떤 식이던지 명제변수, 가령 Bx만 떼어 놓고 보아도, 이때의 x는 '이것은 책이라는 존재가 있다'라는 것이 이미 들어가 있다.

이런 생각을 한 번 해보자. 우리는 2+3=3+2라고 얘기를 하는데, 누군가가 $x+y=y+x$ 이런 항등식을 제시한다고 하자. 우리는 이렇게 변수로 표현한다. 그러면 끝이다. 그런데 앞에 'x, y는 숫자로서' 이런 것을 적을 필요가 없다. 단지 변수이니까, 변수 속에 이미 그러한 것이 있다는 것을 내포하고 있다. 만약 그런 것이 없다면, 존재하지 않는다면, 의미가 없다.

즉 변수에도 상수가 하나 있다. 모든 변수는 상수를 하나 포함하고 있다. 무슨 상수인가? '존재', '있다'이다. 이제 여기에 무엇, 무엇인가가 더해지면, 개별적 상수함수들이 되어 나간다. 일단 변수라는 것은 존재이다. 그래서 형식개념이 무엇인가라고 물으면, 변수라고 답하면 된다.

"형식 속성은 '존재'를 뜻한다"가 맞는 표현인가?

대상인 경우에는 일단 그렇다. 그런데 앞에서 말한 것처럼 p, q, r이라고 하는 우리가 알 수 없는, 예를 들어 '빨강, 파랑, 노랑'이라고 하자. 그러면 이것은 색채 공간을 전제하는 변수이다. 그렇기 때문에 '어떤 것들이 이렇게 변수로 나타날 수 있다. 혹은 변수로 표현되어 있다. 혹은 형식개념을 어떤 식으로든 표기해야 한다고 믿는다'라고 하면, 변수로서 명제변수로 표현된다. 그리고 그 중에서 유일하게 확정적인 사실은 '그러한 것들이 있다'는 점이다.

1 is a number에서는 number가 형식개념인가?

1 is a number에서는 number가 대표적인 형식개념이다. 우선, 제일 먼저 형식개념은 '대상'이다. 여기에서의 대상은 우리가 그것이 무엇인지는 모르지만, 거기에 반드시 있어줘야 하는 세계의 기저를 이루는 요소로서 있어야 하는 대상이다. 그리고 number(time), space, color, 함수(p, q, r), simple(단순자), complex(복합체) 등이 전부 형식개념이다.

"코끼리가 무엇인지 설명해줘." 이런 요청에 우리는 코가 길다는 등 나름대로 설명해줄 수 있다. 하지만 누군가가 "수가 무엇인지 설명해줘"라고 한다면, 사실 이것은 설명이 불가능하다. "책이 무엇인지 말해줘"라고 한다면 가능하다. 그러면 보통 우리는 "그냥 아는 것 아니야?"라고 답한다. 소위 말하는 그냥 아는 것, 이것이 형식개념이다. 그래서 지난 시간에 형식개념formal concept을 사이비 개념pseudo concept이라고 했고, 고유개념concept proper을 실험적 개념empirical concept이라고 한 것이 그 이유이다.

형식개념에 함수가 있다고 했는데, 엄격히 말하면 변수가 있는 것 아닌가?

그렇다. 함수 전체가 변수이다. 예를 들어 "함수가 무엇인지 말해줘"라고 한다면 사실 우리는 말하지 못한다. 거기에서 한 걸음 더 나아가서 "어떻게 해서 세계가, 명제가 함수로 표현될 수 있는지 말해줘"라고 한다면 우리는 이렇게 답한다. "저 녀석, 괜히 트집 잡는 거 아니야? 그냥 저절로 되어 있는 것 아니야?" 또 "단순자란 무엇인가?" 혹은 "단순자가 합해진 복합체는 무엇인가" 이런 것에 대해서도 우리는 그냥 저절로 아는 것이다.

> 4.127 The propositional variable signifies the formal concept, and its values signify the objects that fall under the concept.
> 명제변수가 형식개념을 표상한다. 그리고 그 값이 대상을 표상한다. 그 개념하에 떨어지게 되는.
> $(\exists x)Bx$

우선 $(\exists x)$라고 하자. 그리고 Bx라고 하자. 그러면 x는 명제변수이다. 그런데, 명제변수 x는 book에 떨어졌다. 즉 대상이 형식 속성에 떨어졌다. 즉 명제변수 x는 형식개념을 상징하는데, 그 명제변수의 값은 book이다. book이 x의 값이다. 그리고 그 book이라는 것이 x라는 형식개념에 떨어진 것이다. 그래서 여기에서의 형식개념은 '존재'이다. 여기에서의 '대상'은 앞에서의 대상과 다르다. 여기에서의 object는 thing이다. the object를 thing으로 바꾸자.

쉽게 이해해보자. object, 대상이라는 것을 형식개념으로 가지게 되는 그러한 표현은 $\exists x$이다. 'x가 존재한다.' 그런데 여기에서 무엇만이 상수인가 하면, '어떤 것이 있다'라는 것뿐이다. 그런데 $x=B$라고 쓰면 x는 값으로 book을 취한 것이다. 그러면 'book이 *x*'라는 형식개념에 떨어졌다고 말한다.

*p*라는 명제를 '비가 온다'로 하자. 그러면 *p*라는 명제가 있다는 것은 거기에 어떤 사건이 존재한다는 것이다. 그래서 '사건이 있다'는 사실이 상수이다. 그리고 '비가 온다'라는 것을 변수가 자신의 값으로 취한 것이다. 얼마든지 다른 것을 취할 수 있다. 눈이 온다. 바람이 분다. 배가 아프다 등. '*Bx*'에서의 '*B*', '*p* : 비가 온다'에서의 '비가 온다'가 value(값)다.

보통 실재론자들이 말해왔던 '개념'은 프레게에 의해서 언어철학에서는 어떻게 해서 개념의 독자적인 혹은 차별적인 존재가 불가능한가가 보여졌다. 즉 반드시 thing+concept여야 하는데, 개념이 독자적이라는 것은 concept+concept이 되기 때문에 안 되는 것이었다.

자, 비트겐슈타인은 그러한 전제를 당연한 것으로 생각한다. 그리고 그가 부딪혔던 문제는 형식개념이었다. 왜냐하면 사람들은 "좋다, 네 말대로 '말horse'의 본유관념은 없다고 하자. '소cow'의 본유관념은 없다고 하자. 그렇지만 시간, 공간 등은 진짜 본유관념 아닌가? 우리는 그것에 대해 탐구해야 하고, 그 위에 지식을 쌓아야 한다 등을 해야 한다"고 말했다. 누가 그렇게 말했는가? 칸트가 그렇게 했다.

하지만 비트겐슈타인은 아니라고 했다. 그것을 기반으로 지식을 쌓을 수 없다고 했다. 왜? 그것은 보여지는 것이지 말해지는 것이 아니기 때문이다. 1이라는 숫자가 제시되는 순간 이미 형식개념은 같이 제시되는 것이다. 이렇게 무엇인가가 제시되는 순간, 같이 드러나는 것으로서 보여지는 것이지, 이 형식개념을 따로 떼어내서 수의 개념, 이렇게 갈 수는 없다는 것이다. 즉 형식개념은 언제나 보여지는 것이다. 말해지는 것이 아니다.

대상을 말할 때는 배경하고 구분할 수 있는 것은 무엇인가?

그런 의미보다는 하나의 메타포를 쓰자면, 화학에 있어서 원소들을 세계의 기저로 확정지었을 때 거기에 해당하는 것이다. 우선 세계로부터 두드러지는 것, distinctive한 그것을 의미하는 것은 아니다. 세계에는 두드러질 것도 물러날 것도 없다.

여기에서의 대상은 세계를 구성하는 가장 근원적인 것이라고 했을 때에는 형식개념이다. 그런데 비트겐슈타인이 다른 곳에서는 thing의 의미로 대상을 사용한다. 그리고 반대로 사용하는 경우도 있다(대상의 자리에 thing을 사용하기도 한다). 예를 들어 2.012 In logic nothing is accidental: if a thing can occur in a state of affairs, the possibility of the state of affairs must be written into the thing itself논리에 있어서는 무엇도 우연적지 않다. 만약 어떠한 대상이 어떠한 사태에서 발생할 수 있다면, 그 사태의 가능성은 이미 사물 그 자체에 들어가 있는 것이다. 여기에서는 thing은 오히려 object이다. 사실 이것은 언어상의 문제이다. 이런 것은 문맥상으로in the context of 이해해야 한다.

4.1271 Every variable is the sign for a formal concept. For every variable represents a constant form that all its values possess, and this can be regarded as a formal property of those values.

모든 변수는 형식개념의 기호이다. 왜냐하면 모든 변수는 그 모든 값이 취하게 되는 정해진 형식을 표상한다. 그리고 그것이 그 값들의 형식 속성으로 간주될 수 있다.

$(\exists x)Bx$라고 하면, $\exists x$의 x는 value로 여기저기에 투입된다. 하지만 x는 그중의 어떤 것으로 제한되지 않는다. 그것들이 공통으로 가지고 있는 어떤 성질을, 예를 들어 '책, 말, 코끼리' 등의 대상이라고 할 때 $\exists x$의 x는 무엇이라도 될 수 있다. 하지만 '책, 말, 코끼리'가 공통으로 가지는 무엇인가를 가진다. 그 공통이 이 경우에는 '존재'이다.

이 부분은 비트겐슈타인의 환상적인 부분이다. 뭐냐 하면 '아, 변수의 철학적 의미는 이런 것이구나!'라는 것을 알게 된다. notebook, 수첩, 이런 경우에는 being이 아닌 또 다른 무엇이 공통된 특질이 되는 것 같다. notebook, textbook 여기에는 존재 이외의 공통점이 없다. 분석해서 요소명제까지 내려가게 되면, 여기에서 겹쳐지는 것은 사라진다. 이런 예를 보자.

$$a^2 - b^2 = (a+b)(a-b) \qquad b^2 - ab = b(b-a) \qquad a^2 - ab = a(a-b)$$

$$\Rightarrow (a+b),\ (a-b),\ a,\ b,\ (b-a)$$

$a^2 - b^2, b^2 - ab, a^2 - ab$ 를 인수 분해해보자. 각각의 인수로부터 우리는 요소명제가 $(a+b)$, $(a-b)$, a, b, $(b-a)$라는 것을 발견하게 된다. 어디까지나 하나의 예이다.

다섯 개의 요소명제가 나왔다. 물론 요소명제의 수가 복합명제의 수보다 작을 수 있다. 이때 이 요소명제들의 특징은 공존coexistent이다. 어떤 것도 다른 하나를 drive out(배격하다)할 수 없다. 그러나 복합명제는 서로 간에 drive out한다. 무슨 말인가 하면, 복합명제 $(a^2 - b^2)$이 참이면서, 복합명제 $(a^2 - ab)$이 참일 수는 없다. 왜냐하면 복합명제 1이 참이라고 할 때, $(a+b)(a-b)$ 이런 인수를 가져야 하는데, 복합명제 2는 그런 인수가 없어서 참이라고 할 수 없고, 복합명제 3처럼 공통의 인수를 가지고 있어도 다른 인수가 포함되어 있어서, 서로 간에 drive out한다. 그러므로, notebook과 textbook은 인수를 공유하고 있다고 해도 그냥 다른 것이다. 서로 구축관계에 있는 것이다.

'비가 오고 바람이 분다'와 '비가 오고 바람이 안 분다'라는 두 개의 명제는 공존할 수 없다. 서로 구축할 뿐이다. drive out할 뿐이다. '비는 같이 들어 있다'고 말할 필요도 없다. 왜냐하면 명제는 참이냐, 거짓이냐만 따지기 때문이다. 하나가 참이면서, 다른 하나가 동시에 참일 수는 없다. '비가 오면서 덥다', '비가 오면서 춥다.' 이 두 명제는 서로 구축한다. 왜냐하면 하나가 참이면서 다른 하나가 동시에 참일 수 없기 때문이다.

반면 $(a+b)$, $(a-b)$, a, b, $(b-a)$와 같은 요소명제는 하나가 참이고, 동시에 다른 것도 참일 수 있다. 이것이 복합명제와 요소명제의 성격적 차이이다. 그러므로 복합명제에서는 textbook이고, notebook이고, text-notebook이건 서로 구축관계에 있어서 어떤 공통점이 있다고 말할 수 없다. 이것은 언어상의 어색함awkwardness, 거북함이다.

명제 중에는 요소명제의 강도가 다른 경우도 있다.

명제에는 발생/비발생의 문제 그리고 확률도 있다. 그러나 더욱 중요한 것은 참/거짓이다. 재판의 경우를 보자. 미국에서는 유죄나 무죄의 평결을 먼저 내린다. 그리고 형량은 판사가 내린다. 그러면 피고가 초관심을 보이는 것은 판사인가, 배심원인가? 배심원이다. 일단 유/무죄가 중요하다.

다시 보자.

For every variable represents a constant form that all its values possess, and this can be regarded as a formal property of those values왜냐하면 모든 변수는 그 모든 값이 취하게 되는 정해진 형식을 표상한다. 그리고 그것이 그 값들의 형식 속성으로 간주될 수 있다.

모든 변수는 일정한 형식, 그러니까 어떠한 값도 꼭 가져야 하는 상수인 내용이 있다. 그것을 상징한다는 의미이다.

4.1272 Thus the variable name '*x*' is the proper sign for the pseudo-concept object.

따라서, 변수의 이름 '*x*'는 준–개념 대상에 해당하는 고유의 기호이다.

우리가 'x'라고 쓰고, 이것을 하나의 이름이라고 하자. 그러면 이때 이름은 대상에 대응한다. 자, 세계 속에 대상이 있고, 우리 언어 속에 이름이 있다. 그래서 우리가 이것이 하나의 이름이라고 말할 때에는 세계 속에 대상이 존재해야 한다. 그런데 대상의 특징은 유한확정상수, 반드시 무엇이어야 한다. 하지만 x는 그것이 아니다. 그렇기 때문에 x는 이름을 가질 수 없다. 이름을 굳이 가지게 된다면, 그것은 사이비 이름이지 진짜 이름은 아니다. x는 사이비 명제에 대한 사이비 이름이다.

이제 세 가지 구분을 할 수 있게 되었다.

A) non-existent	B) pseudo-existent	C) existent
?	x	name
신, 사랑 등 더 높은 보편자	'말'이라는 개념 보편자	말 Henry 말 Tom 개별자
← 실재론자들의 탐구 방향		

이때 A)는 비존재이므로 이름을 얻을 수 없다. 물론 여기에서 존재/비존재는 현재 발생 여부가 아니라 발생 가능성, 즉 발생 공간 속에서의 발생 가능한 사건을 말하는 것이다. 예를 들어 지금 여기에 산소가 없다라고 해서 산소라는 원소가 없다고 생각하지 않는다. 이런 의미에서의 존재이다. 그리고 B)가 변수 x이고, C)는 이제 본격적인 '이름'을 얻게 된다. 이름다운 이름은 실증적인 것이다. 그러므로 C)가 가장 우월한 자리를 차지한다. 그러나 전통적인 철학에서는 이것(C)이 가지고 있는 실

증성 때문에 버려졌다. 그리고 B), A)가 고상한 가치를 부여받았다. 하지만 비트겐슈타인은 이것이 아니라는 것이다. 이것이 실증주의 입장이다.

실증적인 것은 이름을 가지는 반면, 사이비 존재는 x이며 전통적으로 추구했던 소위 존재being라는 것이다. 그리고 존재하지 않는 것은 우리가 말해온 신, 사랑과 같은 개념이었다. 실재론자들은 B)가 아니라 A)에 중점을 두었다.

실재론자들 중에서 플라톤은 사이비개념을 중요시했다. 그런데 플라톤이 B)에서 윤리학으로 옮겨갈 때 이러한 양식의 사고방식(사이비개념은 실증적이지 않다. B)의 경우 비실증적 일 때 우리의 권위, 우리의 탐구양식이 먹혔다. 때문에 같은 비실증적인 다른 A)에도 먹힌다라고 동일한 방법)을 도입한 것이다. 이것이 전통적인 신학, 윤리학이었다.

그러면 비존재 개념 A)는 사이비 개념 B)에서 한 번 더 심화한 것인가?

B)는 세계에 물들어 있다. 말해지면 안 되지만, 어쨌든 보여지기는 한다. 그러나 비존재 개념인 A)는 보여지지도 않는다. 그런데 실재론자들이 사이비 개념을 먼저 말해질 수 있는 것처럼 만들고 난 후, 비존재조차도 말해질 수 있는 것으로 만들었다.

Wherever the word 'object('thing', etc.)' is correctly used, it is expressed in conceptual notation by a variable name. For example, in the proposition, 'There are 2 objects which', it is expressed by '$(\exists x, y) \cdots$'.

'대상'이라고 하는 그 단어가 정확하게 사용되는 어디에서고 그것은 변수 이름, x에 의해서 그 개념적 표시 속에서 표현된다. 예를 들어 'there are 2 objects which(다음과 같은 두 개의 대상이 있다)'라는 명제 속에서 그것은 $(\exists x, y)$라고 표현된다.

there are 2 objects which are F.

$\exists x, y.\ Fx, y.$

'there are 2 objects which are F(F라는 두 개의 대상이 있다)'라는 명제가 있다고 해보자. 이때 비트겐슈타인은 이것('there are 2 object'; 있음에 대해서)이 함수로 표현될 수 없다고 주장한다. 단지 '두 개가 있구나. 존재하는구나. 거기에 x, y가 있다.' 그래서 $\exists x, y.\ Fx, y.$라고 표현하면 된다.

그냥 Fx, y라고 하면 안 되는가? 이 자체가 이미 x, y는 '있다'라는 $\exists x, y$를 포함하는 것 아닌가? 꼭 $\exists x, y$를 포함시켜야 하는가?

거기에 x, y가 '있어서'라는 뜻이다. 함수에서 아무것도 안 오면 안 된다. 함수에는 반드시 '어떤 x에 대해서 함수 f는'이라고 표현한다.

Wherever it is used in a different way, that is as a proper concept-word, nonsensical pseudo-propositions are the result.

그것이 다른 양식으로 사용되는 곳 어디에서나 그것은 고유 개념식 단어이기 때문에, 말이 안 되는 사이비 명제가 결과로서 나오게 된다.

예를 들어 다른 식으로 쓰인다는 것은 there are tow objects. 라고 한다면, 거기에 두 대상 x, y가 있다. 이것을 $x, y.\ Ox, y.\ F, x, y.$라고 다른 식으로 표현하게 되면, 즉 이렇게 다른 식으로 함수로 표현하게 되면, 사이비 명제인 Ox, y가 그 결과로 나오게 된다. 앞에서 계속 설명했던 것이다. $x, y.\ Ox, y.\ F, x, y.$는 $\exists x, y.\ F, x, y.$로 표현되면 끝이다. there are two objects를 $x, y.\ Ox, y.$라고 볼 수 있는데, 다 필요 없다. $\exists x, y$라고 하면, 이미 거기에는 두 개가 있다(x, y가 있다는 것이 두 번 언급된 것이다).

as a proper concept-word(고유개념-단어)는 Tx, y라든지 Ox, y 같은 것인가?

그렇다. 그렇게 '고유개념적인 언어'로 '그것(x, y가 있다는 것)을 표현을 하게 되면'이라는 뜻이다.

So one cannot say, for example, 'There are objects', as one might say, 'There are books'.

따라서 책이 있다고 말하는 그런 식으로 '거기에 대상들이 있다'라고 우리는 말할 수 없다.

there are objects는 단지 $\exists x, y$로 쓰면 된다. 이것으로 끝이다. 하지만

책이 있다는 것은 $(\exists x, y.\ Bx, y)$이다. 책이 있다는 것은 $(\exists x, Bx)$로 충분하다. 무엇인가 있다는 것은 $\exists x, Ox$가 아니라 $\exists x$로 충분하다. Bx는 함수가 된다. 하지만 거기에 대상이 있다는 Ox는 함수가 되지 않는다. $\exists x$라고 하는 quantifier(수량형용사) 하나면 된다.

And it is just as impossible to say, 'There are 100 objects', or, 'There are $\aleph_0$ objects'.

'100개의 대상이 있다.' 혹은 '$\aleph_0$개의 대상이 있다'는 것은 말이 안 된다.

어둠 속에서 어슴프레 움직인다. 거기에 무엇인가 있는데, 그것이 무엇인지를 모르겠다. 이때 이것을 무엇인가가 있다 라는 의미에서 Ox라고 표현하면 안 되는가?

이렇게 생각해보자. 우선 결론부터 말하면, Ox라고 쓰면 안 된다. '거기에 무엇인지 모르지만 무엇인가가 있다'라는 표현은 잘못된 표현이다. 그러면 애당초 없어야 한다. 무엇인지 모른다면, 아무것도 안 본 것과 똑같다. 듣는 사람은 헛소리를 들은 것이다. 아무튼 우리의 어떤 감각을 통한다. 그러면 확정된 '무엇'이다. 하지만 그것을 존재물이라고 할 수 없다. 존재라고 하는 것은 알 수 없는 그것 이면에 이미 있다.

내가 표현할 수 없는 무엇인가를 지각했다. 지각된 무엇 그 이면에 존재가 있다. 표현할 수 없는 것, 그 자체가 하나의 book 같은 것이다. 철학은 무식한 사람을 대상으로 하지 않는다. 적어도 공유하는 어떤 상식은 가지고 있어야 한다. 여기에서 책에 대해서 얘기하는데, 책이 무엇인지를 물으면 안 된다.

And it is nonsensical to speak of the total number of objects.

그래서 대상의 전체 수에 대해서 말하는 것 또한 난센스이다.

공간에 대해서 설명할 때, '말'이라는 대상을 부르면 우리가 그 말을 안다는 것은 이미 말 그 이면에 동물의 공간이 무한대로 펼쳐져 있게 된다고 했다. 그러므로 '거기에 몇 개의 존재가 있다'라고 말할 수 없다. 같은 공간에 있는 다른 대상들이 또 무한인지, 유한한지조차 모른다. 그러므로 '대상이나 존재를 모두 세어 보면 몇 개 있다'라고 말할 수 없다. 심지어는 존재가 하나라고 말한 사람도 있다. 파르메니데스부터 토마스 아퀴나스에 이르기까지 모든 실재론적 철학자는 존재는 하나라고 말하는 '신'으로부터 유출되었다라고 말했다. 무한대인지 유한인지 알 수 없어서 그것에 대해 어떤 말도 할 수 없다.

The same applies to the words 'complex', 'fact', 'function', 'number', etc.

똑같은 것들이 '복잡함', '사실', '함수', '수' 등의 단어에도 적용된다.

앞에서 얘기했던 '시간', '색' 등도 포함된다.

They all signify formal concepts, and are represented in conceptual notation by variables, not by functions or classes.

그것들은 전부 형식개념을 표상한다. 그리고 함수나 집합에 의해서가 아니라 변수에 의해서 개념적 표현으로 표상된다.

(1) *x* is a horse.

(2) a concept of horse is a concept of animal.

프레게와 러셀의 문제가 바로 이 점이었다. *x* is a horse라고 할 때, 여기에서 horse는 하나의 개념이 맞다. 다만 경험에 입각한 개념이다. 반면, a concept of horse is a concept of animal(말의 개념은 동물의 개념이다)은 말이 안 된다.

그래서 프레게는 이러한 표현을 위해서는 이러한 개념만으로 이루어진 집합(경험 대상에 대한 개념으로 이루어진 집합)이 따로 있어야 하고, 따라서 그것(경험 대상에 대한 개념으로 이루어진 집합)은 2nd order language(2차 언어)라고 했다. 즉 언어의 위계를 취하는 것이다. 그래서 최초의 언어는 경험적 대상으로 이루어진 언어, 그다음 두 번째 언어는 그 대상의 개념으로만 이루어진 언어, 이런 식으로 언어에 위계를 구성하였다. 그런데 비트겐슈타인이 계속 반대하는 것은 언어에 계층이 없다는 것이다.

수, 함수, 사실 등은 어떤 대상들의 집합으로서 이해되는데, 복합체와 단순자는 어떻게 이해해야 하는가?

복합체는 단순자가 규정되지 않기 때문에, 규정될 수 없다. 단순자란 무엇인가? 말할 수 없다. 여기에서 단순자는, 예를 들면 소립자다. 우리는 소립자가 무엇인지 말할 수 없다. 그냥 소립자가 있다는 전제하에 삶을 이어나간다. 그런데 소립자가 무엇인지 모르는 채로 우리는 이것이 복합체, 저것이 복합체라고 하면서 복합체로 대하고 복합체로 취급한다. 하지만 복합체가 어떤 개념인지를 말함에 의해서 드러나지 않는다. 계속 얘기하지만 함수 Bx에서 x는 변수, B는 속성이다. 즉 속성을 드러내지는 않는다. 속성은 설명될 수 없다. 단순자도 우리는 속성을 모른다.

그래서 as Frege and Russell believed(여기에서 프레게와 러셀이 믿었던 것처럼)이란, 러셀은 유형이론theory of type에서 '모든 크레타인은 거짓말쟁이다'라는 예를 들면서, $F(F(x))$처럼 '모든 크레타인은 거짓말쟁이다'라는 그 함수 자체에 대해 다시 규정해야 한다고 했다. 반면 비트겐슈타인은 함수 자체가 이미 함수로 드러났는데, 즉 그 함수를 $F(Fx)$라고 할 수 없다. 그러나 $G(Fx)$는 가능하다. 왜냐하면 $F(Fx)$이지만, 사실은 $G(Fx)$이다라는 뜻, 다른 함수다. 왜냐하면 함수가 스스로를 자기 집합으로써 가질 수 없다. 함수는 그냥 보여주는 것으로서 끝이고, 언제는 1st order이지, 2nd order 함수는 없다.

x is a horse.

a horse is an animal.

예를 들어 *x* is a horse(*x*는 말이다)와 a horse is an animal(말은 동물이다)을 보자. 이 horse와 이 horse는 같은가, 다른가? 같다. 전자는 말 1, 말 2, 말 3 등이다. 마찬가지로 horse가 개념일 수는 없다. 개념이면 말이 안 된다. '동물'이라는 것이 더 상위에 있는 개념이고, '말'은 하위에 있는 개념 같지만, 전자는 개념이다. 그리고 후자는 하나의 문장으로서, 즉 horse은 thing으로서, horse을 구성하는 애초의 *x*들, 애초의 말 1, 말 2, 말 3이다.

전자는 *x*로부터 나온 개념이고, 후자는 *x* 중의 일부이다. 그래서 같다. 이것이 awkwardness(어색함), 언어의 아주 이상한 측면이다. 우리는 '말'이라는 개념이 '동물'이라는 개념에 들어간다고 생각하기 쉽지만, 사실 후자 horse는 thing이 되어야 하므로, 각각의 개별적인 말 1, 말 2, 말 3이 동물이라는 것이다.

반면 horse는 경험에 입각한 개념이고, horse는 *x*라는 horse로서 개별자 thing이다. 이런 측면에서 앞의 horse와 뒤의 horse는 다르다. 어쨌든 horse는개별적인 말들이지, 개념은 아니다.

그렇기 때문에 비트겐슈타인은 사실 *fx*는 없고, 우리가 *fx*라고 말할 때 이것의 개념을 구성하는 것이라고 생각하지 쉽다. 하지만 사실 그것이 아니라, 그것은 또한 *fx*의 개별적인 대상들에 대해 새롭게 말하는 것이지, 함수 그 자체를 말하는 것이 아니라고 생각했다. 즉 언어의 형식에 속지 말라는 것이다.

'1 is a number', 'There is only one zero', and all similar expressions are nonsensical. (It is just as nonsensical to say, 'There is only one 1', as it would be to say, '2 + 2 at 3 o'clock equals 4'.)

'1은 수이다', '하나의 0만이 있다.' 그리고 모든 비슷한 것은 다 말도 안 된다. (거기에 '단 하나의 1만 있을 뿐이다'라는 것은 '3시에 2+2는 4가 된다'가 되는 것처럼 말이 안 된다.)

비트겐슈타인이 그랬다. "모든 진지한 철학은 다 농담만으로도 말할 수 있다." 원래, 고도의 경지에 도달하면 야유조로 모든 것을 할 수 있다. 인간의 어리석음에 대한 농담만으로도 철학이 가능하다.

사실은 이것이다. 인간이 존재한 이래 이미 암묵적으로 함수적 사유와 함수적 표현을 해왔다. 그것을 끄집어낸 것이다. 우리가 대충 알고 대충 짓어서 살지만, 그것을 명료화한 사람이 데카르트이다. 그다음, 데카르트가 함수의 개념을 좌표평면에 도입했고, 거기에다 현대에 쓰는 기호로 만든 사람이 프랑스의 디리클레Peter Gustav Lejeune Dirichle다. 프랑스 사람들이 한 수학한다.

영국인들이 관용적인 이유는 종교의 다양성을 인정하기 때문이다. 하나가 있으면 독재가 되고, 두 개면 서로 싸우고, 서른 개면 서로 의존한다고 했다. 사실은 프랑스의 종교적 학살은 끔찍했다. 30년 전쟁이 독일에서 벌어지기는 했지만, 프랑스도 참전했다(소급하자면 십자군 전쟁도 아주 끔찍한 이익을 좇는 싸움이었다). 사람들은 자신의 이익을 이데올로기로 위장한다. 중요한 것은 나는 어떻게 위장하고 있지는 않은지 경계해야 한다.

자, 계속하자. 모든 경험론 철학은 논리학이다.

4.12721 A formal concept is given immediately any object falling under it is given.

형식개념은 그 형식개념 아래로 떨어지는 어떤 것들이라도 주어지는 순간 즉각적으로 주어진다.

가령 '1'이라고 하는 순간 '수'라는 형식개념이 떠오르고, '책'이라고 하면 '존재'가 떠오른다.

It is not possible, therefore, to introduce as primitive ideas objects belonging to a formal concept and the formal concept itself.

그러므로 형식개념에 속하는 대상을 원초적 개념으로, 또 그 형식개념 그 자체를 하나의 원초적 개념으로 도입하는 것은 불가능하다.

여기에서 as primitive ideas objects는 두 곳에 걸린다. 즉 이 문장은 as primitive ideas objects belonging to a formal concept and as primitive ideas objects belonging to the formal concept itself이다. 하나는 형식개념에 속하는 대상, 그다음은 형식개념 그 자체가 원초적 개념으로 볼 수는 없다. 그리고 여기에서 원초적 개념이란 고유 개념이다.

So it is impossible, for example, to introduce as primitive ideas both the concept of a function and specific functions, as Russell does, or the concept of a number and particular numbers.

그래서 함수의 개념, 그리고 어떤 특정한 함수도 원초적인 개념으로서 도입하는 것은 불가능하다. 그런데 러셀은 그렇게 했다. 또한 그 수의 개념, 특정한 숫자, 다 원초적 개념이 아니다.

러셀은 함수를 또 하나의 대상으로 보고 $F(F(x))$로 했다.

4.1273 If we want to express in conceptual notation the general proposition, 'b is asuccessor of a', then we require an expression for the general term of the series of forms

'aRb',

'$(\exists x) : aRx. xRb$',

'$(\exists x, y) : aRx. xRy. yRb$' ⋯.

만약 우리가 일반적인 명제를 b는 a의 계승자이다같은 일반적인 명제를 개념적 지칭으로 표현하기를 원한다면, 우리는 일련의 형식들에 대한 일반적인 용어를 위한 표현들을 필요로 한다.

앞에서 aRb를 서울R부산이라고 했다. 이것을 개념 표기법notation으로는 서울Rx, xR부산이라고 할 수 있다. 사실 서울에서 부산까지 갈 때 한 번 쉬어가는데, 어딘지 모르면 마땅히 거기에 존재를 나타내는 x를 넣어야 한다. 두 개면 두 개, 세 개면 세 개 전부 파라미터의 문제이다.

이 과정은 분석인가?

*aRb*를 복합명제라고 하면, 점점 분석을 거쳐 그 끝에 가서는 요소명제까지 가정하고 있다. 그 요소명제로 가는 것을 하나의 형식개념으로 볼 때 분석 외에 다른 것은 아니다.

In order to express the general term of a series of forms, we must use a variable, because the concept 'term of that series of forms' is a formal concept. (This is what Frege and Russell overlooked: consequently the way in which they want to express general propositions like the one above is incorrect; it contains a vicious circle.) We can determine the general term of a series of forms by giving its first term and the general form of the operation that produces the next term out of the proposition that precedes it.

형식의 시리즈를 일반적인 용어로 표현하기 위해서, 우리는 변수를 사용해야 한다. (일련의 형식들에 대해 일반적인 용어로 표현하기 위해서, 우리는 변수를 사용해야 한다.) 왜냐하면 '형식의 그 시리즈라는 용어'의 개념이 형식개념이기 때문이다(이것이 프레게와 러셀이 간과했던 점이다. 왜냐하면 일련의 형식들에 대한 용어라는 개념은 형식개념이기 때문이다). 결론적으로 하나가 다른 하나 위에 있는 일반명제라고 그들이 표현하고자 했던 방식은 틀린 것이다. 그것은 a vicious 사이클(악순환)을 포함한다.
우리는 첫 번째 형태로 형식의 시리즈를 일반적인 양식으로 정할 수 있다.

그리고 그것을 선행하는 명제의 결과로서 나오는 조작의 일반 형태를 정할 수 있다.

찬찬히 읽어보면 안다.

4.1274 To ask whether a formal concept exists is nonsensical. For no proposition can be the answer to such a question. (So, for example, the question, 'Are there unanalysable subject-predicate propositions?' cannot be asked.)
그 형식개념이 존재하느냐 그렇지 않느냐를 묻는 것은 난센스이다. 왜냐하면, 그러한 어떤 질문에 대한 어떤 명제도 답이 될 수 없기 때문이다. (따라서 거기에 '분석 가능한 주어-술어 관계의 명제가 있는가?'라는 질문은 물어질 수 없다.)

우리가 사실 거기에 과연 '함수라는 것은 존재하는 것인가?'라고 물을 때, 함수는 '존재한다/아니다'라고 말할 수 없다. 우리가 할 수 있는 것은 기껏해야, 함수를 사용함으로써 그냥 그것을 보여주고 있는 것이다. 그런데 그 존재를 확신하고 사용하느냐고 묻는다면 답할 수 없다. "그냥 쓰고 있는 거야"라고만 말할 수 있을 뿐이다. 이것은 명제에 대해서도 똑같다. 그 명제의 의미가 무엇이고, 명제의 근본적인 성격상 분석되는지 아닌지 설명해달라는 질문에 대해서는 답변할 수가 없다.

과연 분석 불가능한 주어-술어의 명제는 존재하는가?

사실은 모든 명제는 분석 가능하다. 주어와 술어로 이루어진 명제는 분석 가능하고, 분석해왔다. 그런데 비트겐슈타인에 의해서 우리는 분석 불가능한 명제가 있다는 것을 알게 되었다. 그것이 무엇인가? 바로 요소 명제이다. 그런데 요소명제가 있느냐고 물으면 답변할 수가 없다. 우리에게 '소립자가 진짜로 있느냐, 없느냐?'라고 묻는다면, "우리가 살고 있는 것으로 봐서는 소립자가 있는데, 소립자가 '있다/없다'라고는 답하기 어렵다." 이것이 할 수 있는 대답의 전체이다. 단순자로서 요소명제가 대표적인 형식개념이다.

4.128 Logical forms are without number.

논리형식들은 순번이 없다.

그래서 어떤 논리형식이 더 우월하고, 어떤 논리형식이 덜 우월하다고 할 수는 없다. 이것은 혹시라도 형식개념을 논리형식에서 우선적인 것으로 보고, 나머지를 거기에서부터 연역되었고, 분출되었다고 믿는 실재론자들을 직접 겨냥한 것이다.

논리형식에는 어떤 것들이 해당하는가?

예를 들어 위에서 배운 형식개념으로 이루어진 논리, 형식개념으로 이루어진 어떤 명제들이 있다고 가정할 때, 이런 것들이 논리형식이다. 그리고 *x* is a horse도 하나의 논리형식이다. 우리는 다양한 논리형식을 가진다. 그런데 어떤 논리형식도 순번대로 1, 2, 3 번호가 붙어 있지 않다는 것이다.

자, 우리가 꼭 알아야 할 것은 이것이다.

첫째, 논리형식에 우선권은 없다.

둘째, 요소명제들 사이의 우선권도 없다.

셋째, 그래서 명제들 사이에도 우선권이 없다.

그러므로 여기에는 탁월한 논리형식도 없고, 뛰어난 명제도 없다.

Hence there are no preeminent numbers in logic, and hence there is no possibility of philosophical monism or dualism, etc.

따라서 거기에는 논리에 있어서는 더 탁월한 순번은 없다. 따라서 또한 철학적 단자론, 철학적 이원론의 가능성도 없다.

단자론(일원론)은 논리형식 중의 제1번, 제일 중요한 하나, 제1장, 파르메니데스, being을 논리 1이라고 둔다. 그리고 나서 차례대로 논리 2, 논리 3…이 파생되어 나온다. 신에서 시작해서 결국 우리에게까지 이른다. 이원론은 데카르트가 대표적인데, 한쪽은 영혼, 다른 한쪽은 육체로 놓는다. 영혼에는 무엇이 있고, 육체에는 무엇이 있다라고 이원론으로 나간다. 그런데 거기에는 일원론도 이원론도 없다. 단지 거기에는 모든 논리형식은 평등하고 또한 모든 명제는 평등하다.

“There is no preeminent sound(탁월한 소리는 없다).” 이는 무슨 말인가? 그렇다. 존 케이지의 4분 33초. 어떤 것이 음악이 되기 위한 더 탁월한 소리는 없다. 그러면, “There is no preeminent sculpture(탁월한 조각은 없다)”는? 그렇다. 뒤샹을 말한다. 무엇도 음악이 될 수 있고, 무엇도 조각이 될 수 있다. 어떤 것이 음악이 되기 위한, 또 조각이 되기 위한 그것이 특별히 갖춰야 할 요건은 없다. 사실 앤디 워홀이나 R. 리히텐슈타인이 말하는 것은 무엇도 일상적인 맥락에 있는 것을 우리 눈앞에 확 들이대면 재미있게 되고, 무엇이라도 예술이 될 수 있다는 것이다. 거기에 예술이 되기 위한 특별한 요건은 없다.

이것은 우리가 교육 체계 속에서 속아온 것이다. 또 그러한 기만에 우리도 살짝 발을 걸쳤고, 젖어들었고, 그런 기만이 따스한 이불처럼 감싸줬다. 왜, 여러분들이 공부 잘했으니까. 그러나, 아니다. preeminent(탁월한)한 것은 없다. 단지, 이것은 있어야 한다. 어떤 p로부터 유출된 $p \wedge q$는 되지 말아야 한다. 즉 여기에서 a, b, $a-b$, $a+b$, $b-a$ 등의 요소명제들 중 하나가 되면 된다.

다른 것을 구축하기 위한 것이 아니라, 다른 것과 차별화되는 나를 만드는 것이다. 더 우월한 것은 없다. 그냥 다 옆에 있는 것이다. 그랬을 때, 더 우월한 것은 그 차이가 나는 나 자신인 것이지, 다른 우월한 것이라고 생각되는 것을 닮는 나 자신이 아니다. 내가 계속 말하는 “스스로가 되도록 하라”이다. 비트겐슈타인도 말한다. 스스로가 되는 것처럼 어려운 것은 없다.

'$p \wedge q$가 아니라 p나 q가 돼라'가 의미하는 것은 무엇인가? 그냥 p이거나 q이면 되는데, '난 $p \wedge q$이니까 너와 달라.' 하지만 특별한 것이라고 생각하는데, 사실은 p와 q로서 같다. p이면 $p \wedge q$가 저절로 된다. 그러니 우월하다고 생각되는 사람을 모방하지 마라. 스스로가 돼라. 이것이 요점이다.

요소명제와 그 성격 4.2~4.26

4.2 The sense of a proposition is its agreement and disagreement with possibilities of existence and nonexistence of states of affairs.

명제의 뜻은 사태의 존재/비존재 가능성과의 일치/불일치이다.

명제의 의의는 사태의 존립/비존립의 가능성과의 일치/불일치이다. 명제의 의미라는 것은 언제나 존립/비존립의 가능성과 연계해서 그 일치와 불일치이다. 우리가 어떤 명제의 의미, 뜻을 안다는 것은 그 명제가 나타나는 상황의 존립/비존립의 가능성과 일치하느냐, 일치하지 않는다는 것을 모두 내포해서 안다는 것이다. 예를 들어 누군가가 '비가 온다'라고 하면, 그 의미는 비가 온다고 했을 때, 지금 비가 올 가능성, 오지 않을 가능성이 있다. 즉 비가 올 사실이 존립할 수 있고, 비존립할 수 있다. 이 가능성이 먼저다.

그다음 그 가능성에 일치되고, 불일치되는 것을 다 아는 것을 의미한다. 앞에서도 설명했듯이 게임에서 이기고 지는 것보다 중요한 것은 어떻게 해야 이기게 되는지를 아는 것이 중요하다. 같은 얘기이다. 명제의 뜻을 안다는 것은 먼저 존립이냐, 비존립이냐의 가능성을 아는 것이다. 그 후 존립에의 일치인지, 불일치인지를 아는 것이다.

4.21 The simplest kind of proposition, an elementary proposition, asserts the existence of a state of affairs.

가장 단순한 종류의 명제, 곧 요소명제는 한 사태의 존립을 단언한다.

요소명제는 한 사태의 존립을 단언한다. 그렇지만 그것이 요소명제가 참을 단언한다는 뜻은 아니다. 가령 요소명제 '*p* : 비가 온다'라고 하자. 그러면 이것은 비가 온다는 하나의 사태를 단언하지만, 이것이 지금 비가 온다는 것을 말하는 것이 아니다. 또 원소주기율표에서 이 원소는 무엇무엇의 존립을 나타낸다고 할 때, 지금 그것이 발현된다는 것은 아니다. 하나의 형식상 잠겨 있다는 것이다.

4.211 It is a sign of a proposition's being elementary that there can be no elementary proposition contradicting it.

거기에 그것을 구축하는, 그것과 모순되는 어떤 다른 요소명제도 없다는 것이 그것이 요소명제임을 나타내주는 것이다.

앞에서 얘기이다. 여기에서 한 용어를 만들자. co-existentiability of elementary proposition을 요소명제의 공존 가능성이라고 하자.

요소명제는 일단 공존 가능해야 한다. 한 요소명제가 다른 요소명제와 구축할 가능성이 있다면, 그것은 이미 요소명제가 아니라는 말이다.

자, 여기에 p, $(p \wedge q)$ 두 개의 명제가 있다고 하자. 이 두 개의 명제는 서로 간에 구축 가능성이 있다. 따라서 이것이 이미 두 명제는 요소명제가 아님을 나타낸다. 하지만 p, q 각각은 서로 구축 가능성이 없다(p가 변하면 $p \wedge q$도 변한다. 하지만 q는 변하지 않는다).

중요한 것은 요소명제의 특징은 서로 독립적이다. 그래서 서로 공존할 수 있다. 서로 독립적이라는 것은 서로 간에 경계를 확연히 하고 있는 것이다. 다르다는 것이다. 그러한 서로 간에 구축 가능성이 없다는 것이 바로 요소명제의 한 표식이다.

그래서 우리 삶에 있어서도 그렇다. 사회적 삶에서의 요소명제를 무엇으로 보느냐가 정치철학에서 매우 중요하다. 그것을 하나의 민족으로 볼 것인지, 아니면 하나의 특정 정치집단으로 보는가, 심지어는 하나의 가족으로 혹은 하나의 개인으로 볼 것인가이다. 가장 극단적 개인주의가 극단적 전체주의다. 그랬을 때 우리는 지금 개인을 본다. 개인 간에는 서로 구축하지 않고, 그래서 서로 독립적이다. 우리 각각을 요소명제라고 보아도 된다. 그런데 이런 논리를 끝까지 밀고 나가면, 나머지 인생을 감옥에서 보내게 된다. 어쨌든 명제에서는 그렇다. 개인적 삶에 있어서는 혹시라도 요소명제로 극단적으로 생각하지는 말자. 큰일 난다.

비트겐슈타인의 형식개념과 관련해서 '어떤 논리형식도 어떤 명제도 우월하지 않다'와 '현대예술'이 딱 맞아떨어지는 것, 환상적이지 않은가? 논리에 의해서 보여준 것이다.

4.22 An elementary proposition consists of names.

요소명제는 이름들로 구성된다.

앞에서 사태 혹은 원자적 사실은 대상으로 구성된다. 이름은 대상에 대응한다. 그리하여 요소명제는 이름으로 구성된다.

It is a nexus, a concatenation, of names.

그 요소명제는 연쇄이다. 혹은 순서를 가진 얽힘이다.

요소명제에는 이름이 두 개 이상이 되어야 하는가? 이름은? 사실은 하나만 있어도 된다.

4.221 It is obvious that the analysis of propositions must bring us to elementary propositions which consist of names in immediate combination. This raises the question how such combination into propositions comes about.

명제의 분석은 우리를 요소명제로 데려간다. 그 요소명제는 바로바로 붙어서 조합을 이루는 이름들로 구성된다. 이것은 어떻게 그런 명제로의 조합이 발생하는지 라는 의문을 불러일으킨다.

여기에서 조합은 무작위 조합이 아니다. 무작위로 모아놓은 집합이 아니라, 어떤 거기에 형식을 가진, 뜻이 통하는 형식을 가진, 형식적인 모임인 것이다.

4.2211 Even if the world is infinitely complex, so that every fact consists of infinitely many states of affairs and every state of affairs is composed of infinitely many objects, there would still have to be objects and states of affairs.
세계가 무한대로 복잡하고 그리하여 무한대의 원자적 사실로 구성되고 또 모든 원자적 사실들이 무한대의 대상들로 구성된다고 해도, 그래도 거기에는 대상과 원자적 사실은 있어야 한다.

이것은 매우 중요한 문장인데, 이것이 기본 개념이다.

그래서 이것을 '단순자에 대한 요청demand for the simples'이라고 한다. 있어야 한다. 요청이 하고 있는 바 우리가 실증적으로 볼 수 있는 것은 거기에 있는 '사실'이다. 그리고 또한 그것에 대한 그림이 명제이다. 사실을 끝없이 분석해나갔을 때, 그래서 거기에 셀 수도 없을 만큼 많은 원자적 사실들이 있고, 또한 각각의 원자적 사실들이 셀 수 없이 많은 대상으로 구성되어 있을지라도, 그래도 거기에는 종점이 있어야 한다. 이것은 단지 논리에 의해서다.

거기에 대상만 있으면 되지, 왜 원자적 사실이 있어야 하는가? 대상이 원자적 사실을 구성하므로, 대상만이 단순자이지 않는가? 세계의 기저는 form & contents인데, 여기에서 형식이 대상이다. 그런데 대상이 아무렇게나 있으면 안 되고, 즉 형식을 갖춘 대상이어야 한다. 그래서 형식과 내용을 갖춘 최초의 명제가 원자적 사실atomic fact, 사태a state affaire이다.

포스트 모더니스트들이 말한 '그것은 하나의 텍스트이다'라고 했을 때, 그 문장은 프레게의 in the context of(문맥 속에서)와 같다. 언제나 동시대에 가장 지적이고 가장 매서운 사람들이 철학자이다. 그렇기 때문에 다른 학문을 했어도 철학을 안 하면 안 한 것이고, 다른 학문을 안 했어도 철학을 하면, 다른 것을 할 준비가 된 이유가 이것이다. 사실은 다 이미 20세기 초에 예견된 것이었다. 프레게가 문맥 속에서 파악되어야 한다고 했을 때에는 우리가 이미 문맥 속에 살고 있다는 것이다.

보편적인 참이 있는지 없는지 알 수 없기 때문에 누구도 그것에 대해서는 말하면 안 된다. 그렇기 때문에 모든 인간은 하나의 텍스트에 지나지 않는다거나 자연인 것처럼 얘기한다.

만약 대중들에게 알려야 한다면, 지금처럼 정면으로 부딪혀야 한다. beat around bush(요점을 피하다)하지 말고, 정면으로 본질을 알고, 행운을 찾아 그다음을 찾아 가면 된다. 솔직히 말해서 푸코, 데리다, 가타리, 들뢰즈는《논리철학논고》를 이해하지 못했다. 단 한 명도 없었다고 단언한다. 그들은 그러면 무엇인가? 철학계에서 잊혀지고 있다. 자신이 알려고 노력하기보다는 잘났다 것을 알리는 데에 바빴던 사람들, 자기 자신일 수 없었던 사람들이다.

4.23 It is only in the nexus of an elementary proposition that a name occurs in a proposition.

(대상에 준하는) 이름이 명제에 존재하게 되는 것은 요소명제의 연쇄 속에 있어서이다.

요소명제들의 연쇄가 아니라, 요소명제 안에 있는 어떤 체인, 얽혀 있는 것이다.

4.24 Names are the simple symbols: I indicate them by single letters('x', 'y', 'z'). I write elementary propositions as functions of names, so that they have the form 'fx', '$\xi(x, y)$', etc. Or I indicate them by the letters 'p', 'q', 'r'.

이름은 단순 기호들이다. 나는 그것들은 'x', 'y','z'로 표현한다. 나는 요소명제를 이름의 함수로 쓴다. 그리하여 그것들은 'fx', '$\xi(x, y)$' 등의 형식이 된다. 혹은 'p', 'q', 'r'이라고 쓴다.

그러니까 이렇게 보면 된다.

$fx = f(x) = p$, $gy = g(y) = q$, $hz = h(z) = r$

fx, gy, hz 이렇게 쓰면 복잡하니까, 간단히 p, q, r로 하자. p, q, r은 일반적으로 명제로 사용했다. 지금도 마찬가지다. 그럼 이제부터 p, q, r을 요소명제라고 한다.

4.241 When I use two signs with one and the same meaning, I express this by putting the sign '=' between them. So '$a=b$' means that the sign 'b' can be substituted for the sign 'a'. If I use an equation to introduce a new sign 'b', laying down that it shall serve as a substitute for a sign a that is already known, then, like Russell, I write the equation – definition – in the form '$a=b$ *Def.*'.

내가 두 개의 기호를 하나로써 그리고 동일한 의미로 사용할 때, 나는 그 둘 사이에 '='을 넣어서 사용한다. 그것은 'b'라는 기호가 'a'라는 기호에 의해 대체된다는 것을 의미한다. 러셀처럼 이미 알려져 있는 a를 대체할 수 있는 것으로 성립시켜 놓듯 b라는 새로운 기호를 도입하기 위해 방정식을 사용한다면, 나는 '$a = b$ *Def.*'라는 형태의 방정식을 사용하겠다. 다른 말로 하면, b는 a로 정의하겠다.

여기에서 *Def.*는 defined의 약자이다. 그래서 '$a=b$ *Def.*'는 '$a=b$ defined'이다. 그리고 모든 arithmetic(산술)은 방정식이다. 언제나 그렇다. 일단 그렇게 알아두자. 그러니까 새로운 것이 아니라, 이미 알려져 있는 기호를 사용해서 동치로 놓겠다는 것이다. 'b는 a로 정의된다'라고 하면서 b라는 기호를 도입하겠다는 뜻이다. A definition is a rule dealing with signs, 정의라는 것은 기호를 다루는 규칙이다.

4.242 Expressions of the form '*a*=*b*' are, therefore, mere representational devices. They state nothing about the meaning of the signs '*a*' and '*b*'

따라서 '*a*=*b*'라는 형식의 표현은 단순한 표상적 고안이다. 그것들은 기호 '*a*', '*b*'에 대해서 어떤 의미도 지니지 않는다.

형식이 의미를 지닐 수 없다. 의미를 지니기 위해서는 *a*는 무엇이고, *b*는 무엇이라는 내용이 지정되어야 한다. 그런데 여기에서는 형식만 '*a*=*b*'라고 할 때에는 그것이 어떤 실재로 가리키는 것이 아니라, 그냥 하나의 형식, 두 개가 서로 같다는 형식에 불과하다.

이렇게 생각해보자. 2+3=3+2, 이것은 세계에서 일어나는 사건을 기술한 것인가? 아니다. 그냥 좌변과 우변이 같다는 것이지, 세계에서 이런 일이 일어나는 것을 표상하는 것은 아니다. 그냥 하나의 표현적 방법이다. 특히 그 중에서도 이것('수')은 형식개념이다.

4.243 Can we understand two names without knowing whether they signify the same thing or two different things? – Can we understand a proposition in which two names occur without knowing whether their meaning is the same or different?

우리는 두 개의 이름을 이해할 수 있을까? 그것들이 동일한 것들을 가리키거나 혹은 두 개의 서로 다른 것을 가리킨다는 사실을 모르는 채로. - 우리는 어떤 명제를 이해할 수 있을까? 거기에 각각 있는 두 개의 이름이 그것들의 의미가 같은지 혹은 다른지도 모르는 채로.

어떤가. 이해할 수 있을까? 없다. 아래에 나온니 계속해서 보자.

Suppose I know the meaning of an English word and of a German word that means the same: then it is impossible for me to be unaware that they do mean the same; I must be capable of translating each into the other. Expressions like '$a=a$', and those derived from them, are neither elementary propositions nor is there any other way in which they have sense. (This will become evident later.)

한번 가정해보자. 나는 동일한 것을 가리키는 영어 단어 그리고 독일어 단어를 안다고 하자.: 만약 안다고 하면 그 단어들이 동일한 것을 나타낸다는 것을 의식하지 않는 것은 불가능하다. 나는 각각을 다른 것으로 번역할 수 있어야 한다. '$a=a$'와 같은 표현 그리고 그것으로부터 도출된 표현은 요소명제도 아니고, 그것들이 다른 어떤 종류의 의미를 가질 수 있는 것도 아니다. (이것은 후에 더 명료화될 것이다.)

사실 영어 a와 독일어 a는 서로 같은 모양(기호)이다. 두 개의 문장이 있다고 하자. 예를 들어 '사랑'이라는 뜻을 가지는 Love와 Liebe. 두 개의 문장을 이해해야 하는데, 이 두 가지가 서로 같은 것 혹은 다르다는 것을 모르는 채로 Love=Liebe를 이해할 수 없다. *a*=*a*라는 것은 그 자체로 의미를 가지지 않는다. 그냥 같은 것이다. 그리고 이미 기존에 각각이 무엇인지 알고 있어야 한다(Love=Liebe라고 되어 있을 때에는 그냥 같은 것이다. Love=Liebe인지 아닌지를 알려면, Love가 무엇인지, Liebe가 무엇인지를 이미 알고 있어야 한다). 좀 더 보자.

위 문장에 Love와 Liebe를 대입해서 다시 적으면, 아래와 같아지는데, 맞는 것인가?

사랑이라는 동일한 뜻을 가지는 영어 단어 Love와 독일어 단어 Liebe를 알고 있다. 그러면 나는 Love와 Liebe가 동일한 것('사랑')을 뜻한다는 것을 의식을 안 할 수 없다. 그리하여 나는 Love와 Liebe를 사랑이라고 번역할 수 있음에 틀림없다(있어야 한다). 또 Love가 Liebe라는 것도 번역할 수 있어야 한다. 'Love=Liebe'라는 표현과 이 표현으로부터 파생되는 다른 어떤 것들도 요소명제는 아니며, 'Love=Liebe'라는 표현이 의미를 가지는 방식 외의 다른 방식으로 의미를 가지는 것도 아니다. 이미 Love가 무엇인지, Liebe가 무엇인지를 알고 있었다.]

4.25 If an elementary proposition is true, the state of affairs exists: if an elementary proposition is false, the state of affairs does not exist.

요소명제가 참이라면, 그 사태는 존재한다. 만약 요소명제가 거짓이라면, 그 사태는 존재하지 않는다.

참이라고 하는 것을 정의하고 있다. 이에 대해서는 이미 우리가 많이 했다.

4.26 If all true elementary propositions are given, the result is a complete description of the world.

모든 참인 명제가 제시되면(주어지면), 그 결과는 세계의 완벽한 묘사이다.

여기에서 완벽한 묘사에서의 세계는 가능성으로서의 세계가 아니다. 현재 있는 것으로서의 세계이다.

The world is completely described by giving all elementary propositions, and adding which of them are true and which false.

세계는 모든 요소명제가 주어짐으로써, 그리고 그것들 중에 참인 것들 그리고 거짓인 것들을 더함에 의해서 완전히 기술된다.

그러니까 우선 요소명제들을 먼저 쫙 제시한다. 그러면 거기에는 현재 일어나는 일뿐만이 아니라, 현재 일어나지 않는 일도 포함된다. 그러니까 거기에 무엇인가를 더해주어야 한다. 즉 이것은 참인 명제, 이것은 거짓인 명제라는 것을 더해주어야 현재 세계를 묘사할 수 있다.

예를 들어서 다섯 개의 공준 a, b, c, d, e가 있다고 하자. 그러면서 "나는 유클리드 기하학 전체를 제시했어"라고 말한다. 어떻게 생각하면 맞다. 그렇지만 어떤 정리를 보면, 거기에는 쓰이지 않는 공준이 있을 수도 있다. 즉 "지금 사용하는 정리를 보면, 공준 c와 d는 사용하지 않고 있다"고 말하기도 한다.

그러니까 모든 공준을 제시한 다음, 지금 존재하는 세계를 말하려면, 어떤 공준은 참(a, b, e)이고, 어떤 공준은 거짓(c, d)이라고 밝히면 된다. 논리학에서 '참이다, 거짓이다'는 아주 간단하다. 참은 발생한 것, 거짓은 발생하지 않은 것이다.

<table>
<tr><td rowspan="3">a, b, e</td><td rowspan="4">vs.</td><td>a</td><td>b</td><td>c</td><td>d</td><td>e</td></tr>
<tr><td>1</td><td>1</td><td>0</td><td>0</td><td>1</td></tr>
<tr><td colspan="5">a, b, e</td></tr>
<tr><td>$p = a \wedge b \wedge e$</td><td colspan="5">$p = a \wedge b \wedge c \wedge d \wedge e$인데
a, b, e는 발생 / c, d는 비발생
$\therefore p = a \wedge b \wedge e$</td></tr>
</table>

첫 문장과 두 번째 문장의 차이는 무엇인가?

동일한 얘기이다. 그러나 첫 번째 문장은 그냥 참인 명제만을 나타낸 것이고, 두 번째는 모든 요소명제를 제시하는 것이다. 그러고 나서 어떤 것이 참인지, 거짓인지를 보탬으로써 또 묘사되는 것이다. 애당초 참인 명제만을 제시하는 것과 일단 모든 명제를 제시하고 나서 (참, 참, 거짓, 거짓, 참), (1, 1, 0, 0, 1) 하는 것은 같은 것이다.

결과는 같은데, 서로 이해를 돕는 것이다. 일어난 사실이 아니라 표현될 수 있는 것으로서의 명제는 가능성으로서 존재한다. 그래서 The world is completely described by giving all elementary propositions(세상은 모든 요소명제를 부여함으로써 완전히 묘사된다)에서의 세계는 가능성으로서의 세계이다. 그렇지만 여기에 어떤 것은 참이고, 어떤 것은 거짓이라는 것을 보태면, 현재의 세계가 묘사된다. 즉 잠재적 가능성의 세계가 존립하는 세계로 바뀌게 된다.

그리고 여기에서 adding which of them에서 them은 요소명제들이다. 그 요소명제들 중에서 참인 것, 거짓인 것이 제시되어 곱해짐에 의해서이다. 즉 논리곱이다.

진리 가능치 4.27~4.442

4.27 For n states of affairs, there are $K_n = \sum_{\nu=0}^{n} \binom{n}{\nu}$ possibilities of existence and non-existence.

n개의 원자적 사실이 존립하면, $K_n = \sum_{\nu=0}^{n} \binom{n}{\nu}$개의 세계의 가능성이 존재한다.

여기서부터 수학이 나온다. 먼저 기본 용어들을 보고 시작하자.

두 개의 요소명제 p, q가 있다고 해보자. 쓸 때 반드시 이 순서대로 쓰자. 즉 F가 0인 것부터, 그다음 F가 하나인 경우 그리고 나서 F가 둘인 경우이다. 그리고 F는 앞에서부터 쓴다. 여기에서 $p \wedge q$를 해보자. 그리고 $p \vee q$를 하자.

이때에 $(p \wedge q)$, $(p \vee q)$을 그냥 명제(혹은 복합명제)라고 하고, p, q를 요소명제라고 한다. 이때 $\wedge$, $\vee$를 적용할 때 연산operation이라고 한다. 그래서 $(p \wedge q)$, $(p \vee q)$를 요소명제의 연산을 한다고 표현한다.

p	q	p∧q	p∨q
T	T	T	T
F	T	F	T
T	F	F	T
F	F	F	F

truth round

진리 조건 명제 기호

그리고 각각의 요소명제의 참/거짓에 관한 것을 truth-possibility, 우리말로 '참일 가능성' '진리 가능성'이라고 하자. 이런 표 자체는 진리표라고 한다. 표 안에 있는 요소명제의 T/F 잠재력이기 때문에 truth-possibility라고 한다.

그다음 정의를 계속하면 명제에 대한 요소명제, 그 요소명제 그 자체로서가 아니라 연산이 되어서 어떤 명제가 될 그 전의 요소명제를 truth-argument(진리 논증, 진리 주장)이라고 한다. 함수라는 견지에서는 argument가 맞다. 예를 들어 어떤 함수를 $y=f(x)$ 라고 할 때, y에 대한 혹은 f에 대한 전체에 대한 x를 argument라고 한다. 참일 때의 어떤 것, 거짓일 때의 어떤 것을 주장할 자격으로서의 argument이다. 이를테면 그것은 참과 거짓의 독립변수로 작동한다.

그다음 명제는 참이 될 수도 있고, 거짓이 될 수 있다. 명제(예를 들어 $p \wedge q$)를 참으로 만들어주는 요소명제들의 조건 혹은 명제를 거짓으로 만들어주는 요소명제들이 있다. 이 전체를 truth-condition(진리 조건)이라고 한다. 그래서 진리 조건도 역시 명제와 관련지어서만 사용할 수 있는 용어이다. 진리 조건은 참이든 거짓이든 관계없다. 특히 명제가 참인 것만을 골라내면, 그것을 truth-ground라고 한다. $(p \vee q)$의 경우, (TFFF)가 진리 조건들이다. 진리 조건들 TFFF 중에서 특히 참인 T를 truth-ground라고 한다. $(p \wedge q)$가 참이기 위한 진리 조건은 (TT) 한 가지이고, $(p \vee q)$가 거짓이기 위한 진리 조건은 (FT), (TF), (FF) 세 가지이다.

지금까지 진리함수표에서 사용되는 개념들을 다루었다. 그 다음, 이제 두 개의 요소명제 p, q에 대해서 $(p \vee q)$라는 연산은 4가지 결과(TFFF)를 얻는다. 물론 결과적으로야 T 아니면, F라서 결과가 두 개라고 말할 수 있다. 하지만 그 결과가 나오는 조건은 4가지 경우가 모두 다르다. 즉 엄밀히 말해서 4가지 경우에 의해서 결과가 발생한다. 이때 이러한 (TFFF)를 명제기호propositional sign라고 한다.

명제기호는 모든 연산에 해당된다. 그래서 $(p \wedge q)$뿐만 아니라, $(p \vee q)$에도, 모든 연산에도 해당한다. 진리 명제기호는 연산 결과이며, 이를 (T---)$(p \vee q)$라고 쓸 수 있다.

이때 F는 쓰지 않는다. F는 그냥 비워두면 된다. 그리고 또 4개가 될 것이라는 전제하에 (---T)(p, q)라고 쓰면, (p, q)가 어떤 연산일지는 몰라도 모든 연산에 해당된다. 즉 $p \vee q$, $p \wedge q$, $p \rightarrow q$, $\sim p$, $\sim q$, $\sim p \wedge q$ 등 모든 것의 가능성을 (p, q) 이렇게 쓴다. 예를 들어 명제 $\sim p \wedge \sim q$를 보자.

그러면 그 연산 결과의 진릿값은 (FFFT)이다.

	p	q	~p	~q	~p∧~q
1	T	T	F	F	F
2	F	T	T	F	F
3	T	F	F	T	F
4	F	F	T	T	T

네 번째만 참이다. 이것을 (---T)(~*p*∧~*q*)이다. 그래서 (---T)(*p*, *q*)라고 되어 있으면, 우리는 이 '연산 (*p*, *q*)는 (~*p*∧~*q*)이겠구나'라고 생각할 수 있다. 물론 명제기호가 (---T)인 명제는 (~*p*∧~*q*) 이외에도 더 있을 수 있다.

그리고 아까 두 개의 요소명제 *p*, *q*에 대해 4가지의 진리 가능성이 있다고 했다. 4개라는 표현을 왜 비트겐슈타인이 굳이 $K_n = \sum_{\nu=0}^{n} \binom{n}{\nu}$ 라고 했는지(조합의 합이라고 표현했는지) 보자.

두 개의 요소명제 *p*, *r*로 하면 잘 보여지지 않으므로, 세 개의 요소명제 *p*, *q*, *r*로 보이겠다. 우선 *p*, *q*, *r*의 진리 가능성을 만들어야 한다. 비트겐슈타인이 항상 이 방법(순서)을 사용한다. 이런 순서로 하는 이유가 다 있다. 꼭 이 순서를 따르자. 차례대로 보면 모두 참인 경우, 즉 거짓이 하나도 없는 경우가 있다. 그다음 하나만 거짓인 경우가 있다. 이때 F를 먼저 쓴다. 앞에서부터 차례대로 거짓을 밀려 쓴다. 처음에, 중간에, 마지막에 F를 쓴다.

그다음 거짓이 두 개인 경우에도 마찬가지로 앞에서부터 두 개의 F를 쓴다(FFT). 그리고 나면 (FTF), 결국 F가 셋이다. 이 8가지가 모든 경우의 수이다.

<table>
<tr><th></th><th>p</th><th>q</th><th>r</th><th></th><th></th><th rowspan="9">$${}_3C_0 + {}_3C_1 + {}_3C_2 + {}_3C_3$$ $$= \binom{3}{0} + \binom{3}{1} + \binom{3}{2} + \binom{3}{3}$$ $$= \sum_{v=0}^{3} \binom{3}{v} = K_3$$ $$1 + 3 + 3 + 1 = 8$$</th></tr>
<tr><td>1</td><td>T</td><td>T</td><td>T</td><td>F가 0개</td><td>${}_3C_0 = 1$</td></tr>
<tr><td>2</td><td>F</td><td>T</td><td>T</td><td rowspan="3">F가 1개</td><td rowspan="3">${}_3C_1 = 3$</td></tr>
<tr><td>3</td><td>T</td><td>F</td><td>T</td></tr>
<tr><td>4</td><td>T</td><td>T</td><td>F</td></tr>
<tr><td>5</td><td>F</td><td>F</td><td>T</td><td rowspan="3">F가 2개</td><td rowspan="3">${}_3C_2 = 3$</td></tr>
<tr><td>6</td><td>F</td><td>T</td><td>F</td></tr>
<tr><td>7</td><td>T</td><td>F</td><td>F</td></tr>
<tr><td>8</td><td>F</td><td>F</td><td>F</td><td>F가 3개</td><td>${}_3C_3 = 1$</td></tr>
</table>

처음 것은 3개 중에서 F가 하나도 없는 경우이다. ${}_3C_0$이다. 두 번째 그룹은 ${}_3C_1$, 세 번째 그룹은 ${}_3C_2$, 마지막은 세 개 중에서 세 개 ${}_3C_3$. 그런데 여기에서처럼 중복(하나인지 두 개인지)은 허락되지만, 순서가 다를 때는 각각 다른 경우이다. 즉 (p, q, r)에서 (FFT)와 (TFF)는 다른 경우다. 그래서 p, q, r, s의 진리 가능성의 개수는 다음과 같다.

$${}_3C_0 + {}_3C_1 + {}_3C_2 + {}_3C_3 = \binom{3}{0} + \binom{3}{1} + \binom{3}{2} + \binom{3}{3} = \sum_{v=0}^{3} \binom{3}{v} = K_3 \text{ 이 된다.}$$

그래서 만약 우리가 p, q, r, s라고 한다면 ${}_4C_0+{}_4C_1+{}_4C_2+{}_4C_3+{}_4C_4=$ $\binom{4}{0}+\binom{4}{1}+\binom{4}{2}+\binom{4}{3}+\binom{4}{4}=\sum_{v=0}^{4}\binom{4}{v}=K_4$ 가 된다.

이제 요소명제가 n개라면, 요소명제로 구성 가능한 경우의 수, 가능한 세계의 수(진리 가능성의 개수)가 ${}_nC_0+{}_nC_1+{}_nC_2+{}_nC_3+{}_nC_4=\sum_{v=0}^{n}\binom{n}{v}=K_n$ 이 되는 것이다.

그래서 p, q, r일 때 8가지 경우가 나오는데, 그 중 어떤 경우인가가 우연히 현존하는 것이다. 예를 들어 (p, q, r)에서 (발생/발생/비발생), 그리고 요소명제 중 두 개가 발생하고, 하나가 발생하지 않은 것, 이것이 현재 우리의 세계다. 나머지는 가능성만 가진 채, 현재는 드러나지 않은 세계이다.

혹시 진릿값을 T/F 두 가지로 가지는 요소명제를 3개라고 계산할 수 있다. 당연히 $2^3=8$ 맞다. 그러나 그렇게 하지 말자.
${}_3C_0+{}_3C_1+{}_3C_2+{}_3C_3=\sum_{v=0}^{3}\binom{3}{v}=K_3$ 이라는 식으로 이해하자. 2^3은 와 닿지 않는다. ${}_3C_0+{}_3C_1+{}_3C_2+{}_3C_3$ 이 훨씬 더 와 닿는다. 이것이 이해를 위해서는 훨씬 좋다.

이 세상에서 3개의 요소명제만 있다고 하면, 이제 이 8가지 중에서 하나의 사건이 일어나고, 나머지 사건은 일어나지 않는 것이다. 예를 들어 'p : 비가 온다. q : 덥다. r : 바람이 분다'라고 해보자. 그러면 '비가오고, 덥고, 바람이 불지 않는다'라는 사건(4번)은 발생한 사건, 나머지 사건은 발생하지 않은 것이다.

그러면 이 8가지의 사건을 그동안 우리가 배웠던 용어로 한마디로 말하면, 'reality'이다. 이 8가지 경우가 existence and non-existence of state of affaires(사태의 존립/비존립)이다. 잠재력만 가지고 있기 때문에 언제든 T도 될 수 있고, F도 될 수 있는 truth-possibility(진리 가능성)이다.

여기에서 a state of affairs는 각각의 p, q, r 인가?

그렇다. 우리는 사태를 명제로 나타낸다. 그러면 $f(x)$, $g(y)$, $j(z)$로 하면 복잡하니까, 요소명제를 p, q, r로 간단히 한 것이다. 어차피 변수는 마찬가지이기 때문이다.

세계의 상태는 8개 중의 하나이고, 지금은 (4)가 참이어도 시간이 흐르면 다른 상태가 참일 수도 있다. 그렇다면 세계의 역사는 8개 중 어떤 것이 차례대로 선택되는 것인가?

차례차례 지나갈 뿐만 아니라, 다시 원 위치로 갈 수도 있다. 그래서 세계는 우연이다. 우선 모든 요소명제는 서로 독립적이다. 그래서 세계는 우연이다.

여기에서 조금 더 나가보자.

	p	q	r	p∧q∧r	p	~q	p → q	…
1	T	T	T	T				
2	F	T	T	F				
3	T	F	T	F				
4	T	T	F	F				
5	F	F	T	F				
6	F	T	F	F				
7	T	F	F	F				
8	F	F	F	F				

여기에서 $p \wedge q \wedge r$의 연산 결과를 명제기호라고 했다. 이것은 매우 중요한 개념이다. 자, 그러면 $p \wedge q \wedge r$의 명제기호에는 3개의 연산이 들어간다. 그러나 반드시 3개의 연산일 필요는 없다. p만 있거나, q, r만 있을 수 있다. 혹은 두 개만 있거나.

그리고 오른쪽 우변에 (p, q, r)이라고 적으면, 이것은 모든 종류의 연산이다. $(p \wedge q \wedge r)$, $(p \wedge q \vee r)$, $(\sim p \vee \sim q \wedge r)$, $(p \vee q \wedge r)$, $(p \wedge q \wedge \sim r)$…. 반대로 왼쪽에는 그 명제기호들이 배열된다. $p \wedge q \wedge r$인 경우에는 (T-------). 그러면 요소명제가 3인 이 경우에는 왼쪽에 8개가 오게 된다. 그 8개 중에는 모두가 다 참인 경우(즉 8개 중에 거짓이 없는 경우로 ${}_8C_0$), 8개 중에 거짓이 1개인 경우(${}_8C_1$), 2개인 경우(${}_8C_2$)…. 결국 8개 모두 거짓인 경우(${}_8C_8$)가 가능하다. 여기에서 8개라는 것은 앞에

서 했던 K_3이었다. 따라서 명제기호의 가능성의 개수은 Ln이라고 하고 ${}_8C_0 + {}_8C_1 + {}_8C_2 + {}_8C_3 + \ldots + {}_8C_8 = \sum_{v=0}^{8}\binom{8}{v} = \sum_{v=0}^{K_3}\binom{K_3}{v}L_3 = 256$ 이 된다. Ln은 가능한 명제기호의 개수이고 256개이다. 이제 좌변에 8개의 T 혹은 F가 들어간다. 그리고 3개의 요소명제 p, q, r로 다양한 연산이 가능하다. 무지하게 많다. 그래서 이것이 어떤 연산이 되건 간에, 연산의 종류에 관계없이 명제기호는 256가지 중 하나가 된다.

명제기호의 개수가 가능한 세계의 개수와 같지 않은가?

우리가 p, q, r이라고 할 때, '비가 오고, 바람이 불고, 배가 아프다'라는 명제의 명제기호 (T-------)가 만들어진다. 또 '비가 오거나, 바람이 불거나, 배가 아프다'의 경우에는 명제에 따라 또 다른 결과 (TTTTTTT-)가 나온다. 또 다른 명제의 경우에는 그에 맞는 명제기호가 나온다. 그러므로 모든 연산의 가능성을 가진다.

256가지는 모든 복합명제의 가능성을 다 표현한 것인가?

모든 복합명제가 아니라, 3개의 요소명제로 이루어진 모든 연산이다. 연산의 결과가 256가지이다. 결국은 이 경우에는 256개의 세계가 아니다. 가령 $(p \rightarrow q) \wedge r$ 등 원한다면 모든 연산이 가능하다.

'비가 온다. 바람이 분다. 춥다'라는 요소명제가 있는데, '비가 오고, 바람이 불고, 춥다'는 어떻게 나타낼까? $p \wedge q \wedge r$이다. 이때 이런 것이 궁금해진다. 그러면 '비가 오면, 바람이 불고, 춥다'는? $(p \rightarrow q) \wedge r$. 즉 다른 말로 하면, Ln(제시된 요소명제들이 취할 수 있는 연산을 모두 고려한 경우의 수)은 존립하는 세계와 관계없이 3개 명제의 연산과 관련해서 발생할 수 있는 세계의 가능성이다. p, q, r 이면, 어떤 연산이건 간에 256가지 중의 하나이다. 연산은 256가지보다 더 많을 수 있다. 그들은 서로 동치가 되어서 p, q, r 이면, 어떤 연산이 오더라도 256이다.

Ln을 정의하는 이유는 무엇인가? p, q, r은 세계의 존립에 관한 것인데, 8개 조합 중의 하나가 세계의 상태이다. 세계의 상태만 나타내면 되는데, 왜 명제기호의 가능성을 다루는가? 256은 세계의 존립에 관계없는 연산의 가능성이다. 세계의 존립만 나타내면 충분하지 않은가?

어떤 함수에서 연산을 할 때에는 예를 들어서 '비가 온다. 춥다'가 있다고 하자. 이때 A가 "비가 오고 춥다"라고 말하고, 또 B는 "비가 오거나 춥다"라고 말한다고 하자. 또 C는 "아니야, 비가 오고 추우면 당연히 비가 오거나 춥지"라고 말한다. 이런 것을 따지려는 것이다.

예를 들어 $p \wedge q$이면 반드시 $p \vee q$가 된다. 이것은 논리적 귀결logical consequence이다. 이것은 우리의 수준을 넘는 것이지만, 한번 따져보자. $(p \wedge q) \rightarrow (p \vee q)$일 때, p는 q의 논리적 귀결인데, 이것은 위의 과정(연산)을 통해서 확인된다. 그래서 이런 논리학을 하기 위해서 Ln이 필요하다.

이제 왜 진리함수표의 순서를 그렇게 하는지 알게 되었을 것이다. 이렇게 하면 체계적으로 보여줄 수 있다고 비트겐슈타인은 그것을 다 계산한 것이다.

이것은 시작에 불과하다. 그 이전에는 집합에 의해서 명제를 다루었다. 그런데 비트겐슈타인이 최초로 참/거짓 함수에 의해서 수학으로 명제를 해명해나갔다. 정말 대단한 것이다. 그래서 수는 형식개념이라는 것을 토대로 명제가 반드시 연역적일 필요 없이 귀납적이면 된다. 계속 순서가 이어지면 되는 것이고, 귀납적임을 보이면 끝이다.

다시 한 번 정리해보자.

•p, q - 요소명제

•T, F는 요소명제의 진리 가능성이며,

T는 사태의 존립/F는 비존립 가능성을 뜻한다.

요소명제	진리 가능성	진리 가능성의 개수	
p(1개)	(T), (F)	$2 = {}_1C_0 + {}_1C_1$	K_1
p, q(2개)	(TT), (FT), (TF), (FF)	$4 = {}_2C_0 + {}_2C_1 + {}_2C_2$	K_2
p, q, r(3개)	(TTT), (FTT), (TFT), (TTF) (FFT), (FTF), (TFF), (FFF)	${}_3C_0 + {}_3C_1 + {}_3C_2 + {}_3C_3$	K_3
p, q, r…등(n개)	……	${}_nC_0 + {}_nC_1 + {}_nC_2 + \ldots + {}_nC_n$ $= \sum_{\nu=0}^{n} \binom{n}{\nu}$	K_n

요소명제들의 진리 가능성들과의 일치/불일치의 표현이 명제의 진리 조건이며, 복합명제의 연산 결과 값이고, 명제기호에 해당한다.

4.28 There correspond to these combinations the same number of possibilities of truth - and falsity - for n elementary propositions.

동일한 숫자의 조합이 n개의 요소명제에 대해서 대응한다.

4.3 Truth-possibilities of elementary propositions mean Possibilities of existence and non-existence of states of affairs.

요소명제의 참 가능치는 사태의 존립과 비존립의 가능성을 의미한다.

truth-possibility(진리 가능성)에 대한 정의는 앞에서 했다. 물론 한 번 했다고 바로 이해하지는 못할 것이다.

4.31 We can represent truth-possibilities by schemata of the following kind('T' means 'true', 'F' means 'false'; the rows of 'T's'and F 's' under the row of elementary propositions symbolize their truth-possibilities in a way that can easily be understood):

우리는 진리 가능성을 다음에 나오는 종류의 도식처럼 나타낼 수 있다. ('T'는 참을, 'F'는 거짓을 의미한다. T와 F의 행 아래에 있는, 즉 요소명제의 행 아래에 있는 T와 F의 (모든) 행이 쉽게 이해될 수 있는 양식으로 그들의 진리 가능성을 보여준다.)

가로가 '행'이다.

p	q	r
T	T	T
F	T	T
T	F	T
T	T	F
F	F	T
F	T	F
T	F	F
F	F	F

p	q
T	T
F	T
T	F
F	F

p
T
F

진리 가능성은 모든 행에 대해서이다. p, q, r이 있으면, 하나의 행들이 각각 진리 가능성인데, 진리 가능성은 반드시 요소명제에 대해서이다. 그러므로 p는 T가 될 수도 있고, F가 될 수도 있다.

q도 마찬가지이다. 이런 식으로 진리 가능성들이 나타나게 된다.

복합명제에서는 복합명제 아래에 있는 모든 행을 명제기호라고 한다. 명제기호 중에서 T를 진리-그라운드truth-ground라고 한다.

p	q	r	p∧q∧r
T	T	T	T : truth ground
F	T	T	F
T	F	T	F
T	T	F	F
F	F	T	F
F	T	F	F
T	F	F	F
F	F	F	F
진리 가능성			명제기호

4.4 A proposition is an expression of agreement and disagreement with truth-possibilities of elementary propositions.

명제는 요소명제의 진리 가능성과의 일치/불일치를 표현한 것이다.

4.41 Truth-possibilities of elementary propositions are the conditions of the truth and falsity of propositions.

요소명제의 진리 가능성이 복합명제의 참과 거짓의 조건을 형성한다. (하나의 조건이다.)

4.411 It immediately strikes one as probable that the introduction of elementary propositions provides the basis for understanding all other kinds of proposition. Indeed the understanding of general propositions palpably depends on the understanding of elementary propositions.

요소명제의 도입이 다른 모든 종류의 복합명제의 이해를 위한 토대를 제공한다는 것이 당연한 것으로 개연성 있는 것으로 곧장 우리에게 즉시 이해된다. 정말이지 일반적인 명제의 이해는 확고하게 요소명제의 이해 위에 의존한다.

여기에서 palpably는 obviously(명백히)이다.

이쯤에서 우리 한 번 정리해보자.

만약 비트겐슈타인이 요소명제로부터 모든 명제를 연역시킨다면, 도대체 이것은 기존의 유클리드 기하학과 무엇이 다르겠는가?

딱 하나가 다르다. 세 단어이다. 여기에서 말하는 것처럼 즉시로 그 사실을 깨닫게 된다. 5개의 공준을 제시하는 순간 모든 5개의 공준으로 만들어지는 정리를 이해할 수 있게 된다는 사실이다. 이것과 똑같다.

이것은 두 가지 사실을 내포하고 있다. 하나는 우리의 논리는 기하학적이라는 것이다. 그렇기 때문에 그것이 어떤 종류의 기하학이든지 기하학일 수밖에 없다. 즉 무엇인가의 토대를 통해서 거기로부터 그것들을 엮어서 유추시키는 것이다. 아까 예로 들은 것처럼, $p \wedge q$이면 당연히 $p \vee q$이다. 이런 식으로 계속해서 명제를 엮어서 그것들이 복합명제가 되고, 우리의 명제에 자리 잡고 전체적으로 우리의 언어가 되어 우리가 세계를 이해하게 된다. 이런 점은 똑같다.

그런데 논리는 곧 기하학이다. 논리는 곧 수학이다. 엄밀히 말하면 수학은 논리 속에 포함된다. 수학은 논리의 한 형식이다.

두 번째로는 이때에 최초의 단순자들, 즉 기저는 형식과 내용으로 이루어지는데, 다시 말하면 형식과 대상으로 이루어진다고 생각하면 이런 것들은 현존으로부터 요청된다는 점이다. 그것이 없으면 안된다. 그것이 반드시 있어야만 한다. 그 점에 있어서 사유 양식은 기학학과 같지만, 출발점을 어디에 두느냐에 따라 달라지게 된다.

그렇기 때문에 논리학에 대한 우리 사회적 삶 혹은 개인적 삶의 대응물은 실존주의이다. 실존주의란? 실존은 본질에 앞선다. 이렇게 말하면 된다. 복합명제는 요소명제에 앞선다. 복합명제는 요소명제를 요청한다. 먼저 보아야 하는 것은 복합명제이다.

그러면 누군가 "요소명제는 무엇인가?"라고 물을 수 있다.

그러면 이렇게 답하면 된다. "요소명제는 대상과 대상의 형식이다."

"대상과 대상의 형식, 그것은 무엇인가?"

"형식은 인간(인간에 대응하는 꼴)이라는 꼴이다. 대상은 당신도 나도 모른다." 거기에서 끝이다. "정 대상이 궁금하다면 물리학자들이 말하는 소립자와 비슷한 개념이라고 생각하면 된다."를 덧붙일 수 있다.

유클리드기하학은 거꾸로 못 하는가?

그것이 비극이었다. 나치즘을 부른 비극, 잘난 사람이 잘난 척하는 것, 사나이들이 거드름을 피우고, 여자들이 시끄러울 수 있었던 모든 비극의 근원이다. 엎어치나 매치나인 것이다.

'실존은 본질에 앞선다'와 '본질은 실존에 앞선다'가 같은 뜻인가?

아니다. "그것이 무엇이다. 여기에 있고 거기에서 연역되어서 이런 세계가 될 수밖에 없다"와 "여기에 우연히 그런 세계가 있다.

이 세계는 어떤 가능성들 중의 하나이다. 이것이 가능하려면, 우리의 삶이 가능하려면, 그것이 어떤 것인지는 몰라도 최초의 출발점은 있어야 한다." 엎어치나 매치나가 아니다. 실재론이냐 유명론이냐의 문제이다. 물론 지금이라도 실재론으로 돌아갈 수 있다. 그렇다, 취향의 문제이다. 신념대로 살 수 있다.

요소명제는 사람마다 다를 수 있는가?

일반적인 사람들의 요소명제(가 서로 모두 다르다면)라면, 지구를 떠나야 한다. 예전에 어떤 학생이 물었다. "무인도에 혼자 사는 사람은 인간일까?" 그럼 이걸 따져야 한다. '문명 세계에서 살다가 무인도로 들어간 경우인지, 애초부터 무인도에서 살았던 경우'인지. '혼자 사는 나'라는 것은 형용모순이다. 나만 있다면, 거기에는 세계가 없다. 왜냐하면 구조 이외에 구조에 속해 있는 어떤 부품은 구조가 없다면, 그 부품이 존재할 수 없다. 또 구조는 부품으로 구성된다. 이것은 소쉬르의 언어학이다. 그렇기 때문에 다른 사람이 없으면 그 사람이 없다. 그러니까 우리는 항상 감사하면서 살아야 한다. '당신 덕분에 내가 있다'라고. '당신이 없었다면, 내가 있을 수 없다'라고. 마찬가지다. 이런 식으로 우리는 요소명제를 서로 공유하고 있다. "그러므로 나는 요소명제에 대해서는 확증된 사실없이 단지 요청될 뿐이니까…"라고 할 때, 확증된 사실이 없다는 것과 현존하는 삶으로부터 어떠한 종류의 요소명제가 있어야만 한다는 것은 다른 얘기이다. 우리는 안다. '분홍 코끼리'라고 들으면 거짓말이 아니라 "말이 안 돼"라고 얘기한다. 거짓말과 말이 안 되는 것은 다른 얘기다.

예를 들어 항진명제와 모순명제를 생각해보자. 사실 엄밀히 말하면 모순명제는 무의미senseless이다. 그렇지만 형식이 맞지 않는 것은 아니다(senseless, but not nonsense). 뜻은 없지만, 그렇다고 형식이 없는 것은 아니다.

그러면 O은 센스가 있는가? 스스로 의미가 없다고 한다. 즉 lack sense(의미의 결여)다. 의미를 가지지 않는다. 하지만 난넨스는 아니다. 그러므로 항진명제도 모순명제도 그것이 의미를 갖지는 않지만, 반드시 난센스여서는 안 된다.

반면 이때에 분홍빛 코끼리는 말이 안 되는 난센스이다. 말이 안 된다. 그러면 우리는 그것이 난센스인 근거가 어디에 있다고 말하는가? 이것을 분석해보자. 그러면 어느 순간에 분홍색이라는 요소명제와 코끼리라는 요소명제는 결합할 수 없는 형식이라고 우리가 규정하고 있다는 것을 어느 시점에 가서는 결합형식상 안 된다라는 사실을 알게 된다. 마찬가지로 어떤 요소명제는 인정하고, 어떤 요소명제는 인정하지 않는다. 거기에 대해 우리는 어떤 암묵적 교감이 있다. 사실 이것이 과학이다.

무인도에 혼자 있는 것과 무인도에 둘이 있는 것은 다른가? 혼자 있을 때에는 존재가 아니다. '혼자 있다'는 형용모순이다. '혼자'와 '있다'는 서로 모순이다. 왜냐하면 '나'라는 것 자체가 다른 사람이 있다는 것을 전제하고 있다. 그러므로 혼자 있는 나, 혼자 있는 존재는 없다.

나와 어떤 자연환경을 분리할 때 자아가 생기는데, 지금 무인도에 혼자 있을 때에는 자연환경과 사람을 다르게 보는 것이다. 그런데 무인도에 다른 사람과 함께 있을 때에는 나 이외의 사람을 역시 자연으로 본다.

나무와 바위와 물고기와 나. 그리고 홍길동과 김철수와 나. 이때 나와 나는 다르다. 그런 측면에서는 혼자 있게 되면 인간 사이의 나는 없다. 그렇지만 물고기와 원숭이와 차별되는 견지의 나는 있다. 호모 사피엔스라고 하면 나는 없다. 하지만 호모사피엔스가 아닌 나는 있다. 세계는 있다. 하지만 우리가 지금 논하고 있는 그런 종류의 세계는 없다. 나의 세계는 물리적으로 있고, 누군가 타인이 들어오게 되면 특별한 어떤 상호작용이 있다.

인디아에서 7살, 11살 정도인 여자 아이들을 발견해서 카마라, 아마라라는 이름을 붙이고, 문명사회로 데리고 왔다. 처음 문명사회로 올 때 그 아이들은 완전히 늑대였다. 네 발로 걷고, 생고기를 먹고. 늑대사회에서는 보스였다. 하지만 문명사회에 온 다음 인간이 되지는 못했다. 딱 늑대만큼 살다가 죽었다. 물론 새로운 사람이 왔을 때, 새로운 사람과 만났을 때, 휴먼으로서의 자신을 정립할 수도 있었을 것이다. 그런데 과연 그럴 수 있을까? 그러지 못했다. 사람이 아이들을 키울 때 인간이 되도록 하기 위해서 시시각각 어느 정도의 노력을 퍼붓는다. 그렇게 노력해야 인간이 된다.

'휴먼으로서의 나'라는 것인가?

우리가 지금 아는 바의 삶은 인간으로서의 삶이다. 그런 측면에서 무인도에 혼자 있으면 그것은 불가능하다. 문명사회에서 살다가 무인도에 가면, 문명인으로서 살기 때문에 마치 자신의 방에 혼자 잠시 있다가 다시 나온 것과 같다. 하지만 애당초 자연 속에서 인간이 혼자 있게 되면, 혼자라는 것도 의식하지 못한다. "물고기도 있고, 하마도 있고, 훌륭한 사회 구성인이야"라고.

《철학자와 늑대》라는 책이 있다. 젊은 철학 교수가 오랫동안 늑대와 살면서 관찰했는데, 늑대가 인간보다 낫다라는 것을 기술한 책이다. 인간적 관점에서 늑대를 보면 늑대 자체가 가지는 생명 유지력 등….

그렇게 따지면, 바퀴벌레가 더 훌륭하다. 가이아 이론에서도 인간 존재의 가치를 따질것도 없다고 본다. 그렇다. 사실 나는 백만 년 전에 인간이 출현했다는 것도 사실 굉장히 궁금하다. 백만 년 전에 진짜 출현했을까 싶다. 베이징 원인, 기형적으로 생긴 원숭이를 인간이라고 말하는 것 같기도 하다. 그 분야에 사기꾼들은 엄청 많다. 땅 파다가 나오면 된다. 원숭이 중에도 어설프게 직립하는 옆으로 뛰는 원숭이도 있다. 다음을 보자.

4.42 For n elementary propositions there are $K_n = \sum_{\nu=0}^{n}\binom{n}{\nu}$ ways in which a proposition can agree and disagree with their truth possibilities.

n개의 요소명제에 대해 $K_n = \sum_{\nu=0}^{n}\binom{n}{\nu}$ 개의 경우가 참 가능치에 일치하거나 불일치한다.

여기서 $K_n = \sum_{\nu=0}^{n}\binom{n}{\nu}$ 는 잘못된 것이다. 분수 표시는 지우자.

진리표에서 세계가 완전한 우연이라고 보는데, 그런 역사관으로 쓰인 역사서도 있는가?

소피스트, 오컴, 흄, 프레게, 헬름 홀츠, 현대의 비트겐슈타인까지 다 세계는 우연이라고 봤다. '역사를 공부하는 이유가 무엇인가'라고 질문하면, 제일 먼저 답하는 것이 '현대의 이해'이다. 그러면 '왜 현대를 이해하고자 하는가?'라는 질문을 하면 '미래를 예견하고 싶어서'라고 한다. 좋다. 우리는 무엇인가를 이해했을 때 확실히 행복하다. 그러면 '현대의 이해를 위해서는 과거를 연구하면 된다. 왜냐하면 과거로부터 연역되었으니까'라고 한다. 그런데 따지고 보니까, 연역이라고 할 수 없었다. 과거가 있었다고 하면, 얼마든지 다른 방향이 가능했기 때문에 '반드시 이 방향으로 연역된다'는 이런 것이 없다. 심지어 자연과학에서도 마찬가지이다. 라플라스가 아무리 큰소리를 쳤어도 없다.

그래서 현대의 역사철학은 바뀌었다. 한심하게도 역사학자만 모른다. 즉 모든 시스템을 한 바퀴 다 돌고 나서 자신에게 착륙하게 된다. 그래서 우리에게 가능했던 과거의 모든 시대를 그 시대 고유의 시대로 인정한다. 그리고 각각의 시대를 탐구하고 나서 마지막에 우리 시대에 착륙하게 됨으로써 그나마 그러한 차이가 있다는 사실 정도를 알게 되는 것이다. 이것이 역사에서 우리가 알게 되는 최선의 것이다.

20세기 구조주의가 도입되면서 학문의 방법론, 공부하는 것이 한결 어려워졌다. 모든 시스템을 다 한 바퀴 돌아서 온다고 생각해보자. 그런데 사실은 우리가 인식을 못해서 그렇지, 우리 본능 속에 이미 이 방식이 자리 잡고 있다. 예를 들어 우리가 수학에서 새로운 정의와 정의로부터 나오는 개념을 배운다고 해보자. 이때 딱 그것만 배우고, 그 자리에서 알려주면, 거기에 따르는 예제를 푼 후 공부를 다했다고 한다. 이건 공부 못하는 사람들이 하는 방법이다.

아주 마음 편하게 공부하는 아이들이다. 반면 어떤 아이들은 본능적으로 지금 새롭게 배우는 것이 과거의 것과는 어떻게 달랐지, 이것이 왜 새로운 개념이지라는 식으로 지금껏 배웠던 모든 수학적 체계를 한 바퀴 돌고 나서 착륙하는 방식이다. 이렇게 하는 것이 수학 잘하는 아이들의 방식이다.

사실 우리는 이미 그렇게 구조주의 적으로 살고 있었다. 다만 몰랐을 뿐이다. 비트겐슈타인도 같은 것을 하는 것이다. 그래서 그가 말한, 새로운 것을 하는 것이 아니라, 이미 아는 것을 정돈함에 의해서 철학이 가능하다고 한 것과 같다.

세계를 한 바퀴 다 돌고 알게 되는 그 차이가 가지고 오는 의미는 없는가?

그냥 차이일 뿐이다. 한 신문에서 암이나 질병이 환경이나 유전적 요인이 아니라 우연이라는 기사를 본 적이 있다. 과학에서도 우연이다. 의학에서도 우연이다. 다 팔자소관이다.

더 깊은 사고를 하게 되면, 자식과 우리의 혈연관계도 사실은 아무런 관계가 없다는 데에 이른다. 문명화가 진행되면서 학연/지연이 없어진다. 독일 문명에서처럼 아버지와 자식 사이에 아무런 연관을 안 짓는 것을 보면 말이다.

우리가 어떤 점에서 후진적 문화로 인정해야 할지는 모르겠지만, 우리가 선진국이라고 알고 있는 나라에서는 자식이 그 아이가 사회에서 하나의 객체로서 사회적 삶을 어떻게 살아야 하는가에 초점을 맞춘다. 반면 우리는 나의 유전인자를 번성시킬 대상으로 자식을 본다. 확실히 우리와는 다르다.

경우의 수는 왜 계산하는가? 개수는 알아서 뭐하는가?

즐거움으로 하는 것이다. 수학에서 얻는 즐거움은 기호의 자유자재로운 사용에서 오는, 기호를 능란하게 사용할 때 주는 만족감이 크다. 만족하면서 살려고 산다. 우리는 왜 논리를 공부하는가? 재미로 하는 거다. 그 외에 뭐가 있겠는가? 나도 재미로 강의한다.

앞으로《논리철학논고》를 진행하면서 이러한 식들의 계산 능력이 꼭 필요한가? 계산 능력은 꼭 필요하니까, 공부하라. 뒤에 계속 나온다. 지금 하는 식들을 기본적으로 알고 있어야 한다. 더구나 명제 전체를 처리해나가는 과정은 환상이다. 얼마나 행복한지 모른다. 이렇게 간단한 것이 세계였다! 모든 명제가 다 들어가 있는 세계, 모든 요소명제로 이루어지는 세계이다. 세계가 ($\bar{p}, \bar{\xi}, N(\bar{\xi})$)이다. 오늘 한 것을 이해하지 못하면, 세계가 왜인지 이해할 수 없다.

$$p \rightarrow q,\ p \supset q,\ P \subset Q$$

명제에 있어서 if p, then q를 $p \rightarrow q$라고 표현한다. 이것을 $p \supset q$라고 얘기했다. 그런데 $p \subset q$라고 한다(사실 교과서에서는 $p \subset q$가 아니라, $p \supset q$였음). 어디에서 오는 혼란인지 알아보니, 고등학교 교과서에 그렇게 되어 있었다. 집합론과 명제를 혼동하고 있는 것이었다. p : $x=2$, q : $x2=4$라는 두 개의 명제가 있고, $p \rightarrow q$를 생각할 때, 학교 교육에서 우리는 x를 변수가 아닌 상수로 다루어왔던 것이다.

	p : x = 2	q : x^2 = 4	p → q
1	T	T	T
2	F	T	T
3	T	F	F
4	F	F	T

첫 번째 행은 무조건 참이다. 즉 $x=2$라면, $x^2=4$이다. 두 번째 행은 $x \neq 2$이면 $x^2=4$는 참이 된다(이때 $x \neq 2$라는 의미는 '$x=2$가 아니다'라는 의미다. 즉 $x=2$만 아니라면 무엇이든 가능하다를 의미이다. $x=2$가 아닐 때, $x^2=4$가 일 수도 있는가? 그렇다. '무엇이 아니다'라는 것은 '무엇이 x^2이다'만을 부정하는 것으로써 무엇 아닌 모든 것이 가능하다는 의미, 하나의 값으로 고정하지 않고 열린 것을 의미한다).

$x=-2$일 때, 즉 $x \neq 2$이고, 그러면 $x^2=4$를 만족한다. 네 번째 행도 무조건 참이다($x=2$가 아니라고 한다면, $x^2=4$가 아닐 수도 있는가? 그렇다. 그러니까 $x=2$에 대해서 그것이 T라면, 꼭 $x=2$이어야만 한다. 다른 값은 'x가 아니다'라고 x를 고정·한정하는 것이고, $x=2$가 F라면, x가 2로 한정될 필요가 없다. x는 2가 아닌 어떤 수로도 적용할 수 있다는 의미로서 x에 대한 값이 고정되어 있지 않고 열려 있다는 뜻이다).

그러나 세 번째 행은 $x=2$인데, $x^2 \neq 4$일 수 없다. 그러므로 거짓이다. 그래서 $p \rightarrow q$의 명제기호는 (TTFT)이다(단, 여기서의 $x=2$라거나 $x^2=4$를 한정해서 예를 든 것은 단지 예에 불과하다. 우리는 지금 형식논리학을 하고 있기 때문에, 우리가 적용하는 내용에 따라 결정될 것이 아니다. 우리가 다루는 형식논리학에서 *p*나 *q* 자리는 항상 변수로 열려 있음을, 그리고 형식논리학은 기계적인 전개임을 명심할 필요가 있다).

다른 예를 보자. '*p* : 내기에 이긴다. *q* : 만 원을 받는다.' 이때에도 내기에 이기면, 만 원을 받는 것은 말이 된다(1). 내기에 졌지만, 만원을 받으면, 일단 받기만 하면 참이다(2). 내기에 이겼는데, 돈을 못 받으면 싸움 난다(3). 그리고 졌기 때문에 돈을 못 받으면, 이것은 말이 된다(4).

자, 그런데 우리나라에서는 (1)만 가르친다. '이겼다'라고 확정을 지은 경우만 배운다. 그래서 지는 경우에 대해서는 안 배운다. 그런데 명제는 변수를 다루는가, 상수를 다루는가? 변수를 다루는 것이다. '*x*가 *2*가 아닐 수도 있는 것이다.' 위의 예에서 *x*는 *2*일 수도 있고, 아닐 수도 있다. 2), 3), 4)의 경우가 더 있다. 누가 명제를 상수라고 했는가?

고등학교 수학시간에 논리는 항상 집합과 관련해서 배웠다. $p \rightarrow q$를 집합으로 표시하면 $p \subset q$라고 배워왔다(사실 $p \subset q$라고 적어야 맞음). 집합에서의 ⊂는 어떤 집합이 *p*에 속하는데(그 원소들이 전부다. 그 집합 p의 부분집합이다) 전부 *p*에 속할 때이다.

다른 방식으로 설명보자. truth-ground(진실 그라운드)를 보자.

	p : x = 2	q : x^2 = 4	p → q
1	T	T	T
2	F	T	T
3	T	F	F
4	F	F	T

$p \rightarrow q$라고 할 때, 그 결과가 T인 경우를 보면, p의 truth ground는 T, q의 truth ground는 TT이다. 논리적으로 p의 진리근거집합은 {T}, q의 진리근거집합은 {TT}이어서, q의 진리 근거가가 T이면 (p에 관계없이 어떤 연산이) 참이다. 따라서 q가 p에 종속된다.

$p \rightarrow q$, 이것의 논리학적 정의는 q is the logical consequence of the p이다. 기호 → 의 의미는 언제나 q가 p의 논리적 귀결이다, 속한다, 의미가 종속된다는 것이다.

그래서 ($p \supset q$)라고 표현한다(집합 $p \supset q$가 아니다!).

그다음 논리 포함관계를 따져보자.

	p	q	p∧q	p∨q	
1	T	T	T	T	T
2	F	T	F	T	T
3	T	F	F	T	T
4	F	F	F	F	T

이때 $p \wedge q$의 truth ground set(진리근거집합)은 {T}이고, $p \vee q$의 진리근거집합은 {TTT}이다. 전자는 반드시 후자의 일부분을 이룬다. 이때 후자($p \vee q$)은 전자($p \wedge q$)의 논리적 귀결이라고 부른다. 지금 $p \wedge q$이면 $p \vee q$이다. 당연하다. 이때 $p \vee q$는 $p \wedge q$의 논리적 결과라고 한다. $p \wedge q$의 진리근거집합이 $p \vee q$의 진리근거 집합에 포함될 때, 그것을 $p \vee q$를 $p \wedge q$의 논리적 결과라고 한다.

우리가 알고 있던 부분집합과 다른 기호이고, 의미는 반대라고 이해하면 될까?

결과적으로 그렇지만, 원래 그렇다. 이 기호가 원소의 부분집합을 의미하지 않는다. 논리의 부분집합이다. 논리의 부분집합이란 종속된다는 것이다. q is the logical consequence이고, q는 p에 예속이 된다. 그래서 $p \supset q$라고 쓴 것이다.

p이면 q일 때, 거짓인 경우는 p가 참이면서 q가 거짓일 때이다. 그런데 q의 입장에서 만약 p가 거짓인 경우에는 q의 참, 거짓에 상관없이 항상 참이 된다. 따라서 사실 이 명제(전제인 p가 거짓이라면, 전제가 거짓이라는 이유만으로, q가 참이거나 거짓이거나에 무관하게 본 관계는 참이 된다)를 vacuous proposition, 즉 멍청이 명제라고 한다.

논리적 부분집합은 어떤 전제에 대해 종속될 때, 종속된 것이 전제에 대해 부분집합이다. 예를 들어 $p \rightarrow q$일 때, p는 전제이고 q가 p에 종속된다. 이때 q는 p의 논리적 귀결이다. 어떠한 명제의 진리근거집합(p)이 다른 어떤 명제의 진리근거집합(q)의 부분집합을 이룰 때, 그때 논리부분집합으로서 p를 포함하는 쪽(q)이 다른 쪽(p)의 논리적 귀결이다. 즉 $p \rightarrow q$ 일 때, q는 p의 진리근거집합을 q의 부분집합으로서 포함한다. 만약 '비가 오고 덥다'가 p라면 이에 대해서는 항상 비가 온다(q)가 제시되어야 하기 때문이다. 이를 다른 말로 q가 p에 종속되었다고 말한다. p는 q의 부분집합 관계이기 때문에 항상 q는 p를 고려해야 한다는 의미에서 q는 p에 종속되어 있다. 또는 q가 p의 논리적 귀결이라고 말한다. 여기에서 $p \supset q$, $p \subset q$는 집합기호가 아니라, 명제기호이다.

그래서 $p \wedge q$이면 $p \vee q$가 된다. $p \vee q$에는 $p \wedge q$가 항상 포함된다. 그러므로 이런 것을 '멍청이 명제'라고 부른다. 멍청한 것 맞다. 아니, 졌는데 왜 돈을 주는지, 왜 참인지? 멍청하게 주기만 하면 이기기(참이기) 때문에 그런 이름이 붙었다. '전자이면 후자이다'라는 명제의 참/거짓을 밝힐 때, 전자가 거짓인 경우에는 후자가 참인지 거짓인지와 무관하게 항상 이때의 명제는 항상 참을 의미한다. 후자와 무관하게 전자가 거짓이라는 이유만으로 명제에 대한 분석이 참이 되는 경우를 의미한다.

지금까지 우리가 혼란스러워하는 문제가 어디에서 발생하는가 하면, 우리들은 학교에서 (1)만 배운 것 때문이다. 집합에서의 원소로만 본 것이다. 그런데 명제는 변수다. 변수라는 것을 고려하면, (2), (3), (4)를 모두 따져야 한다.

이것도 한번 보자. $p \rightarrow q$가 참인 경우는 위의 표에서 1), 2), 4)이다. 그러면 p의 진리 근거와 q의 진리 근거를 비교해보자. 진리 근거의 세트로 비교해라. 종속되는 것(q)이 전제(p)의 논리적 귀결이다(집합적 크기, 원소의 크기로 비교하는 것이 아니라, 논리적으로 종속인지 아닌지를 판단해야 함).

명제는 변수이다. 어떤 것으로 미리 정해지는 것이다. 그런 경우가 있는가/아닌가를 따지는 것이지 확정이 아니다. 여러분들이 자꾸 p와 q에 내용을 담아서 혼란스러운 것이다. 이것은 형식 논리학이다. 확정되지 않은 변수이다. 포함관계와 명제를 섞어서 배운 게 고등학교 교과서이다. '$p, q, p \rightarrow q$의 진리표에서, 진리표의 값이 참이라면…'이라는 뜻이다. 형식이 그렇다는 것이다(2, 3, 4). 거기에 어떤 값을 대입해서 참인지 거짓인지를 따지는 것이 아니다(1).

다시 말하지만 $p \rightarrow q$에서, q는 논리적 귀결이다. 논리적 귀결의 정의는 q의 진리 그라운드가 원래 명제 p의 진리그라운드에 포함된다는 기호이다($p \supset q$).

내재적으로 참인 함수, 내재적으로 거짓인 함수만 다루는 것이 아니라 형식이 그렇다는 것이다. 참으로 확정된 것뿐만이 아니라, 거짓인 경우도 모두 다룬다. 애당초 '(2), (3), (4)인 경우를 한 번도 생각한 적이 없어서, 훈련되지 않아서'이다. 항상 1인 경우, 즉 참인 경우만을 생각했던 것이다. 형식 논리학은 기계적으로 진행되는 것이지, 참인 값만을 따지는 것이 아니다. 내용이 바뀌어도 다르지 않다. 형식이다. 그래서 이것을 형식 논리학formal logic이라고 부른다. 형식 논리학은 형식에 관한 것이지, 내용에 관한 것이 아니다.

4.43 We can express agreement with truth-possibilities by correlating the mark 'T'(true) with them in the schema.
우리는 진리표에서 진리 가능성과의 일치에 'T'라는 표를 붙여서 표현할 수 있다.

우리가 참/거짓이라고 하는 것은 그것이 내재적 의미를 가진다는 것은 아니다. 단지 그것이 '실재와 일치한다' 혹은 '일치하지 않는다'에서 T는 일치하는 것뿐이고, F는 일치하지 않는다는 것뿐이다. 예를 들어 우리가 포커 게임을 할 때 '이렇게 하면 반드시 이긴다, 저렇게 하면 반드시 진다' 이런 것은 없다. 우리가 아는 것은 기껏해야 이기는 경우와 지는 경우일 뿐이지, 포커 게임의 승패를 좌우할 수는 없다. T와 F도 마찬가지다. 내재적인 참, 거짓은 없다. 단지 그것이 현재 발생하는 것과 일치하느냐/아니냐의 문제이다. 우리가 거기에 T라고 쓰는 것은 그것이 거기에 현재 일어났다는 것이고, F는 일어나지 않았다는 것이다.

요소명제가 서로 독립적인 이유는 어디에 있는가?

독립이 아니면 분석이 계속되어야 한다. 단지 요소명제가 아니면 분석이 더 진행되어야 하기 때문이다. '닫혀 있다'의 상대적인 말은 '닫혀 있지 않다'이다. 그리고 '독립적'인의 상대적인 말은 '의존적'이 아니라, '독립적이지 않다'이다. 의존적이라는 것은 logical consequence(논리적인 결과)라는 것이다.

예를 들어 $a, b, c, d, e, f, g, h, i$ 등의 요소명제가 있다고 하자.

- 요소명제 $a, b, c, d, e, f, g, h, i \cdots$
- 복합명제 $p = a \wedge b \wedge c \wedge e$
- 복합명제 $q = c \wedge d \wedge e \wedge f$
- 복합명제 $r = f \wedge g \wedge h$

그러면 p와 q는 서로 독립인가?

아니다.

그러면 p와 r은 서로 독립인가?

독립이다.

자, 종합명제는 독립적일 수도 있고, 독립적이지 않을 수도 있다. 이럴 때는 종합명제는 독립적이지 않다고 말한다. 수학에서 '그렇기도 하고, 아니기도 하면, 뭐라고 답하는가?' '아니다'라고 답한다. 그래서 p와 r처럼 독립적인 경우도 있지만, p와 q처럼 독립적이지 않은 경우도 있으므로 종합명제는 독립적이지 않다. 반면 요소명제는 반드시 독립적이어야 한다. 왜냐하면 독립적이지 않다는 것은 분석이 끝나지 않았음을 의미한다.

비트겐슈타인은 모든 명제는 동일한 값same value을 가진다고 했다. 명제 $(e \wedge f \wedge g)$와 명제 f의 값이 같다는 것이 무슨 뜻일까? 종합명제와 요소명제가 같은 비중, 같은 자격을 가진다는 것이 무슨 뜻일까?

양질 변화는 없다. 즉 $(e \wedge f \wedge g)$ 이렇게 했을 때, 이것은 명제의 병렬인 것이지, 그 요소명제들 각각을 넘어서는 고도의 명제는 아니라는 뜻이다. 그러므로 모든 명제가 같은 값을 가진다. 그것이 질적인 차이를 가지지는 않는다는 뜻이기도 하다.

'양질 변화가 없다'라는 표현은 '전체는 부분의 합이다.' 그러므로 거기에 무엇인가 특별한 것이 더해지지는 않는다는 의미와 같은가?

그렇다.

그러면 생물학은 원자로 이루어지는 화학으로 모두 환원되는가?

그렇다. 부분들의 합이다. 질적인 변화는 아니다. 만약 우리가 질적인 변화를 보았다면, 우리가 그것을 잘 모르기 때문이다.

생물학에서 양질 변화라고 느껴지는 것의 예가 무엇이 있는가?

원소주기율표에서 요소명제라고 할 만한 것을 분자라고 해보자. 원소는 이를테면 대상object이고, 그것이 의미를 획득한 최초의 것은 분자라고 할 때, 이것을 요소명제라고 볼 수 있다. 이때 우리 주변에는 무척 많은 물질이 있다. 이때 분자와 물질 사이에 질적 차이는 없다는 것이다. 여기에 질적 차이가 보인다면, 우리가 무엇인가를 잘못 보고 있는 것이다. 분석을 하게 되면, 그냥 모두 분자에 이르게 된다. 단지 하나의 분자가 아니라 여러 개의 분자로 분석될 뿐이지, 그 질적인 변화는 없다는 뜻이다.

다른 예인데, 우리가 예전에 고딕 양식에 대해서 열심히 공부했다. 과거 수업시간에 고딕 건조물은 개별자들을 중첩시킴으로써, 병렬시킴으로써 단일 공간을 획득한다고 설명했다. 여기에서 개별자들이란 bay(베이)들이다. 즉 독립한 bay들의 중첩이다. 거기에서는 어떤 bay의 다른 bay에 대한 우월성은 없다. 그냥 bay의 양적인 중첩이다. 모름지기 경험론, 유명론은 그러한 사고방식에 대응한다. 반면 로마네스크 성당은 중심 공간(크로싱)이 있고, 나머지는 거기로부터 잔류된 공간이라고 보았다. 그러므로 거기에는 양질의 변화가 있다.

그 다음을 계속하자.

4.43 We can express agreement with truth-possibilities by correlating the mark 'T'(true) with them in the schema. The absence of this mark means disagreement.

진리 가능성과에 대한 일치를 그림에서 그 옆에 우리는 'T'라고 표현한다.이 표시가 없을때에는 불일치를 말한다.

보통 F라고도 쓴다. 또 공란으로 비우기도 한다. 공란이 곧 F이다.

4.431 The expression of agreement and disagreement with the truth possibilities of elementary propositions expresses the truth-conditions of a proposition.

요소명제들의 진리 가능성과의 일치/불일치 표현이 한 명제의 진리 조건을 표현한다.

예를 들어 어떤 종합명제에서 TTFT에서 이것은 진리의 조건이다. 진리가 되기 위한 앞의 요소명제들의 요구라는 측면에서 조건이다.

다음 예를 보자. 요소명제 p, q에 대해 논리곱($p \wedge q$)을 하면, 다음과 같다. 즉 다음은 '$p \wedge q$가 어느 경우에 어떤 진리값을 가진다'라는 진리조건을 나타낸 진리표다.

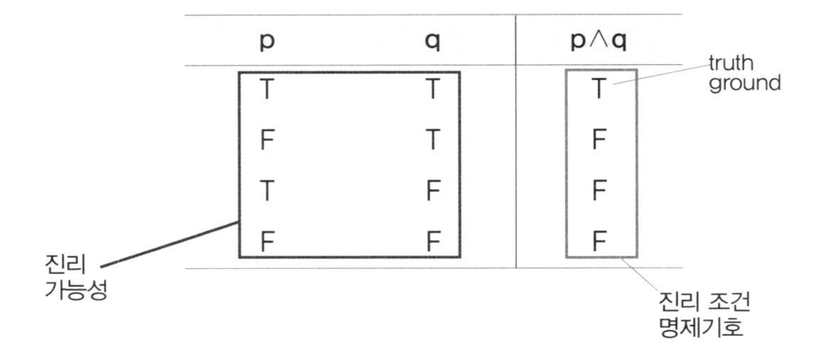

여기에서 □(TFFF)를 명제 조건이라고 한다. 왜 조건이라고 표현하는가 하면 F의 경우, 종합명제 $p \wedge q$가 F가 되기 위한 조건을 지칭하기 때문이다. 각각의 조건이다. 그리고 진리 조건 전체(TFFF)는 명제기호이다. 그리고 그 중 T는 truth-ground이다.

□은 진리 가능성truth-possibility에 속한다. 가능성이란 잠재성이다. 요소명제 p, q 각각이 T가 될 수도 있고, F가 될 수도 있다는 잠재성이다. 그런데 p, q에 어떤 연산을 해서 종합명제(여기에서는 $p \wedge q$)가 되었을 때, 그 종합명제가, 예를 들어 F가 되기 위한 조건을 요구한다. 이렇게 조건을 요구하는 (TFFF)를 진리 조건이라고 부른다. 종합명제가 참이 되기 위한 조건, 거짓이 되기 위한 조건이다. 오른쪽(□)이다. 경우에 따라서는 왼쪽이 될 수도 있다. 이때 (오른쪽인 종합명제가 F가 되기 위한 요소명제의 조건이라는 측면에서) '종합명제 $p \wedge q$가 F로 나오기로 위한 조건은 (p, q)의 쌍이 (TT)일 때이다'라고 말할 수도 있다.

그러나 위의 설명은 진리조건은 (종합)명제에 대해서 써야 한다. 종합명제가 참이 되기 위한 요구이므로, 진리조건을 구성하는 것은 오른쪽(□)이다. 요소명제는 독립적이므로 '조건'이라는 말을 사용할 수 없다.

A proposition is the expression of its truth-conditions.

명제란 하나의 진리조건의 표현이다.

모든 명제는 한편으로 보면 그 진리조건의 표현이다(명제는 진리조건을 표현한다).

(Thus Frege was quite right to use them as a starting point when he explained the signs of his conceptual notation. But the explanation of the concept of truth that Frege gives is mistaken: if 'the true' and 'the false' were really objects, and were the arguments in $\sim p$ etc., then Frege's method of determining the sense of '$\sim p$' would leave it absolutely undetermined.)

프레게는 $\sim p$를 p의 부속이라고 보았다. 그런데 ~은 실체가 없다. p나 ~p는 사실 같은 명제지만, 뜻만 반대이다. 그래서 나(비트겐슈타인)는 그렇게 보았는데, 프레게는 p와 $\sim p$를 별개의 실체로 보았다.

이런 내용이다. 꼼꼼히 읽어보라.

4.44 The sign that results from correlating the mark 'T' with truth-possibilities is a propositional sign.

진리 가능성에 T라는 표시를 연결시켜서, 그 결과로 나오는 기호를 명제기호라고 부르겠다.

결론부터 말하자면, T를 진리 가능성(□)에 일치시키고, 그 결과로 나오는 □에서, T가 아닌 나머지는 공란으로 비우겠다는 것이다. T가 표시되어 있는 것, □(TFFF)이 명제기호이다.

앞으로 비트겐슈타인은 □의 F를 공란으로, 또는 -로 해서 (TFFF) 또는 (T---)(물론 T가 아예 없는 경우도 있다), T가 들어 있는 것(□)을 명제기호라고 한다는 의미이다.

4.441 It is clear that a complex of the signs 'F' and 'T' has no object (or complex of objects) corresponding to it,

T/F라는 기호들의 복합체(TFTT)는 T/F에 상응하는 어떤 고유의 대상을 가지지 않는다.

우리가 T라고 하면, T 고유의 대상이 있다고 하지 않는다. 그런데 우리가 '포커를 칠 때 이길 수 있는 방법이 있다'라고 하면 대상을 가진다. 반면 그런 것은 없고, 어떤 경우에 T가 되는 것을 아는 것 그리고 어떤 경우에 F가 되는지를 아는 것, 이것이 T냐 F냐의 의미이다. T/F는 그 자체로서 대상을 가지지 않는다.

just as there is none corresponding to the horizontal and vertical lines or to the brackets.-There are no 'logical objects'.

마치 수평선이나 수직선 혹은 괄호에 대응하는 것은 아무것도 없는 것처럼. – 논리적 대상들은 없다.

우리가 괄호를 '( )'라고 쓸 때, 거기에 대응하는 대상은 없다.

Of course the same applies to all signs that express what the schemata of 'T's' and 'F's' express.

물론 표에서 T들이나 F들이나 마찬가지이다(물론 그 동일한 것은 T와 F들의 체계가 표현하는 무엇을 표현하는 모든 기호들에 적용할 수 있다).

4.442 For example, the following is a propositional sign:

예를 들면 다음이 명제기호이다.

p	q	
T	T	T
F	T	T
T	F	
F	F	T

여기에서 특히 맨 오른쪽을 T로 모두 일치시켜두었다. 공란을 사용해서. (TT-T) 이 부분이 바로 명제기호이다.

(Frege's 'judgement stroke' '⊢' is logically quite meaningless: in the works of Frege (and Russell) it simply indicates that these authors hold the propositions marked with this sign to be true. Thus '⊢' is no more a component part of a proposition than is, for instance, the proposition's number. It is quite impossible for a proposition to state that it itself is true.)

프레게의 판단 스트로크 '⊢'는 논리적으로 아주 무의미하다. 프레게(그리고 러셀)의 저작에서 이 기호로 표시된 명제는 사실임을 나타낸다. 따라서 '⊢'는 더 이상 구성 요소가 아니다. 명제의 일부, 예를 들어 명제기호보다 더 중요하다. 명제 자체가 사실임을 밝히는 것은 아주 불가능하다.

$|$: 쉐퍼[*]의 Stroke[**]
$p \mid q = \sim p \wedge \sim q$

Shaffer's stroke($|$)라는 것이 있다. 이것은 'not and'인데, $p \mid q$라고 하면 이것은 $\sim p \wedge \sim q$를 나타낸다. 이것을 발견한 사람은 쉐퍼인데, 이것은 매우 유의미하다. 어느 경우에 그런지 살펴보자.

지금 세계에 존립하는 명제의 총수가 $\bar{\xi}$라고 하자. 그러면 스트로크의 정의를 사용해서 $(\bar{\xi}, N(\bar{\xi}))$ 라고 한다. 이때 $\bar{\xi}$에서 ¯는 단지 all, 전부를 의미한다. 예를 들어서 존립하는 명제가 p, q, r이라고 하면, $p \mid q \mid r = \sim p \wedge \sim q \wedge \sim r = \sim(p \vee q \vee r)$ 이 된다. 여기에서 $p \mid q \mid r$을 부정하면, $\sim(p \mid q \mid r) = (p \vee q \vee r)$이 된다. 그러면 명제 $(p \mid q \mid r)$과 명제 $(\sim(p \mid q \mid r))$ 두 개면 전체 세계가 된다.

$$p,\ q,\ r \Rightarrow p \mid q \mid r = \sim p \wedge \sim q \wedge \sim r = \sim(p \vee q \vee r)$$

$$(p \mid q \mid r) = (p \vee q \vee r)$$

$$p \mid q \mid r + (\ p \mid q \mid r) = \sim(p \vee q \vee r) = (p \vee q \vee r) = \text{전체 세계}$$

---

* Henry M. Sheffer(1882~1964) 미국의 논리학자. 1913년 NAND or NOR라고 불리는 근본적인 이항연산으로 불의 대수학(0과 1로만 이루어진 대수학으로 Boole이 창안)의 정의가 가능하다는 것을 증명. 즉, 명제논리는 진리표에서 부정논리곱(logical NAND, 현재 |(shaffer's stroke라 불리는 수직선)) 또는 부정논리합(NOR, ↓(수직화살표) 또는 †(dagger symbol)로 표현)으로 계산된다.

** '|'이다. 'II'가 아님에 유의한다.

그렇기 때문에 쉐퍼는 스트로크 그 자체로서 모든 것이 참일 수 있는 세계를 나타내는 어떤 실체라고 보았다. 반면 비트겐슈타인은 스트로크도 실체는 아니다. 대상을 가지는 것은 아니다. 하나의 연산기호일 뿐이라고 설명하고 있다.

다시 설명해보자.

세계에 명제가 하나만 있다고 하면, 전체 세계는 $(p \lor \sim p)$이다. 세계가 '비가 온다'는 세계로만 이루어진다면, '비가 오거나 비가 안 오거나'이다. 이번에는 세계가 두 개의 명제로 이루어진다면, $(p \lor q)$와 $\sim((p \lor q)$ 두 개로 전체 세계가 된다. 왜냐하면 $(p \lor q)=(p \land \sim q) \lor (p \land q) \lor (\sim p \land q)$, $\sim(p \lor q)=(\sim p \lor \sim q)$이기 때문이다.

이번에는 세계가 3개의 명제로 구성된다면, $(p \lor q \lor r)$와 $\sim(p \lor q \lor r)$로 전체 세계가 구성된다. 즉 $(p \lor q \lor r)$와 $\sim p \land \sim q \land \sim r$이다. 그리고 이것은 즉 $N(p \mid q \mid r)+(p \mid q \mid r)$이다. 여기에서 N은 ~이다. 그리고 또 $N(p \mid q \mid r)$을 한 번 더 부정하면, $N(N(p \mid q \mid r))=(p \mid q \mid r)$이 된다. 이것을 표로 정리하면 다음과 같다.

전체 세계			
1개일 때	~p	∨	p
2개일 때	~(p∨q) =~p∧~q =(p | q)	∨	(p∨q) = (p∧~q) + (p∧q) + (~p∧q) =N(p | q)

3개일 때	$\sim(p \vee q \vee r)$ $= \sim p \wedge \sim q \wedge \sim r$ $=(p \mid q \mid r)$	$\vee$	$(p \vee q \vee r)$ = 00+00+00+00⋯ $=N(p \mid q \mid r)$

그러면 이렇게 생각해보자. 1, 4, 9, 16, 25⋯ 이런 종류의 수의 배열이 있다면, 우리는 이것을 $[1, x^2, (\sqrt{x}+1)^2]$로 표현하면 끝이다. 초항은 1이고, 임의의 수는 x^2이고, 그다음 수는 $(\sqrt{x}+1)^2$이 된다. 이것으로 모든 1, 4, 9, 16, 25⋯이 해결된다. x에 초항보다 큰 임의의 수를 넣으면 'x 이후로' 계속해서 연쇄적으로 다 나타난다. 물론 정확하게 표현하려면 x의 조건을 표시해야 하지만, 여기에서는 간단히 $[1, x^2, (\sqrt{x}+1)^2]$라고만 하자.

사실 자연수를 정의하면, 모든 수가 정의된다. 왜냐하면 수는 수열이기 때문이다. 어쨌든 $[1, x^2, (\sqrt{x}+1)^2]$로 정의했다고 하자. 이렇게 기호를 쓰기로 했다고 하자. 더 간단한 예로, 또 1, 2, 3, 4⋯는 $[1, x, x+1]$로 정의만 하면 전체 세계가 된다. 이렇게 자연수가 $[1, x, x+1]$이라고 정의된다.

이제 이 정의를 보고, 이것을 논리에 적용해보자. 어떤 세계에 모든 요소명제를 p라고 정의하면, 그 세계의 근저를 이루는 요소명제 전체를 나타낸다. 그리고, 어떤 시점에서의 종합명제의 총수, 종합명제 전체를 $\bar{\xi}$라고 하고, 그것의 부정을 $N(\bar{\xi})$이라고 쓰자. 그러면 위에서 한 것처럼, $\bar{\xi}$와 $N(\bar{\xi})$ 이 둘을 합치면 전체 세계이다. 그리고 아까와 같은 방식(초항 1, 일반항 x, x를 근거로 해서 x에 따라 연쇄해서 따라 나오는 다음 항 $x+1$)으로 생각해서 세계를 표현하면 출발은 요소명제 $\bar{p}$이고, 두 번째는 종합명제 $\bar{\xi}$, 그다음은 부정 $N(\bar{\xi})$이다. 따라서 $(\bar{p}, \bar{\xi}, N(\bar{\xi}))$이것이 전체 세계를 표현한 것이다. 얼마나 간단한가? 그냥 $\bar{p}, \bar{\xi}, N(\bar{\xi})$ 이다.

이것이 세계의 끝이다.

모든 수가 자연수에서 나오지는 않는다.

여기에서 말하는 것은 수라는 것은 '순서의 연쇄'라는 점이다. 예를 들어 어떤 것을 x라고 정의하면, 사실은 수를 $\Omega x, \Omega^1 x, \Omega^{1+1} x \cdots$라고 정의한다. 이것이 자연수건 무슨 수이건 수에는 이런 전제가 숨어 있다.

계산 불가능한 수가 더 많다. 그리고 위와 같이 수를 설명하면, 칸토르가 말했던 유리수와 무리수를 일대일 대응했을 때, 무리수의 수가 훨씬 많다. 또한 무리수의 연쇄를 표현할 방법이 없다는 것을 비트겐슈타인도 이미 알았을 터인데, 요소명제로 수를 환원한 것은 왜일까?

어떤 수가 구체적으로 그러하다는 것이 아니라, 우리에게 생기는 수의 개념이 $\Omega x, \Omega^1 x, \Omega^{1+1} x \cdots$이라는 것이다. 예를 들어 무리수는 확정될 수 없는 수이다. 그리고 사실은 무리수는 뜻은 없지만, 그 자체로 난센스는 아니다. 무리수를 경험할 수는 없다. 우리가 경험하는 수는 순서를 매기는 수이다. 모든 산술은 순서이다. 어쨌거나 쉐퍼의 스트로크를 사용할 때, 세계는 아주 간단히 해결된다. 쉐퍼의 기호는 '|'이고, 그 논리적 의미는 not and이다. 어떻게 보면 세계는 아주 간단하다.

종합명제의 총수 $\bar{\xi}$에 not and도 포함된 것 아닌가?

아니다. 어떤 명제 p, q, r이 있어서 'p : 비가 온다, q : 덥다, r : 바람이 분다'라고 해보자. 그러면 세계는 $p \vee q \vee r$, 즉 세계는 p, q, r 중에서 하나만 발생하거나, 2개가 발생하거나, 3개가 발생하면 된다. $p \vee q \vee r$(일어날 수 있는 복합명제를 모두 고려한) 총체 $\bar{\xi}$ 이다. 지금처럼 명제가 p, q, r 3개인 경우, 발생하는 모든 경우를 보면 $\bar{\xi}$ 는 7가지가 가능하다. 즉 $\bar{\xi} = \xi_1 + \xi_2 + \xi_3 + \xi_4 + \xi_5 + \xi_6 + \xi_7$ 이다. 그리고 나머지 하나인 $\sim(p \vee q \vee r)$가 더해지면, 그것이 전체 세계가 된다.

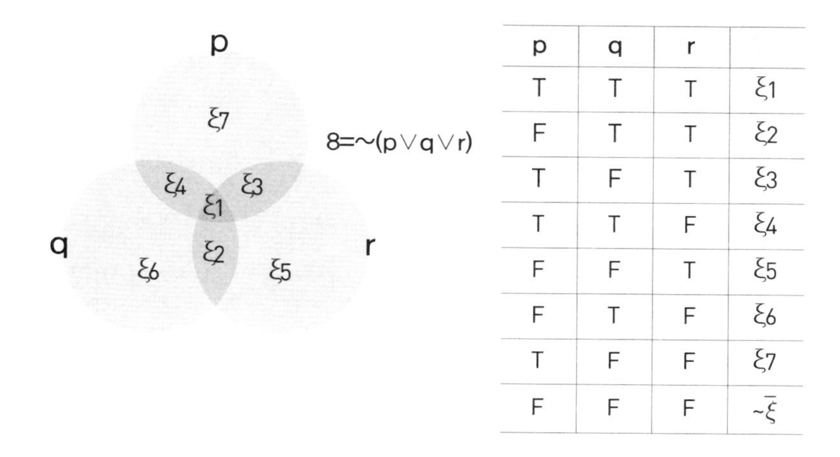

p	q	r	
T	T	T	ξ_1
F	T	T	ξ_2
T	F	T	ξ_3
T	T	F	ξ_4
F	F	T	ξ_5
F	T	F	ξ_6
T	F	F	ξ_7
F	F	F	$\sim\bar{\xi}$

세계는 비, 바람, 더위라는 3가지의 실재로 이루어져 있다고 하자. 3가지 실재가 발생할 수 있는 모든 경우의 수는 셋 중 어느 것이라도

발생하거나(I, 위의 7가지), 아무것도 발생하지 않는 경우(II)이다. 이 두 가지면 된다. 그런데 (I)과 (II) 이 둘은 서로 부정 관계여서, 어떤 것이라도 하나만 제시하고, 그것을 부정하면 다른 하나가 된다. 이것이 스트로크 관계다. 스트로크의 편한 점은 ~을 연쇄시킬 필요 없이, 그냥 앞의 명제를 부정하면 된다. 그리고, 부정하는 것(N)이 스트로크(|)의 의미이다.

그래서 쉐퍼가 '|'를 도입하면서, 모든 명제를 나타낼 수 있는 기호를 발견했다고 말했다. 사실 그렇기는 하다. 왜냐하면 모든 것을 부정하고($\sim p \wedge \sim q \wedge \sim r$), 그것을 다시 부정하면($p \vee q \vee r$), 세계에서 발생할 수 있는 전체가 된다. 그러나 모든 명제를 부정하는 '|'은 하나의 기호이지, 실체를 가지지는 않는다. 대상을 가지지는 않는다. 이것이 본래적으로 세계가 참임을 드러내지 않는다. 그래서 두 개의 세계를 합치면 전체 세계가 된다.

지금 두 부류가 있다. '논리 공간이나 수학를 열심히 생각하고, 거기에 대응하는 실재가 있다고 믿는 사람들'과 '경험을 바탕으로 편리함을 위해서 논리나 수학을 사용하는 것이지, 그것 자체가 실재는 아니다'라고 보는 부류이다.

그런데 우리가 지금 하는 것은 세계에 대해서 말하는 것이 아니다. 사실은 우리의 언어에 대한 것이다. 우리의 언어구조가 그렇다. 그 언어구조를 벗어나서 세계를 설명할 수도 세계를 볼 수도 없다. 이것은 우리 언어가 이렇게 작동한다라고 하는 언어의 논리학이다. $(\bar{p}, \bar{\xi}, N(\bar{\xi}))$ 이것이 언어가 표현할 수 있는 전부이다. 나의 언어의 한계를 의미하는 것은 나의 세계의 한계를 의미한다. 이것으로 끝이다.

세계에 대한 이해가 바뀌는 것은 요소명제가 추가되는 것인가?

세계에 대한 이해는 바뀌지 않는다. 왜냐하면 우리는 현재만 살고 있기 때문이다. 현재 일어나는 것이 곧 세계이다. 그런데 만약 요소명제가 증가되고 새로운 대상이 (도입된다고 해서) 증가해서 세계가 바뀐다? 그럴 수 있다. 혹은 그렇지 않을 수도 있다. 하지만 그것은 철학의 관심사도 아니고, 논리학의 관심사도 아니다. 논리학은 선험적이다. 우리 시점에서의 요소명제는 $\overline{p}$ 이고, 다음 시대에는 $\overline{p+1}$ 일 수도 있다. 하지만 그때에는 $\overline{p+1}$ 도 $\overline{p}$ 라고 할 것이다. 마찬가지로 그때에도 세계를 $(\overline{p}, \overline{\xi}, N(\overline{\xi}))$라고 할 것이다. 형식은 같다. 논리학은 형식에 대한 것이지 내용에 대한 것이 전혀 아니다.

다음을 계속 보자.

If the order of the truth-possibilities in a scheme is fixed once and for all by a combinatory rule, then the last column by itself will be an expression of the truth-conditions. If we now write this column as a row, the propositional sign will become '(TT-T) (p, q)' or more explicitly '(TTFT) (p, q)' (The number of places in the left-hand pair of brackets is determined by the number of terms in the right-hand pair.)

진리표에서 p, q에 대한 조합법칙에 따라 모든 진리 가능성의 (질서에 입각한) 순서가 한꺼번에 정해진다면, 마지막 열이 그 스스로 진리 조건의 표현이다. 만약 우리가 이 열을 행으로 바꾸어 쓰면, 명제기호는 '(TT–T) (p, q)' 또는 좀 더 명확하게는 '(TTFT) (p, q)'가 된다. (괄호의 왼쪽 편 칸(TTFT)의 개수는 오른편의 항(p, q)의 개수에 의해 결정된다.)

우선 여기에서 조합법칙이란 곧 ${}_2C_0+{}_2C_1+{}_2C_2$에 의한 순서이다.

p	q	
T	T	T
F	T	T
T	F	
F	F	T

진리표를 다시 보자. 맨 오른쪽에 (TT□T)가 세로로 있다. 이것을 가로로 바꾸고 □을 -로 바꾸어 (TT-T)로 쓰자는 얘기이다. 그리고 (p, q)란 p와 q에 대한 모든 연산이라는 뜻이다. 이것은 아주 혁신적인 표현법이다. 사실 비트겐슈타인은 어떻게 했는가 하면, (TT-T)(p, q)란, (p, q)에 어떤 연산을 했더니 그 결과로 (TTFT)가 나오는데, 이것이 4개의 자리수를 가지는 것은 p, q의 연산이 4가지의 진리 가능성으로부터 나왔기

때문이다. 그다음 모든 연산(p, q)에 대해 생각해보면, 각 자리에 올 수 있는 것은 지난 시간에 한 것처럼, (p, q) 연산의 모든 종류(L_n)는 F가 하나도 없는 경우, F가 하나인 경우, 2개인 경우, 3개인 경우, 모두 F인 경우가 된다. 즉 ${}_4C_0+{}_4C_1+{}_4C_2+{}_4C_3+{}_4C_4=16$가지의 경우가 된다. 이때 ${}_4C_0$, 즉 (TTTT)(p, q) 이것이 항진명제이다. 그리고 ${}_4C_4$, 즉 (FFFF)(p, q)는 모순명제이다. 전자는 p, q에 어떤 연산을 해도 항상 참, 후자는 p, q에 어떤 연산을 해도 항상 거짓이다. 이것들의 명제기호식 정의이다.

(p, q)란, p, q의 어떤 연산에도 불구하고, 즉 $(p \wedge q)$이든지, $(p \vee q)$이든지, $(p \rightarrow q)$ 이든지, $(\sim p \vee q)$이든지, 명제기호가 연산에 관계없이 (TTTT)인 것이 항진명제, (FFFF)인 것이 모순명제이다. 표에서 세로로 나오는 명제기호를 가로로 사용하겠다는 뜻이다. 그렇기 때문에, 우리가 지난 시간에 한 것처럼(p, q의 진리표를 만들어보면, 오른쪽에 올 수 있는) (p, q)의 연산은 매우 다양하다.

p	q	(p, q)				
		p∧q	p∨q	p→q	…	….
T	T	T	T	T		
F	T	F	T	T		
T	F	F	T	F		
F	F	F	F	T		

그리고 각 연산별로 거기의 진리 조건은 다 달라진다. 세로로 되어 있는 그 진리조건들을 가로로 바꾸고, 뒤에 (p, q)라고 붙인다. 만약 연산 (p, q)가 논리합$(p \lor q)$이면, 명제 기호는 (TTTF)이다. 그래서 '(진리기호)(연산)'의 형태로 바꾸면 (TTTF)$(p \lor q)$ 혹은 (TTT-)$(p \lor q)$가 된다.

$(p \lor q)$가 어떤 연산인지 정해지면, 명제기호는 정해진다. 그런데, 왜 굳이 이런 방식으로 이해해야 하는가?

$(p \lor q)$ 이 연산을 미지의 것으로 두자는 뜻이다. 그러면 거기에는 다양한 연산이 가능하고, 비트겐슈타인의 방식이 진리표보다 편하다.

p와 q라는 두 명제에 대해, 가능한 경우의 수, 진리 가능성의 수는 ${}_2C_0+{}_2C_1+{}_2C_2$이다. 그리고 이것을 $K_2 = \sum_{\nu=0}^{2} \binom{2}{\nu} = 4$ 라고 했다.

그러면 이제 여기에 어떤 연산이든 자유롭게 할 수 있다고 하자. 예를 들어 $(p \lor q)$,$(p \land q)$,$(\sim p \land q)$,$(p \lor \sim q)$,$(p \rightarrow q)$, $(p \rightarrow p)$ … 등 무지하게 많은 연산이 가능하다. 그렇다고 해도, 어쨌든 명제기호 자리에 들어갈 수 있는 것은 T와 F로 구성되는 네 자리 조합이다. 네 자리에 들어가는 경우의 수, 즉 p와 q라는 두 명제로 만들어지는 연산들의 명제기호의 종류는 ${}_4C_0+{}_4C_1+{}_4C_2+{}_4C_3+{}_4C_4=16$이다. 모든 연산의 명제기호들은 이 16가지 안에 들어온다. 이중 (TTTT)(p, q)가 항진명제, (FFFF)(p, q)가 모순명제이다. 이렇게 함에 의해서 많은 것을 표현하기 쉬워진다.

그렇기 때문에 이 경우에 (p, q)의 연산에서 나올 수 있는 진리 가능성의 가짓수를 Kn개라고 하면, Kn으로부터 나오는 명제기호의 가지 수를 Ln이라고 했다.

그래서 요소명제가 p와 q 두 개만 있다고 가정해보자.

그렇다면 $K_2 = \sum_{\nu=0}^{2}\binom{2}{\nu} = 4$, $L_2 = \sum_{\nu=0}^{K_2}\binom{K_2}{\nu} = \sum_{\nu=0}^{4}\binom{4}{\nu} = 16$ 가 된다. 이 16개는 Kn으로부터 나오는 네 자리에 들어가는 T와 F의 조합을 뽑아낸 것이다. 그러면 (p, q) 연산의 종류가 16개라는 뜻인가?

그건 아니다. (p, q) 연산의 종류가 아니라, 진리조건이 16가지라는 것이다. 진리조건의 값이 같은 다른 종류의 연산이 얼마든지 가능하다. 예를 들어 $p \longrightarrow q$의 진리조건은 (TTFT)였다. 그리고 $\sim p \vee q$의 경우에도 (TTFT)이다. 진리조건이 같은 명제는 서로 동치이다. 그래서 아주 편해진다. 그러므로 요소명제가 2개면, 모든 연산은 (우리가 따져야 할 진리 조건의 가짓수는) 16개로 수렴된다. 같은 진리 조건이면, 그 명제는 동치이다.

이제 '동치'의 정의해보자.

두 개의 명제가 동치 ⇔ 두 명제의 진리 조건의 일치

동치는 다른 것이 아니라, 동일한 진리조건을 가질 때이다. '명제의 연산이 서로 다를 수는 있겠지만, 그 연산의 결과 진리 조건이 동일할 때, 이를 동치라고 한다.'

동치의 정의를 진리조건 대신에 명제기호가 같은 경우라고 해도 되는가? 명제기호가 같다고 해도 된다. 다만 명제기호는 값에 대한 얘기가 아니라, 그러한 개념에 대한 것이다. (TT-T)을 개념적으로 명제기호라고 부르고, 두 명제의 진리 조건 값이 각각 일치할 때, 두 명제는 동치라고 말한다.

다시 본문으로 돌아가서 more explicitly는 명백하게 하면, 공란 대신에 F를 넣겠다는 뜻이다. (TT-T)(*p*, *q*)에서 왼쪽 괄호의 자릿수(4)는 오른쪽 괄호 속 명제의 숫자(2)로 결정된다. 예를 들어 왼쪽 괄호에 들어올 경우의 수는 16이다.

항진명제, 일반명제, 모순명제 4.45~4.5

4.45 For n elementary propositions there are Ln possible groups of truth-conditions. The groups of truth-conditions that are obtainable from the truth-possibilities of a given number of elementary propositions can be arranged in a series.

n개의 요소명제인 경우, 가능한 진리 조건 그룹의 개수는 L_n이다. 주어진 개수의 요소명제의 진리 가능성으로부터 얻어지는 진리 조건의 그룹은 시리즈로 배열될 수 있다.

4.46 Among the possible groups of truth-conditions there are two extreme cases.

가능한 진리 조건의 그룹 가운데 두 개의 극단적인 경우가 있다.

In one of these cases the proposition is true for all the truth-possibilities of the elementary propositions.
이 경우 중의 하나는 요소명제의 모든 진리 가능성 전체에 대해서 명제는 참이다.

앞에서 얘기한 것처럼 요소명제의 진리 가능성이 무엇이건 관계없이 TTTT이다.

We say that the truth-conditions are tautological. In the second case the proposition is false for all the truth-possibilities: the truth-conditions are contradictory. In the first case we call the proposition a tautology; in the second, a contradiction.
그리고 우리는 진리 조건이 항진적이라고 말한다. 두 번째의 경우에는 명제가 거짓이다, 모든 진리 조건에 대해서. 이때의 진리 조건은 모순적이다. 첫 번째 경우에 명제는 항진이라고 말하고, 두 번째 경우에는 모순이라고 말한다.

4.461 Propositions show what they say; tautologies and contradictions show that they say nothing.
명제는 그들이 말하는 것을 보여준다. 항진과 모순은 아무것도 말하지 않는다는 사실을 보여준다.

A tautology has no truth-conditions, since it is unconditionally true: and a contradiction is true on no condition. Tautologies and contradictions lack sense.

항진명제는 진리 조건을 가지지 않는다, 왜냐하면 그것은 무조건적으로 참이기 때문이다. 반면 모순은 어떤 조건하에서도 참이 될 수 없다. 항진명제와 모순명제는 의미를 결한다.

즉 항진명제는 참이 되기 위한 조건이 없다. 무조건 참이기 때문이다. 또 모순명제는 조건이 어떻게 된다 하더라도 참이 될 수 없다.

(Like a point from which two arrows go out in opposite directions to one another.)

(두 개의 화살이 상호간 반대편 밖으로 나가는 점처럼)

의미를 결하는 항진명제와 모순명제는 하나의 점에서 ⟵⟶ 두 개의 화살이 반대로 튀어나가는 하나의 점과 같다는 것이다. 비트겐슈타인의 표현대로 화살의 비유를 사용한다면, 어떻게 해야 항진명제나 모순명제가 아니게 만들 수 있을까? 보통명제는 '가능'해야 한다. 여기에서 전제되는 것은 p가 발생할 가능성 혹은 발생하지 않을 가능성이다. 그런데 항진명제와 모순명제의 두 화살은 만날 가능성이 없다. 그러므로 의미를 결한다. 즉 이 경우에는 두 개의 화살이 만나도록 쏘아질 수 없다. 그래서 항진/모순명제는 반대편으로 나아가는 하나의 점과 같다. 화살이라는 비유를 사용하는 한 명제를 표현할 방법은 없다.

(For example, I know nothing about the weather when I know that it is either raining or not raining.)

(예를 들면 비가 오거나 비가 오지 않거나라는 사실을 알 때, 나는 날씨에 대해 아무것도 알 수 없다.)

항상 참이니까 날씨에 대해 뭐라고 말할 수 없다. 항상 참이면, 항상 거짓이다. 사실은 똑같다. 같은 얘기이다. 단지 의미가 반대일 뿐이지, 같은 얘기를 하는 것이다. 모든 사람으로부터 좋은 사람이라는 얘기를 들으면, 그것은 그 사람이 모든 사람에게서 나쁜 사람이라는 얘기를 듣는 것과 같다. 그 사람은 가능한 사람이 아니다. 가능하려면 누구에게인가는 열려 있고, 누군가에게는 닫혀 있어야 한다. 즉 누군가에게는 좋은 사람이고, 누군가에게는 나쁜 사람이어야 한다. 그래서 유태인들은 의사결정을 할 때, 만장일치는 부결한다. 재심을 해서 결의한다. 그때의 가능성은 좀 더 많은 사람으로부터 나쁜 사람이라는 말을 듣고, 몇 안 되는 사람들로부터 좋은 사람이라는 얘기를 들을 때, 인생은 피곤하다. 내 경우다. 대신 그것은 열렬성으로 보완된다. 양이 아닌, 질로.

FTA 같은 협상을 할 때, 우리는 상대가 요구할 수 있는 모든 가능성을 차단해야 한다. 이것도 무관세로 안 되고, 저것도 무관세로 안 된다라며 처음에는 다 안 된다로 시작한다. 그리고 후에 하나씩 카드로 교환해서 내주는 것이다. 그러나 그러나 마음속에는 벌써 이것은 양보하고, 저것은 양보하지 못하고가 정해져 있다. 이것은 affirmative(긍정적)하고, 저것은 negative(부정적)하다고 마음속으로 모두 정해놓고, 다 안 된다로 시작한다. 이것이 협상의 기술이다.

프레게의 판단 스트로크(⊢)가 쉐퍼의 스트로크(|)인가?

그렇다. 쉐퍼의 스트로크가 당연한 것 같지만, 우리는 일상에서 당연하게 not and($\sim p \wedge \sim q$)를 한다. 그리고 그것을 부정해서 둘을 더하면 전체 세계가 얻어진다, 혹은 어떤 affirmative한 명제와 거기에 전부 스트로크를 걸면 세계라고 여겼다. 당시로서는 대단한 것이었다. 쉐퍼는 화이트헤드에게 "내가 모든 명제를 한꺼번에 표현할 수 있는 기호를 발견했다"라고 말했다. 그리고 다시 러셀에게, 이제 그것을 비트겐슈타인이 이용한 것이다.

참인 명제의 일반적인 형태는 다음과 같다. $(\bar{p}, \bar{\xi}, N(\bar{\xi}))$, 모든 요소명제, 그 모든 요소명제로 통해 만들어진 모든 복합명제 그리고 모든 복합명제들에 대한 부정이다. 그래서 연속적으로 부정만 하면, 그것이 세계가 된다. 이렇게 당연하고 쉬운 것이 한번도 어떤 주석가에 의해서 설명된 적이 없다.

자, 그 다음을 보자.

4.46211 Tautologies and contradictions are not, however,

nonsensical. They are part of the symbolism, much as '0' is part of the symbolism of arithmetic.

항진명제와 모순명제는 난센스가 아니다. '0'이 산술의 기호 체계의 일부인 것처럼 그것은 기호 체계의 일부분이다.

여기에서 senseless와 nonsensical의 차이가 무엇일까? 앞에서 lack sense가 있었고, 지금은 nonsensical가 나왔다. lack sense는 vacuum, 즉 텅빈 것이다. 이것을 앞으로는 senseless라고 쓰자. 공허하다.

반면 nonsensical은 왜 말이 안 되는 것일까? 형식을 따르지 않았기 때문이다. 우리가 senseless하다고 하는 것은 그 대상이 실제로 발생한 상황을 표현할 수는 없지만, 하나의 연산기호로서 의미는 가진다. 하지만 nonsensical은 연산기호로서의 의미도 가지지 못한다. 말한 것처럼 formless(형식이 없는)이다. 즉 우리 언어의 형식 속에 없는 것이다. 반면 senseless는 형식은 가지고 있다.

예를 들어서 '0'을 보자. 사실 '0'은 의미를 결여하고 있다. 하지만 하나의 연산기호로서는 유의미하다. 그렇기 때문에 '0' 같은 것이 의미는 결여하고 있지만, 난센스하지 않는 예이다. 즉 'sensical하다'라고 말한다. 그러나 공허하다, 비어있다. 그리고 그것이 하나의 연산의 도구로서 어떻게 쓰이는지가 계속해서 나온다.

4.462 Tautologies and contradictions are not pictures of reality. They do not represent any possible situations. For the former admit all possible situations, and latter none.

항진명제와 모순명제는 실재에 대한 그림은 아니다. 그것들은 어떤 가능한 상황을 묘사하지는 못한다. 왜냐하면 전자는 모든 가능한 상황을 수용하고, 후자는 어떤 가능한 상황도 수용하지 않기 때문이다.

앞에서 계속 봤던 얘기다. 한쪽은 다 되고, 한쪽은 무조건 안 된다. 이런 것은 양쪽 다 가능한 상황이 아니다. 세상에 p와 q에 어떤 연산을 하더라도 무조건 참이라거나, 또는 무조건 거짓이라는 것이 어디에 있는가? 하나마나 한 얘기이다. 비가 오거나, 오지 않거나. 이것은 날씨에 대해 말하는 것인가? 아니다.

In a tautology the conditions of agreement with the world – the representational relations – cancel one another, so that it does not stand in any representational relation to reality.

항진명제에서는 세계와의 일치의 조건(표상 관계)이 서로 간을 지워버린다. 그리하여 그것은 실재와 어떤 종류의 표상적 관계에 있지도 않다.

항진명제와 세계와의 일치 조건은 서로 상대를 지운다는 것은 무슨 뜻일까? (p, q)의 모든 연산에 대해 참이라고 해보자. 그러면 이것은 (TTTT)(p, q)라고 쓸 수 있다. 그 전에 사실 어떤 경우에는 이 p와 q의 연산이 참이(기도 하)고, 또 어떤 경우에는 거짓이 되어야 한다. 그래야 p와 q가 세계에 대한 표상 조건이 된다. 그런데 항상 T라면, p와 q는 세계에 대한 어떤 표상적 관계가 될 수 없다. 하나가 다른 하나를 지우기 때문이다.

자, 어떻게 하나가 다른 하나를 지우는가를 보자.

$(p \lor q)$의 진리 조건은 원래 (TTTF)이다. 즉 (TTTF), $(p \lor q)$이다. 그런데 이것을 (TTTT), $(p \lor q)$라고 써보자. 그러면 (TTTT)라고 주장하면 $(p \lor q)$라는 연산관계를 지우고, $(p \lor q)$라는 연산관계를 주장하면 이는 (TTTF)이므로 이는 (TTTT)라는 표기를 지운다. (TTTT)와 $(p \lor q)$를 같이 동시에 고집하면, 이럴 수도 저럴 수도 없다. 그러니까 서로 간에 배제적 관계에 놓이게 된다.

4.463 The truth-conditions of a proposition determine the range that it leaves open to the facts.

명제의 진리 조건은 그것이 사실에 대해 열려 있는 그 범위를 결정한다.

예를 들어 어떤 (p, q) 연산의 진리 조건이 (TTTF)라고 하자. 그러면 p와 q라는 연산은 앞의 세 경우 TTT에 대해서는 열려 있고, 마지막 F에 대해서는 닫혀 있다. 그러니까 p와 q의 진리 조건이 마지막인 경우에 대해서는 문을 닫은 것이다.

(A proposition, a picture, or a model is, in the negative sense, like a solid body that restricts the freedom of movement of others, and in the positive sense, like a space bounded by solid substance in which there is room for a body.)

(하나의 명제, 그림, 모델(실험)은 소극적(부정적) 의미에 있어서는, 다른 사람의 행위를 규제하는 단단한 물체와 같다. 그리고, 긍정적 의미에서는 그 진짜 실제 물질에 의해 경계지어지는 공간과 같다. 그 공간에서 물체는 활동한다.)

이럴 때 $(p \vee q)$의 진리 조건이 (TTTF)이다. 그러면 p와 q로 이루어진 이 명제는 앞의 TTT이면 어쨌건 다 되는 것이다. 예를 들어 p와 q 각각을 'p : 비가 온다, q : 덥다'라고 하면, 마지막 경우, 즉 비가 안 오거나 덥지 않은 경우는 F가 된다.

p	q	p∨q
T	T	T
F	T	T
T	F	T
F	F	F

그러면 $(p \vee q)$는 둘 다여도 되고(비가 오고, 덥다), 둘 중 하나만이어도 된다(비만 와도 되고, 또 덥기만 해도 된다). 어떻게 생각하면 긍정적 의미에서 자유를 주는 것이다. 그리고 부정적 의미에서는 절대로 마지막 경우는 안 된다. '비도 안 오고, 덥지도 않는 경우'이면 안 된다라는 의미이다. 여기에서 비트겐슈타인이 문학적으로 표현하려 한 점이 조금 이해되지 않는다.

A tautology leaves open to reality the whole-the infinite whole-of logical space: a contradiction fills the whole of logical space leaving no point of it for reality. Thus neither of them can determine reality in any way.

항진명제는 논리 공간의 전체를 실재(무한대의 전체)에 대해 열어버린다. 반면 모순명제는 어떤 실재에 대해서도 열어두지 않는다. 따라서 둘 다 실재를 결정할 수는 없다.

4.464 A tautology's truth is certain, a proposition's possible, a contradiction,s impossible.

항진명제의 참은 확실하고, 명제의 참은 가능하고, 모순명제의 참은 불가능하다.

p와 q로 이루어진 명제는 T일 수도, F일 수도 있다. 명제는 여러 가지 가능성을 가진다. 그리고 모순명제는 불가능이다. p와 q에 대해 어떤 연산을 해도 안 되는 것도 있다.

사람들 중에도 이런 사람이 있다. 어떤 얘기를 들어도 무조건 안 될 준비가 된 사람이 있다. 문을 싹 닫아둔 것이다. 반면 영 싱거운 사람도 있다. 이것도 좋고, 저것도 좋고. 이 두 경우 모두 둘 다 미치게 한다. 그런데 더 미치는 경우는 실제로는 닫혀 있으면서도 열려 있다고 말하는 사람이다. 같이 근무하는 사람에게 오늘 뭐 먹을지 물으면 아무거나라고 답하면서, 이거 먹자고 하면 안 된다, 저것 먹자고 하면 안 된다라고 답한다. 알다시피 항진명제와 명제 p의 논리곱의 진리 조건은 p이다. 모순명제와 p의 경우에는 어느 것도 안 된다. 그러니까 실제로는 닫혀 있으면서 열려 있다고 말하는 사람에게 내 의견(p)이면 다 되는 줄 알았는데, 알고 보니 모순명제여서 p가 안 되는 상황인 것이다. 모순명제와 p의 진리 조건은 모순명제, 즉 공집합이다.

(Certain, possible, impossible: here we have the first indication of the scale that we need in the theory of probability.)

확실하다, 가능하다, 불가능하다. 여기에서 우리는 처음으로 확률의 범주를 결정짓게 된다.

확실함은 1이고 불가능함은 0이다. 모든 확률은 0~1 사이이다. 확률이 1이면 항진명제, 0이면 모순명제이다. 그래서 비트겐슈타인은 명제를 통해서 확률을 정의해나간다. 확률이 명제를 통해서 어떻게 표현되는지가 나온다. 여기에서 처음으로 확률을 결정지을 수 있는 하나의 자, 범주가 나온다.

4.465 The logical product of a tautology and a proposition says the same thing as the proposition.

항진명제와 어떤 명제의 논리곱은 그냥 그 명제이다.

그러니까 내 선택은 내 선택이지만, 막상 내가 선택하면 그것도 싫다고 하고, 저것도 싫다고 하고, 선택하다가 시간만 간다.

This product, therefore, is identical with proposition. For it is impossible to alter what is essential to a symbol without altering its sense.

그래서 이 논리곱은 이 명제와 같은 것이다. 왜냐하면 그것(항진명제)의 의미를 바꾸지 않고 어떤 상징에 필수적인 것을 변경하기란 불가능하기 때문이다.

Logical consequence(논리추론, 논리결과, 논리적 귀결)을 예전에 어떻게 정의했는가 하면, $p \wedge q$와 $p \vee q$를 예로 들었다.

p	q	(가) $p \vee q$	(나) $p \wedge q$
T	T	T	T
F	T	T	F
T	F	T	F
F	F	F	F

이때 한 명제(나)의 truth-ground(진실의 그라운드)가 다른 명제(가)의 truth-ground 안에 포함될 때, 혹은 어떤 명제의 truth-ground 집합이 다른 명제의 truth-ground 집합의 부분집합이 될 때, 우리는 (가)를 (나)의 논리적 귀결이라고 한다. 이것이 정의이다.

이제 p와 $(p \wedge q)$를 보자. 이때, p는 $(p \wedge q)$의 논리귀결이다. 왜냐하면 p의 truth-ground집합에 $(p \wedge q)$의 truth-ground 집합이 포함되기 때

문이다. 마찬가지로, q도 $(p \wedge q)$의 논리적 귀결이다.

p	p∧q
T	T
F	F
T	F
F	F

q	p∧q
T	T
T	F
F	F
F	F

언제나 이렇다. $p, q, r\cdots$ 등 각각의 명제는 $(p \wedge q \wedge r \wedge \ldots)$이라는 논리곱의 논리귀결이다. 즉, p도 $(p \wedge q \wedge r)$의 논리귀결, q도 $(p \wedge q \wedge r)$의 논리귀결, r도 $(p \wedge q \wedge r)$의 논리귀결이고, 만약, s가 있다면, s도 $(p \wedge q \wedge r \wedge s)$의 논리귀결이다. 즉 논리곱연산(∧)의 명제는 이런 독특한 특성을 가진다. 어떤 요소명제의 논리곱으로 이루어진 명제는 각각의 그 요소명제 전부를 논리귀결로 가진다. p와 q가 $(p \wedge q)$의 논리적 귀결이다. 그러므로 당연히 $(p \vee q)$도 $(p \wedge q)$의 논리귀결이다.

예를 들어 선생님이 "세 녀석 다 80점 못 넘으면…"이라고 말했다고 하자. 그러면 각각이 모두 80점을 넘어야 한다. 한 학생만 80점을 못 넘어도 큰일 난다. 세 학생 모두 80점을 넘는다는 것은 개개인이 모두 80점을 넘어야 한다는 사실을 논리귀결로 가지게 된다.

이제 한 걸음 더 진전해보자. 지금 변수의 정의를 하려고 한다. 변수가 논리학적으로 정의될 때, 아주 환상적이다. 예를 들어서 *fa*라는 함수가 있다고 하자. 그리고 *fb*, *fc*가 있다고 하자. 그러면 이 함수들 각각은 ($fa \wedge fb \wedge fc$)의 논리귀결이다.

그렇다고 한다면 이번에는 이렇게 표현해보자. '모든 *a*, *b*, *c*에 대해서'를 '모든 *x*에 대한 *fx*에 대하여'로 바꾸면, 즉 '모든 *fa*, *f b*, *fc*에서 각각은 *xf(x)*의 논리귀결이다'가 된다. 따라서 모든 상수는 변수의 논리귀결이다. 이것이 함수의 정의이다.

fa, fb, fc, ...	는	($fa \wedge fb \wedge fc \wedge \cdots$)의 논리 결과
fa, fb, fc, ...		$\forall x, f(x)$ =xf(x)의 논리 결과
상수		변수함수의 논리 결과

모든 상수함수는 변수함수의 논리귀결이다. 변수함수에는 그 무엇이 들어가도 참이어야 한다. *xf(x)*는 여기에 무엇을 대입해도, 모든 *x*에 대해 맞아야 한다. 그러므로 각각 (*fa*, *fb*, *fc*)이 논리귀결이다. 그래서 어떤 *x*에 대해서도 성립해야 하므로, 모든 *x*에 대해 *fx*라는 것은 어떤 상수함수에 대해서도 왕의 자리에 있는 셈이다.

어떤 *x*에 대해서도 반드시 성립해야 하기 때문이다. 한마디로 모든 상수는 변수의 논리귀결이다. 왜냐하면 변수는 언제나 '모든'이기 때문이다. 거기에 해당하는 '모든'이기 때문이다.

더 정확하게 표현하면, 어떤 상수함수라도 혹은 각각의 상수함수는 변수함수의 논리귀결이다. 변수함수에 대해 각각의 상수함수는 논리귀결이다.

우리가 fx라고 할 때, 그 fx는 x에 무슨 값을 대입해도 성립해야 한다. 그래서 어떤 상수를 대입했을 때의 값이 논리귀결이다. 이것이 truth-ground를 기반으로 설명하는 함수의 정의하다. 환상적이지 않은가? 당연한 얘기인가?

이 부분은 고등학교 때에는 배울 수 없는 부분이다. 예를 들어서 $(p \wedge q \wedge r)$이라고 하면, p, q, r 각각은 $(p \wedge q \wedge r)$의 논리귀결이다. 마찬가지로 xfx의 경우 변수로서 x는 상수인 a, b, c 등 어떤 상수가 대입되어도 성립되기 때문에 fa, fb, fc 각각은 xfx의 논리귀결이다.

이것을 한 번 보자. 자, '어떤 개는 짖는다'는 '모든 개는 짖는다'의 논리귀결이다. 모든 개가 짖는다가 맞다면, 어떤 개도 짖게 된다. 같은 얘기이다. 따라서 '모든 개가 짖는다'→'어떤 개는 짖는다.' 즉 'a가 짖는다. b가 짖는다. c가 짖는다'는 '모든 개가 짖는다'의 논리적 결과들이다. 이것은 truth-ground를 이용하면, 반드시 위의 진리표와 같은 식의 표현이 된다(truth-ground의 집합 비교).

왜 그런지 한 번 생각해보자. 만약 fa, fb, fc 등과 $x\ fx$, 즉 모든 x에 대해서 fx을 보자

fa	fb	fc	…	x f(x)
T	T	T		T
F	T	T		F
T	F	T		F
T	T	F		F
…	…	…		…

그런데 $xf(x)$의 값은 fa, fb, fc의 모든 값이 T여야만 T이다. fa, fb, fc 중에서 하나라도 F이면, $xf(x)$의 나머지는 F이다. 그러면 $xf(x)$의 truth-ground는 fa, fb, fc 각각의 truth-ground에 속한다. 그러므로 fa, fb, fc 전체(fa, fb, fc 각각)가 $xf(x)$의 논리귀결이다.

비트겐슈타인은 자아가 없는 것으로 보았는가?

자아 개념이 없는 우리는 분절적이고 변화체이므로, 변하지 않는 약속에 대해 더 중요시 하는 것 같다. 그렇다. 그는 자아 개념은 없다고 보았다. 다만 변하지 않는 약속이라는 것은 약속이라는 어떤 내재적 동기 때문에 변하지 않는 것이 아니라, 변했을 때에는 민사적 소송에 의해서 재정적 손해를 입기 때문에 변하지 않는 것이 약속이다. 그것이 아니라면, 다 변한다.

사람은 늘 변하니까, 규율이 없으면 운용될 수 없다. 기호도 마찬가지이고. 지금 논고에서도 그렇게 보인다. 그가 자아가 없다고 확실히 생각하는 것 같다.

그래서 나중에 나오겠지만, 비트겐슈타인이 "I am my world, 내가 나의 세계이다"라고 말한다. 이것이 나 잘났다는 소리가 아니라, 세계에 내가 그냥 편재해 있다는 의미이다. 인상주의 회화를 보면, 세상과 내가 대면해서 내가 마치 세상을 객관화하고 종합해서 보는 주체로서 그림을 그리는 르네상스식 회화가 아니라, 보는 사람과 그리는 사람 전체가 배경 속에 녹아든다. 인상주의 회화에서는 인물이 주인공이 아니다. 인물이 주인공일지라도 배경 속의 일부로 그려지거나, 인물의 뒷모습이 그려지거나 혹은 인물이 퀭한 눈을 가진다. 즉 이것은 세계에 대해 지성으로서 종합하는 자아와 주체성을 가지지 않는 인물이 아니다.

우리와 세계의 관계는 바로 그러하다. 세계에 내가 편재해 있어서, 거기에 자아라고 할 만한 것이 없다. 또 나는 나의 세계이고, 그는 그의 세계, 그녀는 그녀의 세계일 뿐이다. 다 각각의 세계이다.

그러면 세계는 몇 개인가? 인간 수만큼 많다.

그런데 우리 삶이 어떻게 영위되는가? 법이 있어서이다.

사람들은 자아가 없다고 생각할까? 있다고 생각할까? 자아가 있다고 생각하면 명청한 것이고, 자아가 없다고 하면 겸허하고 똑똑한 것이다.

세계에 대해 해명하는 변하지 않는 하나의 주체로서 항상적인 '나'라는 것이 있다고 생각하는가? 혹은 나는 나의 경험이외에 아무것도 아니라고 보는가?

후자가 맞는 얘기이다. 이것이 현대의 사고방식이고 민주적인 사고방식이다.

4.465 The logical product of a tautology and a proposition says the same thing as the proposition.
항진명제와 어떤 하나의 명제의 논리곱은 그 명제와 같은 것을 말한다.

이런 예를 보자. $(p \vee \sim p)$는 항진명제이다. 이것과 어떤 명제 q와의 논리곱은 q가 된다. 항진명제와 q의 논리곱은 q가 된다. 앞에서도 말했지만, 아무거나 먹겠다는 사람과 내가 만나면, 무엇을 먹을지는 내 의사로 결정된다.

This product, therefore, is identical with the proposition. For it is impossible to alter what is essential to a symbol without altering its sense.
그러므로 이 곱은 그 명제와 같다. 왜냐하면 어떤 기호에 필수적인 것을 그 의미를 변경시키지 않은 채로 변경시키는 것은 불가능하기 때문이다.

항진명제는 다른 명제의 의미를 변화시킬 수 없다. 그렇기 때문에 어떤 것의 의미를 변화시키지 않은 채로, 곱해지는 어떤 명제 q를 변화시켜서, 예를 들어 $(p \wedge q)$ 이런 것을 애초에 만들 수가 없다. 그러므로 항진명제의 논리곱은 원초적으로 곱해지는 어떤 명제의 의미를 변화시킬 수 없다.

그다음 명제가 무척 악명 높게 어렵다고 알려진 명제이다.

4.466 What corresponds to a determinate logical combination of signs is a determinate logical combination of their meanings. It is only to the uncombined signs that absolutely any combination corresponds. In other words, propositions that are true for every situation cannot be combinations of signs at all, since, if they were, only determinate combinations of objects could correspond to them.

기호들의 하나의 확정된 논리적 조합에 대응하는 것은 그 기호의 의미의 확정된 논리적 조합이다. 절대적으로 어떠한 종류, 그것이 무엇이 되었건 간에, 절대적으로 어떤 것이 되었건, 그 조합이 대응하는 것은 오로지 조합되지 않은 기호에 대해서이다. 다른 말로 하자면, 모든 상황에 대해 참인 명제들은 전혀 기호의 조합이 될 수는 없다. 왜냐하면 단지 확정된 대상의 조합만이 거기에 부응할 수 있기 때문이다.

어떤 기호에 대응하는 것은 그 의미들의 조합이다. 모든 상황의 참인 명제들은 기호의 조합이 없다. 왜냐하면 기호의 조합이라는 것은 어떤 대상과 일대일 대응이 되어야 한다는 뜻으로 보인다. 맞다. 우리는 지금 당연한 것을 하고 있는 것이 맞다. 자, 다시 한번 보자. 어쨌든 이런 쪽으로 한번 해보고, 저런 쪽으로 한번 해보는 여러 시행착오 중 하나이다. 이런저런 시도는 훌륭하다.

p	q	p∧q	(p, q)
T	T	T	T
F	T	F	T
T	F	F	T
F	F	F	T
		확정된 조합과 확정된 기호를 가짐	확정된 조합과 확정된 기호를 가지지 않음

여기에서 $(p \wedge q)$, 이것은 확정된 의미의 조합이라고 할 수 있다. 이들은 참/거짓을 나타내야 하기 때문에, 결정된 의미만 대응한다.

그런데 이번에는 이런 것을 한번 생각해보자. 지금 p와 q에 대한 어떤 종류의 연산인지는 모르지만, (p, q)라고 하고, 그 결과가 항상 참이 나왔다고 해보자. (TTTT)(p, q). 그러면 이 연산에 대해서 확정된 의미가 대응할 수 있는가? 없다. 그렇기 때문에 모든 상황, 즉 p와 q가 무엇인 건 간에 항상 참인 명제, 바로 항진명제이다. 그런데 여기 본문의 내용에 비추어 보면 항진명제는 조합되지 않은 기호와 같다. 그래서 항진명제의 특징 중의 하나가 조합되지 않은 기호를 가진다.

예를 들어 어떤 식으로든지 조합되어 있다고 한다면, 어떤 경우에 T가 되고, F가 되는지, 거기에는 반드시 확정된 의미에 대응한다. 확정된 의미란 참이 되는 경우이다. 그러면 항상 참이라는 것은 어떤 확정된 의미는 아니다. 그런데 실제로 항진명제 자체가 항상 조합되지 않은 기호인가? 그렇지는 않다.

자, 한번 보자. 모든 확정된 의미가 부응(대응)하지 못하는 것은 일단 조합되지 않은 기호이다. 그런데 항진명제는 확정된 의미가 대응하지 못하면서도 조합된 기호이다. 정리하면 다음과 같다.

1. 조합되지 않는 기호는 본래적으로 확정된 의미를 지니지는 못한다.
2. 항진명제는 확정된 의미를 지니지는 못한다.
3. 그럼에도 불구하고 항진명제는 확정된 기호이다.

(TTTT)(p, q)에서는 (p, q)는 조합되지 않은 기호를 가진다. 이것들이 ($p \wedge q$)처럼 조합되면, 항진명제가 될 수 없다. 그런데 지금 (TTTT)(p, q) 이런 것이 있다고 가정을 하고 말하는 것이기 때문에 조합되지 않은 기호들이다. 반면, 조합되는 기호는 무조건 확정된 의미를 가진다.

2개이건(예: $p \wedge q$), 3개이건(예: $p \vee q \wedge r$), 4개이건 조합이 안 된 상태이다. 왜 그런가 하면, 조합이 되면 확정된 의미를 가진다. 그러나 확정된 의미를 가지지 않았다는 것은 조합되지 않았다는 것이다.

누군가가 '비와 눈' 이렇게 말하면 이것이 확정된 것인가? 아니다. 비와 눈에 대한 연산이 기다리고 있다. 즉 아직 확정되지 않은 것이다. 확정되지 않음은 앞으로 확정될 예정인 것이다.

그런데 확정이 되면, 모든 경우에 참인가? 아니다. 모든 경우에 참이라면, 일단 그것은 확정되지 않은 것이다.

따라서 다시 보자.

1. 조합되지 않는 기호는 본래적으로 확정된 의미를 지니지는 못한다.
2. 항진명제는 확정된 의미를 지니지는 못한다.
3. 그럼에도 불구하고 항진명제는 확정된 기호이다.

이번에는 $(p \rightarrow p) \wedge (q \rightarrow q)$ 라는 명제를 보자.

p	q	p → p	q → q	(p→p)∧(q→q)
T	T	T	T	T
F	T	T	T	T
T	F	T	T	T
F	F	T	T	T
				확정된 조합, 기호를 가짐

$(p \rightarrow p) \wedge (q \rightarrow q)$ 는 확정된다. 확정되었는데도 불구하고, 전부 T이다. 그래서 항진명제는 되게 예외적인 것이다. 그래서 항진명제는 분명히 확정되었음에도 불구하고 열려 있게 된다. That are true for every situation(모든 상황에 해당된다)이 된다.

그런데 이 얘기를 비트겐슈타인이 왜 하는 것일까?

'must be shown(보여져야 할 모든 것)'은 무엇일까? 항진명제이다. 보일 수 있는 것은 말할 필요조차 없으므로 당연한 것이다. 형식개념 같은 것이다. 예를 들어 '1'이 제시되면, 그 이면에 '수'가 따라온다. 우리가 '1'을 말하면서 '수이다/수가 아니다'라고 따지지 않는다. 꼭 알아야 한다. 보여지는 것은 언제나 항진명제이다.

그러면 말해질 수 있는 것은 무엇일까?

말해질 수 있는 것은 언제나 조합된 기호이다. 그리고 확정된 의미를 가지는 것이다. 그런데 항진명제는 분명히 확정된 기호를 가지고 있다. 즉 이미 결정된 것이다. 그러한 것이 있다는 것이다. 그럼에도 불구하고 항상 참이다. 그러면 다른 명제가 가지지 않는 이상한 성격을 가진다. 분명 조합되어 있는데, 모든 상황에 대해 참이다. 이것은 항진명제만의 특징이다. 그리고 동시에 'must be shown'의 특징이다.

결국 비트겐슈타인이 내리는 결정은 'must be shown'이야말로 바로 세계의 논리라는 것이다. 그래서 보일 수밖에 없다는 것, 이것이 논리이고, 논리가 곧 세계이다. 이것은 분명히 조합된 기호는 아니다. 그러나 조합된 기호이다. 그럼에도 불구하고 항상 참이라는 이상한 성격을 가지고 있다.

자, 다시 다른 식으로 조합된 기호에 대해서는 그 기호 밖에서 그 기호에 대해 기술할 수 있다. 비가 오거나, 눈이 오는 상황은 우리의 형식

내에서 말해지는 것이다. 그러나 형식 그 자체는 당연한 것이다. 형식은 우리에게 배어 있는 것이고, 세계의 논리이고, 세계의 거울이고, 형식개념이고 바로 항진명제이다. 그러므로 논리는 선험적이다. 그리고 동시에 항진명제이다. 어떻게 해볼 수가 없는 것이다.

진리표에서 진리 조건이란 어떤 것인가?

p	q	p∧q	q → q
T	T	T	T
F	T	F	T
T	F	F	T
F	F	F	F

진리 조건이란 (TFFF)($p \wedge q$)에서 (TFFF) 전체를 같이 말할 때이다. ($p \wedge q$)의 진리 조건이다. 또 (TTTT)(p, q)에서는 (TTTT)가 진리 조건이다. 예를 들어 이 중 하나(T)를 지칭하려면, '이 진리 조건 중의 하나'라고 말한다. p가 되는 것은 어떤 진리 조건하에 있다고 말한다.

참이 되기 위해 요청되는 조건이 진리 조건이다. ($p \wedge q$)가 참이기 위한 조건이다. 그래서 ($p \wedge q$)부터 따지기 시작해야 한다. ($p \vee q$)의 경우에는 참 인 경우가 세 가지 경우이다. 이때 "p와 q의 조합들(T)이 ($p \vee q$)의 진리 조건이다"라고 말한다.

결국 왼편이 진리 조건인 것이 아닌가?

왼편이나 오른편이나 같다. $(p \vee q)$가 참이 되려면, (T, T) 또는 (F, T) 또는 (T, F)를 요청하고, (p, q)의 조합이 (T, F)이면 $(p \vee q)$이 참이 된다. 그래서 진리 조건이라고 할 때에는 같은 것이기 때문에 둘 다를 말한다. 반면 진리 가능성은 p의 진리 가능성, q의 진리 가능성 각각에 대해 전부 다이다. 즉 p의 경우에는 T/F/T/F, q의 진리 가능성은 T/T/F/F이다.

truth-condition에서 condition은 '조건'뿐 아니라, '상태'도 있다. 조건이라고 번역하는 것은 적절하지 않은 것 같다. "무엇이 되기 위해 무엇무엇을 충족해야 한다"라고 말할 때, 그 '무엇무엇'을 조건이라고 한다. 우리가 충족이유율이라고 할 때, 율律은 cause이다. 우리말로는 원인이다. 그런데 이것이 영어에서는 원인이라는 것보다는 훨씬 포괄적인 뜻이다. condition도 마찬가지이다. cause는 대의, 큰 뜻 정도에 해당한다. 그리고 우리는 원인과 결과를 분명히 구분해서 말한다. cause and effect, 영어도 그렇다. 하지만 영어에서는 그냥 한 단어로 causality(인과관계)라고도 말한다. 왜 causality가 원인과 결과가 될까? 왜 이것이 인과율이 될까? 결과는 원인 속에 들어가 있기 때문이다. 굳이 말할 필요가 없기 때문이다.

이것은 굉장히 중요해서 분명히 명심해야 한다. 지금 비트겐슈타인이 포석을 깔고 있는 것이다. 뒤에 'logic is transcendental. 논리는 선험적이다'라는 말이 나온다.

In other words, propositions that are true for every situation cannot be combinations of signs at all(다른 말로 하자면, 모든 상황에 대해 참인 명제들은 전혀 기호의 조합이 될 수는 없다)에서 기호의 조합이 조합된 기호인가? 그렇다. 기호의 조합을 조합된 기호라고 설명했다. 그런데 참인 명제는 기호의 조합이 되지 않는다고 했다. 여기에서는 항진명제라고 하지 않고, propositions that are true(참인 명제)라고 했다. 모든 상황에 대해서 참인 명제는 사실 원칙적으로 보자면, 전혀 기호의 조합이 될 수가 없다. 원칙적으로 보자면 그래야 한다. 왜냐하면 그 조합의 기호는 확정된 조합의 대상만이 거기에 대응해야 하는데, that are true for가 되면 모든 대상이 거기에 대응하기 때문이다. 그래서 맨 마지막을 먼저 보자.

> Tautology and contradiction are the limiting cases-indeed the disintegration-of the combination of signs.
>
> 항진명제와 모순명제는 매우 제한된 경우이다. – 사실은 해체 – 기호 결합의 해체이다.

어떤 명제가 거기에 부응하는 확정된 의미를 가지기 위해서는 확정된 조합이어야 한다. 그런데 모든 경우에 대해 참이면, 사실상 확정될 수는 없다. 그럼에도 불구하고 모든 것이 참이면서, 확정된 매우 제한적인 경우가 있다. 이것이 항진명제이다.

모순명제는 조합된 기호인가? 조합되지 않는 기호인가?

모순명제는 모든 경우에 안 되는 것이다. 모순명제도 조합된 기호이다. 그러나 애당초 의미를 다 배제해버린다. 그래서 고려의 대상이 아니다. 반면 항진명제는 그렇지 않다. 항상 거짓이라는 것은 고려할 필요가 없다. 항상 참이라는 것이 언제나 고려할 필요가 있는 것이다.

다시 한번 보자.

What corresponds to a determinate logical combination of signs is a determinate logical combination of their meanings.

기호의 확정된 논리적 조합에 부응하는 것은 그 기호의 의미의 확정된 논리적 조합이다.

It is only to the uncombined signs that absolutely any combination (of meanings) corresponds.

절대적으로 어떤 조합이라도 부응하는 것, 의미의 어떤 조합이던지 부응할 수 있는 것은 단지 조합되지 않은 기호에 대해서이다.

이것이 되게 중요하다. 일단 조합이 되었다 하면 결정되어 버린다. 그런데 어떤 의미가 지금 결정되어 있지 않다는 것은 아직 조합이 정해지지 않았다는 의미이다.

In other words, propositions that are true for every situation cannot be combinations of signs at all,

다른 말로 하자면, 모든 상황에 대해 참인 명제는 어떠한 기호의 조합도 되지 말아야 한다.

오로지 확정된 의미는 확정된 조합의 기호에만 부응할 수 있다. 그리고 어떤 확정된 조합이 아닐 경우에는 거기에 역시 확정되지 않은 의미가 부응한다. 그래서 모든 것에 대해 참인 것은 확정된 것이 아니다. 그래서 조합되지 않은 기호가 되어야 한다.

그런데 아닌 경우가 있다. 즉 모든 것이 참인데도 불구하고 분명히 확정된 경우가 있다. 예를 들어 $(p \longrightarrow p) \wedge (q \longrightarrow q)$는 확정된 기호를 가지고 있다. 그런데 항상 열려 있음(항상 참이다)이다. 그럼에도 불구하고 확정된 기호를 가지고 있다. 그러므로 이 경우는 제한적으로, 매우 드물게 이런 경우가 있게 된다.

모순 명제의 경우는 항상 FFFF라서 그런가?

(FFFF)(p, q)는 모든 것에 대해, 어떻게 한다 해도 참이 될 수 없는 경우이다. 그래서 이 경우에는 아예 고려의 대상이 아니다. 왜냐하면 중요한 것은 참인 경우이기 때문이다. '어떤 경우에 확정된 의미를 부여할 수 있는가?'인데, 이런 경우에는 의미 자체를 가질 수가 없기 때문이다. 항진명제는 항상 의미를 가지기 때문에 제한적인 경우이고, 모순명제는 의미 자체를 가지지 않는 제한적인 경우이다. 그런데 사실은 앞으로도 계속 중요할 것은 항진명제이다.

왜 그런가? 논리, 그리고 더 포괄적으로는 'must be shown, 보여져야 할 모든 것'은 궁극적으로 다 항진명제이기 때문이다. 우리가 당연한 것이라고 여기는 것들이다.

어떤 연산의 결과가 (TTTT)이면 확정된 조합이 아니지만, 어떤 항진명제 $(p \rightarrow p) \wedge (q \rightarrow q)$는 TTTT임에도 불구하고 확정된 조합을 가진다. 즉 (TTTT)(p, q)는 확정된 조합이 아니지만, (TTTT)$((p \rightarrow p) \wedge (q \rightarrow q))$는 확정된 조합을 가진다라고 이해하면 되는가?

일단 확정적인 기호의 조합이 있다고 하면, 확정적인 의미의 조합이 같이 있게 된다. 그런데 거기에 확정적인 의미가 없다는 것은, 이 경우에는 아직 조합이 되지 않은 것이다. 그래서 모든 경우에 대해 참인 경우에는 확정되지 않았다고 한다. 그런데 항진명제는 확정되었는데도 불구하고 열려 있다. 항상 참인 매우 예외적인 경우이다.

위에서 했던 항진명제의 특징을 반복해보자.

1. 모든 것이 참이면 항진명제이다. : (TTTT)
2. 모든 것이 참인 경우는 의미가 결정되지 않았다. 기호가 조합되지 않았다. : (TTTT)(p, q)
3. 그러나 항진명제는 의미가 확정되지 않았음에도 불구하고 기호가 조합되어 있다. : (TTTT)$((p \rightarrow p) \wedge (q \rightarrow q))$

모든 게 참이라는 것은 의미가 확정되지 않았다는 것이다. 조합되지 않은 기호 (TTTT)(p, q)이다. 그런데 항진명제는 의미가 확정되지 않았음에도 불구하고, 조합된 기호 (TTTT)(($p \rightarrow p$) ∧ ($q \rightarrow q$))이다.

항진명제는 논리적으로는 조합되지 않은 기호인데, 사례를 보면 조합된 기호라는 것인가?

그렇다. 더 중요한 것은 비트겐슈타인이 왜 항진명제에 대해 이렇게 집착하고 있는지를 이해하는 것이다. 이것은 그가 항진명제는 선험적이라는 것을 끌어들이기 위해서이다. 자, 선험적인 것은 항상 참이어야 한다. 그러나 항상 참이라고 해도 그것이 조합되어 있지 않다면, 세계에 대해 무엇인가를 보여주는 것이 아니다. 그래서 필요한 것은 항상 참이면서 동시에 조합되어 있어야 한다. 그것이 must be shown이고, 동시에 이것은 formal concept(고유 개념), logic(논리), tautology(항진논리식) 등이다.

must be shown이 formal concept이고, logic인 것은 알겠는데, 윤리적 must be shown은 무엇인가?

윤리는 cannot be said(말할 수 없다)는 맞다. 그러나 must be passed over in silence(침묵 속에서 지나갈 것)이다. cannot be said에는 두 가지가 있다. formal logic과 must be passed over in silence 둘 다 보여져야 할 세계이다. 하나는 언어의 형식으로 보여지는 것이고, 다른 하나는 언어의 형식으로 보여지는 것은 아니다. 그것에 대해 무엇인가를 말해야 한다면, 그것은 그냥 침묵 속에서 지나가야 할 것이다.

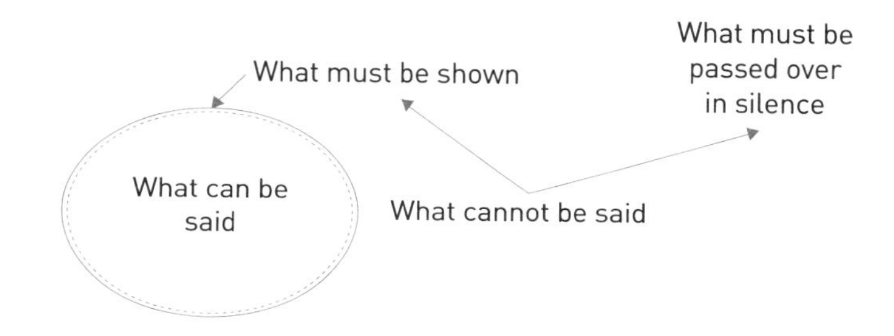

감옥에 가지 않도록 행동하면 된다. 윤리학은 감옥에 가지 않게 한다. 두 번째로는 행복하게 해주면 된다. 우리에게 남은 유일한 윤리학은 행복에의 추구이다. 그러면 행복 추구의 첫 번째 요건은 자유이다. 자유가 구속되어 있으면서 행복할 수는 없다. 두 번째로 안전보장도 필요하지만, 어느 경우에나 매우 실용적인 윤리학이 거기에 있어야 한다. 만약 "어떤 이상을 추구하고 그것이 나에게는 행복이다"라고 할 수 있다. 괜찮다. 대신 그 이상을 모든 사람이 추구해야 한다거나, 그 이상이 실체가 있다거나 하는 주장만 안 하면 된다. 그렇기 때문에 침묵 속에서 지나칠 수밖에는 없다. 각자의 취향의 문제이고, 각자가 행복을 느끼는 영역의 문제이다.

중요한 것은 자기가 삶을 어떻게 해서 행복에의 추구를 할 것이냐라는 것이다. 즉 삶의 풍요, 부자로서 사는 것인데, 내 마음속에서 어떤 풍요로움이 계속 나오는 것이 좋은가, 외적 풍요로움이 나를 부자로 만드는 것이 좋겠는가? 둘 다면야 물론 좋다. 다만 '나 같으면 그렇게 하겠다'라는 것이다.

그다음을 계속 하자.

(And what is not a logical combination has no combination of objects corresponding to it.)
(논리적인 조합이 아닌 것은 거기에 부응하는 대상의 어떤 조합도 가지지 않는다.)

이것은 뻔한 얘기이다.

모순명제는 논리적 조합인가? 모순명제는 논리적 조합이 아니다. 그러면 모순명제는 난센스인가? 우리가 원칙적으로 여기에서 '거기에 부응할 수 있는 어떤 확정적인 대상을 안 가진다는 것'은 무슨 뜻인가? 확정되어 있지 않다는 것이다. 그래서 거기에 대응하는 대상을 가지지 않는다. 따라서 항진명제는 거기에 부응해주는 대상이 없다. 그럼에도 불구하고 유의미한 기호의 조합이다. 그래서 항진명제가 묘한 입장에 있다.

공간, 시간, 색, 수, 이런 것은 우리가 확정적인 것으로서 설명될 수 있는가? 아니다. 그렇다고 해서 이것이 의미를 가지지 않는가? 가진다. 설명은 불가능하지만, 의미를 가진다. 이것이 항진명제이다. 의미를 가진다는 것은 실제로 논리학에서 '기호의 조합'이다. 그렇지만 뭐라고 말할 수는 없다. 이것이 항진명제이다. 그래서 항진명제의 특징은 기호의 조합이지만, 확정적 의미를 가지지 않는다. 확정적 의미를 가진다면, 우리는 그 대상의 바깥에서 그것을 기술 할 수 있다.

그런데 확정된 의미를 가지지 않은 것, 그 바깥에서 그것을 볼 수가 없다. 확정되지 않았는데, 어떻게 볼 수 있는가? 그래서 항진명제는 우리가 볼 수 없다. 그럼에도 불구하고 이것이 기호의 조합이라는 것은 존재한다는 것이다. 그래서 조합된 기호이면서, 그러면서도 확정된 의미를 가지지 않는 매우 독특한 세계, 그 세계를 선험적인 세계라고 정의하는 것이다. 이것이 언어철학, 분석철학에서 말하는 바의 '선험성'이지 않을까라는 것이 나의 주장이다. 아마 맞을 것이다. 비트겐슈타인이 그런 뜻으로 얘기한 것이다.

비트겐슈타인의《논리철학논고》가 무엇인가는 있는 것 같은데, 너무 어려워서 당대 최고의 철학자들 대여섯 명이 모였다. 카르납도 있었고, 프레게도 있었고, 다 있었다. 비트겐슈타인에게 무슨 뜻인지 설명해달라고 했더니, 그때 비트겐슈타인이 가만히 보다가 답하기를 "너무 당연해서 설명할 게 없다"고 했다. 사실 당연하다. 그러나 중요한 것은 이것이다. 결국 비트겐슈타인이 이렇게 말하는 이유는 "논리, 오직 논리이다." 논리는 당연한 세계라서 어떻게 해볼 수가 없다. 그럼에도 불구하고 이것이 조합된 기호를 가지지 않는다면, 어떤 의미도 가질 수가 없다.

조합된 기호를 가지지 않는다면 미정의 것이고, 그것에 준해서 우리는 삶을 살 수 없다. 신은 세계를 무조건 조합된 기호로 만들었다. 구약에 보면, 태초의 세상은 형식이 없고 공허했다고 되어 있다formless and void. 그래서 신이 수면에 영이 머물다가 여기에다 form을 부여했다. 이 form이 바로 세계이다. 하나의 형식이다. 조합된 기호이다. 그러나 이것은 확 열려 있다. 우리는 이것을 당연한 것으로 알고 젖어 살 수밖에 없기 때문이다.

> 4.4661 Admittedly the signs are still combined with one another even in tautologies and contradictions-i.e. they stand in certain relations to one another: but these relations have no meaning, they are not essential to the symbol.
>
> 이렇게 인정될 수 있다. 항진명제에서나 모순명제에서나 그래도 기호들은 결합되어 있다. 그것들은 어쨌든 서로 간에 어떤 관계 속에 처한다. 그러나 이 관계는 의미를 가지지 않는다. 그것은 우리 마음속에서 일어나는 어떤 기호의 의미에 대해서 필수적인 것은 아니다.

여기에서 '이 관계는 의미를 가지지 않는다.'는 무슨 말인가? 한마디로 아주 간단하게 멋있게 표현하자면? '말해질 수 없다'는 것이다. 즉 우리가 세상을 바라볼 때, "오, 저기 비가 온다. 오늘 날이 덥다"라는 것은 세계를 바라볼 때 세계를 기술하는 데 꼭 필요한 것들이다. 하지만 기호는 그러한 기술의 필요성을 가지지 않는다. 필연성을 가지지 않는다. 우리는 이미 그 안에 젖어 살기 때문이다. 물 속 밖에 모르는 물고기에게 중요한 것은(필요한 것은) 저기에 바위가 있고, 저기에 내 먹이가 있고, 저기에 내 천적이 있고, 저기에 내 포식자가 있다는 것이다. 하지만 거기에 물이 있어서 내가 헤엄친다는 사실은 필수불가결한 것은 아니다. 당연히 그렇게 되어 있는 것이다.

4.5 It now seems possible to give the most general propositional form: that is, to give a description of the propositions of any sign-language whatsoever in such a way that every possible sense can be expressed by a symbol satisfying the description, and every symbol satisfying the description can express a sense, provided that the meanings of the names are suitably chosen.

이제 가장 일반적인 명제의 형식을 제시하는 것이 가능한 것처럼 보인다. 말하자면, 어떠한 종류의 기호 언어의 명제에 대한 기술을 제시하는 것이 가능해진 것처럼 보인다. 그것이 무엇이건 모든 가능한 의미(뜻)가 그 묘사를 충족시키는 기호에 의해서 표현될 수 있도록, 그리고 또한 그 묘사를 만족시키는 모든 기호가 뜻을 표현할 수 있는 식으로, 이름의 뜻이 적절하게 선택만 된다면(선택되었을 때).

자, 우리의 명제가 뜻을 가질 수 있게 되었는데, 그 이름만 적절히 선택된다고 한다면, 무슨 의미든지 나타낼 수 있다는 비트겐슈타인의 설명이다.

It is clear that only what is essential to the most general propositional form may be included in its description-for otherwise it would not be the most general form.

가장 일반적인 명제 형식에 있어서 필수적인 것이 그 기술에 포함되어야 한다는 것은 명백하다. 그렇지 않으면, 그것은 가장 일반적인 형식은 아니기 때문이다.

p라는 명제를 한 번 생각해보자. 그러면 이것(p)은 가장 일반적인 형식의 명제이다. 그러면 가장 일반적인 형식은 무엇이든지 다 표현할 수 있어야 한다. 왜냐하면 하나의 변수이니까. 그래서 그 일반적인 명제의 기술이 가능하게 하는 모든 필수적인 것이 포함될 수 있어야 한다. 그래야 일반적인 명제이다. 이를 테면 명제는 반드시 $\forall x$, fx, 즉 모든 fx에 대해 가능해야 한다. 즉 p에는 '비가 온다'뿐만이 아니라, 모든 것이 p로서 표현될 수 있어야 한다. 기술될 수 있어야 한다. 그렇기 때문에 p가 가장 일반적인 형식이라고 할 수 있다.

The existence of a general propositional form is proved by the fact that there cannot be a proposition whose form could not have been foreseen(i.e. constructed).

일반적인 명제의 형식의 존재는 거기에 그 형식이 미리 예견될 수 없는 그러한 명제는 없다는 그 사실에 의해 증명된다.

다시, p라는 명제를 생각해보자. 여기에는 모든 형식을 다 취할 수 있다. 이것으로부터 가장 일반적인 명제라는 것이 증명된다. foreseen은 constructed이다(즉 구성될 수도 있다).

The general form of a proposition is: This is how things stand.

이 명제의 일반적인 형식은 이것이다. : 상황이 어떠하다. 대상이 어떠한 형식으로 존립되어 있는가.

진리함수
4.51~5.101

4.51 Suppose that I am given all elementary propositions: then I can simply ask what propositions I can construct out of them. And there I have all propositions, and that fixes their limits.

내게 모든 요소명제가 주어져 있다고 가정하자. 그러면 나는 그 요소명제들로부터 어떤 명제를 만들 수 있는지 간단하게 부를(요청할) 수 있다. 그리고 그때 나는 모든 명제를 다 쥘 수 가 있고, 바로 그것이 그들의 한계(명제의 한계)를 정한다.

예를 들어 어떤 요소명제들이 있다고 하자. a, b, c, d, e, f. 이것이 요소명제들의 전부다. 그러면 여기로부터 우리는 어떠한 명제를 만들 수가 있다. 일단 만들었다고 하자. 예를 들어 p=(a, b, c로 만들어지는 어떤 복합명제), 우리는 이 요소명제들을 가지고 p 외에도 모든 종류의 명제를 만들 수 있다. 그런데 p가 만들어지는 순간, 다른 명제를 만들 수는 없다.

《논리철학논고 해제 1; 언어의 한계는 세계의 한계다》에서 얘기한 것처럼, 세계의 기저substance가 있고, 세계 1, 2, 3이 나온다. 요소명제와 형식으로부터 간단하게 하나의 세계를 만들 수 있다. 하지만 이 하나의 세계는 다른 세계를 배제한다. 즉 다른 명제들의 한계를 정해버린다.

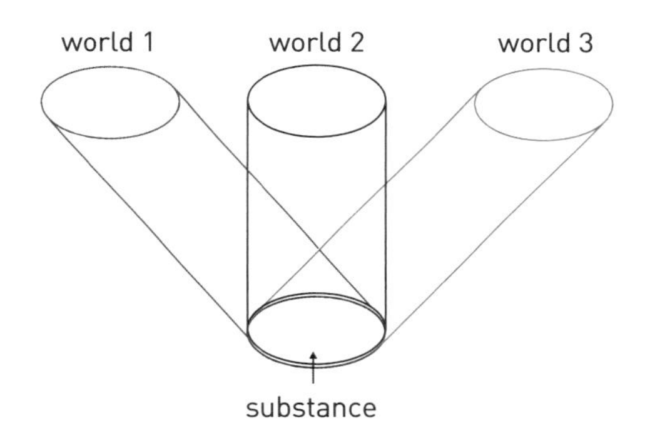

모든 요소명제를 가지고 있고, 그것으로 가능한 모든 명제들을 만들었다면, 이것이 세계 전체가 아닌가?

모든 요소명제를 가지고 있다는 것은 얼마든지 다양한 세계를 만들 수 있다는 뜻이다. 그런데 명제로서 하나의 세계가 만들어지면, 다른 세계들은 구축되기 때문에 명제가 그것 하나로, 하나의 그룹의 명제로 제한된다.

이렇게 생각해보자. 명제의 형식은 하나의 가능성이다. 내가 모든 요소명제를 가지고 있다고 하자. 그러면 나는 '그 요소명제들로부터 어떤 명제를 만들 수 있는가?'라고 간단하게 물을 수 있다. 내가 요소명제들로부터 어떤 하나의 명제를 만들었다고 하자. 그러면 그 명제로 만들어지는 세계 이외의 다른 세계는 가능하지 않다. 여기서 만든 것은 참인 명제를 만들었다는 것이다. 은유적으로 썼지만, '만들었다'는 것은 그 사태만 존립하고 있다. 즉 그 사태만 존립하게 된다는 의미다. 그래서 가능한 모든 명제를 쥐게 된다는 것이고, 그것이 또 그 한계를 정해버린다.

다시 p를 보자. 'p: 비가 온다.' 이때 "지금 비가 온다. 그러면서 동시에 비가 안 온다"라고 할 수 있는가? 우리가 명제로 비가 온다는 것을 construct(구성)하면, '비가 안 온다'는 사실은 배척된다. 이 뜻이다. 그리고 요소명제가 주어질 때, 그것으로 가능한 세계는 또한 무지하게 많다. 요소명제가 3개였을 때, 가능한 세계는 256개이다.

$$L_3 = \sum_{v=0}^{K_3} \binom{K_3}{v} = \sum_{v=0}^{8} \binom{8}{v} = {}_8C_0 + {}_8C_1 + {}_8C_2 + {}_8C_3 + \ldots + {}_8C_8 = 256$$

그 중 하나가 만들어지면(지금의 사태로 존립하면), fixed their limit(한계가 정해진다)이다. 나머지 255개는 배제된다. 그러니까 몇 개의 요소명제로부터 가능한 세계는 굉장히 많다. 그렇지만 존립하는 세계는 그 중에 하나이다. 그래서 that fixes their limits(한계를 정하는 것)는 존립하는 세계가 나머지를 없앤다는 뜻이다.

4.52 Propositions comprise all that follows from the totality of all elementary propositions(and, of course, from its being the totality of them all).

명제는 모든 요소명제들부터 흘러나오는 모든 것을 포함한다(물론, 그것들이 전체인 통합됨에 의해서).

요소명제로부터 나오는 가능한 모든 명제를 일단 모두 포함한다. 모든 명제가 요소명제에서 나온다. 그다음에 그 모든 명제로부터 또 다른 명제들이 나올 수 있다.

4.51에서의 마지막 문장의 '모든 명제'와 4.52에서의 '모든'은 다른가? 그렇다. 앞의 all은 참인 명제, 지금 존재하는 명제이고, 뒤의 all은 가능한 명제이다. 앞 문단과 뒷 문단의 all proposition이 지칭하는 것이 다르다니 친절하지 않다. 이 정도는 알아서 이해해라라는 뜻일 것이다.

(Thus, in a certain sense, it could be said that all propositions were generalizations of elementary propositions.)

따라서 어떤 의미에 있어서는 모든 명제는 그 요소명제의 일반화라고 말해질 수 있다.

어떤 뜻에서 '명제는 모든 요소명제의 일반화이다'가 무슨 뜻일까?

우리가 명제라고 하는 것을 하나의 변수로 볼 수 있다. 사실 명제에는 거기에 무엇이 담길지 모른다. 그러면 어떠한 것이 변수일 때, 그 변수의 구성요소도 변수이다. 단지 이 뜻이다.

요소명제 a를 보자. 그리고 'a'라고 표현하면, 사실은 a는 상수가 아니다. a라는 것은 존립/비존립의 변수이다. 이렇게 변수로서 구성되는 어떠한 명제는 반드시 변수이다.

$f(g(x))$

$g(x) = u$: 변수

$\therefore f(g(x) = f(u)$: 변수

예를 들어 $g(x)$는 변수이다. $g(x)=u$라고 하면, $f(u)$이다. $f(u)$ 이것도 역시 변수이다. 즉 $f(u)$가 변수, $g(x)$가 변수이다. 그러므로 일단 요소명제가 변수이면, 그것의 종합명제도 변수이다. 그리고 종합명제가 변수면, 요소명제도 변수이다.

4.53 The general propositional form is a variable.

일반적인 명제형식은 변수이다.

그 변수라고 하는 것의 특징은 첫째, 거기에 무엇이든 담길 수 있는 것이고, 둘째로 거기로부터 다른 모든 명제를 논리적 귀결로 만든다. 이것이 변수이다.

fa, fb, fc 등은 $(fa \wedge fb \wedge fc)$의 논리적 귀결이다. 이것이 변수의 특징이다. 그것이 변수라는 것은 반드시 일반적이라는 것이다. 그리고 $xf(x)$로부터 fa, fb, fc 등을 다 유출시킬 수 있다. fa, fb, fc 등은 상수이다. 그러

므로 우리가 가령 p라고 했을 때, 이것이 변수라는 것, 즉 이제 이것(p)을 어떻게 건설할 것인가의 문제가 남게 된다. 즉 'p를 무엇이라고 보자'라고 하는 상수를 대입할 일이 남는다. 마치 '$xf(x)$에서 x를 무엇으로 보자'라고 지정할 일이 남는 것처럼. 그래서 일반적인 명제 형식의 가장 궁극적인 형태는 변수이다. '변수란 무엇인가'라고 했을 때, 사실 이것이 변수의 정의이다.

5 A proposition is a truth-function of elementary propositions.

명제는 요소명제의 진리함수이다.

즉 여기에서 요소명제라는 것은 '모든 명제의 truth-argument이다'라고 해도 된다. 예를 들어 A라는 명제를 세 가지 상수(a, b, c)에 대한 변수라고 하자. 그러면 A의 참/거짓은 a, b, c의 T/F에 의해서 결정된다. 다음 예를 보자. 매우 간단하다.

p	q	p∧q
T	T	T
F	T	F
T	F	F
F	F	F

자, ($p \wedge q$)를 명제로 보자. 그리고 p, q 각각은 요소명제로 보자. 그러면 p와 q는 요소명제 자체가 존재할 수도 있고, 아닐 수도 있는 T와

F에 대한 변수이다. 그러면 $(p \wedge q)$는 p와 q에 의해 좌우된다. 즉 $(p \wedge q) = f(p, q) = f_{p,q}$ 다. 그러면 명제 $(p \wedge q)$는 명제 p의 진리함수이다. 그래서 $(p \wedge q)$라는 명제는 p와 q가 (TT)인 경우에는 참이고, (FT)(TF)(FF)인 경우에는 거짓이 된다. 즉 어떤 명제는 그 요소명제의 진리함수이다. 이 뜻이다. $(p \wedge q)$의 경우에 p와 q 각각이 진리 논거이다.

(An elementary proposition is a truth-function of itself.)

(만약 각각의 요소명제의 참 거짓은 스스로이다.)

스스로의 진리함수이다.

5.01 Elementary propositions are the truth-arguments of propositions.

요소명제는 명제의 truth-argument(진리 논거)이다.

$(p \wedge q)$가 요소명제 p와 q의 진리함수일때, 진리함수 $(p \wedge q)$를 만들어주는 각각의 요소명제가 진리 논거이다. 그러므로 $(p \wedge q)$에 대해 논할 때, r이 있다고 하면, r은 $(p \wedge q)$의 진리 논거가 아니다. 상관이 없다.

5.02 같은 경우가 사실은 일반적인 철학을 하는 학생들에게는 그렇게 필요한 것은 아니다. 이것은 당시 전문가들의 언어를 명제로 치환 시킨 것에 대해 자신의 주장이 더 낫지 않는가라는 것인데, 한번 보자.

5.02 The arguments of functions are readily confused with the affixes of names.

함수의 argument(논거)는 곧장 이름의 접사(접미사, 접두사)와 혼동된다.

$f(x)$에서 $f(x)$가 일단 변수이고, x가 $f(x)$의 truth-argument(진리논거)이다. argument는 상수가 아니다. truth-argument도 변수이다. $f(g(x))$에서 우리가 언제라도 $g(x)$를 u라고 볼 수 있다. 그래서 원래함수 $f(g(x))$를 $f(u)$라고 하면, 우리는 얼른 $f(u)$가 변수라는 사실을 알아차린다. u도 변수, $f(u)$도 변수이다.

For both arguments and affixes enable me to recognize the meaning of the signs containing them. For example, when Russell writes '+c', the 'c' is an affix which indicates that the sign as a whole is the addition-sign for cardinal numbers.

왜냐하면 argument나 접사나 나로 하여금 그것을 포함하는 기호의 의미를 아는 것을 가능하게 하기 때문이다. 예를 들면 러셀이 '+c'라고 쓸 때에, 이 'c'는 접사이다.

cardinal number가 기수인가, 서수인가?

기수이다. 서수는 ordinal number이다. 자, '$+c$'라는 것은 러셀이 '기수를 더해라'는 의미로, 즉 '$+c$'를 접사로 사용한 것이다. 나 에 대한 c를 접사로 볼 것인가, 아니면 truth-argument로 볼 것인가, 혹은 이 둘을 같다고 혼동할 수 있다는 의미이다. 그렇다고 해서 큰 문제가 있는 것은 아니다. 그런데 비트겐슈타인이 뭐가 불만스러운지 계속 보자. 거기에서 러셀이 '+c'라고 쓸 때 'c'는 기호 전체가 기수에 대한 덧셈기호라는 것을 보여주는 접사이다. 기수에 대한 덧셈기호이다.

> But the use of this sign is the result of arbitrary convention and it would be quite possible to choose a simple sign instead of '+c';
>
> 그러나 이 기호의 사용은 제멋대로, 자기마음대로의 발명의 결과이고, 그것은 +c 대신에 하나의 기호를 선택했어도 됐다.

거기에서 러셀이 '+c'라고 쓸 때 'c'는 기호 전체가 기수에 대한 덧셈기호라는 것을 보여주는 접사이다.

기수의 덧셈이라는 것은 이후에 나온다.

$\Omega^0, \Omega^{0+1}, \Omega^{0+1+1}, \cdots \Omega^{\nu}, \Omega^{\nu+1}$ 이런 식으로 병치하면 된다는 것이다. 사실 이것이 대수학algebra이다. 있는 것으로 충분한데, 이렇게 멋대로 기호를 만들지 말자는 뜻이다. 사실 내가 정말 정말 학자들한테 싫은 것은 무슨 말을 만드는 것이다. 전문용어 하나를 묘하게 만드는 것, 원래 근검의 원칙이 적용되어야 한다. 사실 비트겐슈타인 철학을 언어절대주의라고 말하는 게 왜 필요한지 이해가 안 된다. 부처도 그랬다. 거울에서 때를 벗겨내면 그것이 해탈이다. 그런 것이지, 거기에 때를 더해야 해탈이 아니다. 러셀도 '+c'라고 해서 자신이 무언가를 기발하게 만든 것처럼 했지만, 있는 것으로 충분한데 왜 만드는가. 만들면 정의가 따라야 한다. 우리 인생을 복잡하게 살지 말자. 이것이 바로 스콜라주의다. 그리고 나

중에는 학회라는 것을 만든다. 학회지를 발간하고 자기들끼리 그것이 뭐라도 되는 것처럼 말한다. 그리고 거기에다 엉터리 권위를 부여한다. 이제부터 비전문가들은 개뿔도 아니라고 한다. 그러면서 이너써클이 생긴다. 이것이 그 사람들이 융성해지는 방식이다. 우리는 그러지 말자. 이너서클이나 클로즈서클을 만들면 안 된다.

in '~p' however, 'p' is not an affix but an argument:

러셀은 '+*c*'라고 해서, '*c*'를 접사라고 하면서, *c*를 +에 대한 argument라고 한다면, *c*는 접사인가? 아니다. *c*는 argument이다. +에 붙어 있는 *c*처럼 '~*p*'에 붙어 있는 '*p*'는 argument이다. '*p*'가 접사라고 하면 말이 안 된다. 이것 자체가 의미를 가지는 argument이다. 왜 그럴까?

in '~p' however, 'p' is not an affix but an argument. the sense of '~p' cannot be understood unless the sense of 'p' has been understood already.

그러나 '~p'에 있어서는 'p'는 접사가 아니라 argument이다. ~p의 의미는 p의 의미가 이미 이해되지 않았다면, 이해될 수가 없다.

예를 들어서 *p*를 ~*p*의 접사라고 한다면, +*c*에서 *c*가 접사라면, '+*c*'는 '더한다. c' 처럼 되어서, 그러면, *c*를 더할 때와 *c*를 더하지 않을 때, 의미가 따로 단독으로 있을 수가 없다. 그런데, ~*p*는 *p*의 의미를 이미 알 때에만 가능해진다. 그래서 '~*p*'에서는 *p*가 도저히 접사일 수가 없고,

argument이다. 그러므로 '+*c*'의 '*c*', '~*p*'의 '*p*' 모든 것은 argument이고, 접사로 취급하면 위험하다.

(In the name Julius Caesar 'Julius' is an affix. An affix is always part of a description of the object to whose name we attach it : e.g. the Caesar of the Julian gens.)
줄리어스 시저에서 줄리어스는 접사이다. 접사는 항상 우리가 그 이름에 대상을 붙여주는, 그 대상을 묘사하는 한 부분이다. : 즉 줄리어스 집안의 시저.

접사는 항상 어떠한 것의 묘사의 한 부분이다. '+*c*'은 기수를 더해 나간다라고 하는 묘사의 한 부분이다. 반면 argument는 묘사의 한 부분이 아니라, 묘사 그 자체이다. 이런 차이가 있다.

다시 보자. 그다음 줄리어스 시저에서 줄리어스는 접사이다. 접사는 그 접사가 붙는 그 대상의 묘사의 한 부분이다. 예를 들면 줄리어스 집안의 시저다. 여기에서 gens.라는 것이 집안이다. 보통 이탈리아어에서는 앞이 이름이고, 뒤가 성이라서 시저 집안의 줄리어스라고 생각되는데, 아닌가보다. 줄리어스 집안의 시저가 맞다. 접사를 성에 둔 것이다.

그러한 식으로 접사는 그 대상의 표현의 일부이지, 표현 그 자체는 아니다. 하지만 '~*p*'에서 '*p*'는 표현 그 자체이다.

If I am not mistaken, Frege's theory about the meaning of

propositions and functions is based on the confusion between an argument and an affix. Frege regarded the propositions of logic as names, and their arguments as the affixes of those names.

내가 잘못알지 않았다면, 명제와 함수의 의미에 대한 프레게의 이론은 argument와 접사 사이의 혼란에서 생긴 것 같다. 프레게는 논리의 명제들을 이름으로 보았고, 그들의 argument를 그 이름의 접사로 보았다.

그런데 '그렇지 않다'는 의미이다. 즉 argument는 독립변수인데, 프레게는 이것을 접사로 보았다는 뜻이다. 비트겐슈타인이 잘못알지 않았다면, 프레게는 *fx*에서 *x*를 *fx*의 argument가 아니라, 접사로 보았다. 그런데 이것은 '~*p*'나 '+*c*'에서 보는 것처럼 심각한 혼란을 불러올 뿐만이 아니라, 별로 좋은 방법이 아니다. '~*p*', '+*c*', '*fx*'에서 '*p*, *c*, *x*'을 argument로 보는 것이 맞다.

프레게는 *x*를 접사로 볼 때 어떤 좋은 점이 있어서 그랬는가?

그 당시에는 명제를 함수로 바꾸는 시도가 러셀과 프레게에 의해 처음 시도되었다. 당시 *fx*의 *x*를 접사로 보고, *f*를 명사로 보고, *x*가 *f*를 지향하고 들어간다고 보았다. 가령 *x*를 '바둑이'라고 하고, *f*를 '짖다'라고 해보자. 그러면 프레게는 *fx*라고 쓰면서, '바둑이'라는 *x*가 '짖음'이라는 명사를 지향한다고 보았다. 변수로 보지 않았다. 그런데 비트겐슈타인은 *x*를 argument로, 변수로 보는 것이 맞다고 주장한다. 변수가 맞다. 즉 비트겐슈타인은 *fx*에서 엄격하게 *f*와 *x*를 분리해야 한다는 것이다. 반면,

프레게식이면, x가 없으면 fx도 없어진다. 그래서 fx를 p로 일반화할 때, 이것을 정당화하기 힘들다. 그만큼은 비트겐슈타인이 정말 탁월하다.

5.1 Truth-functions can be arranged in series. That is the foundation of the theory of probability.

진리함수는 시리즈로 이렇게 배열될 수 있다. 이것이 확률이론의 기초다.

5.101 The truth-functions of a given number of elementary propositions can always be set out in a schema of the following kind:

주어진 진리함수의 기능은 항상 다음과 같은 종류의 스키마에 의해 설정될 수 있다.

예를 들어 왼쪽에는 p와 q를 두자. 이것은 아직 p와 q가 조합되지 않은 상태이다. 여기에는 이제 T와 F가 네 가지로 배열될 수 있다. 이것이 아직 미확정일 때, 하지만 무엇이든 조합될 수 있다. 조합될 수 있지만, 미확정이다. 여기에는 항진명제와 모순명제가 들어간다. 조합될 수 있는 것은 다 들어가기 때문이다.

그러면 왼쪽에 네 가지가 들어간다.

$${}_2C_0+{}_2C_1+{}_2C_2=4$$

그리고 오른쪽에 (p, q)이든지 $(p \wedge q)$이든지 네 가지에 모든 가능성이 들어간다. 그러니까 이 연산이 사실은 무한대로 많아진다. 그렇지만 어쨌든 (TFFF)$(p \wedge q)$, (TTTF)$(p \vee q)$처럼 배열될 수 있는 것은 T와 F가 네 자리에 배열되기 때문이다. 이때 F가 아예 없는 것, 이것이 항진명제이다. 이것이 ${}_4C_0$이다.

그리고 하나만 F일 때, 두 개가 F일 때, 세 개가 F일 때, 또 네 개가 다 F일 때, 즉 ${}_4C_0$과 ${}_4C_4$는 어떤 경우인가? 항진명제와 모순명제이다. 그리고 나머지 ${}_4C_1$, ${}_4C_2$, ${}_4C_3$은 조합되면서 또 유의미한 명제이다.

p	q	(p, q)	p∧q	p∧q	~p	p → q	……
T	T	T	T	T	F	T	
F	T	F	F	T	T	T	
T	F	F	F	T	F	F	
F	F	F	F	F	T	T	

자, 이렇게 해서, 위의 종합명제를 옆으로 표시하면, (-, -, -, -)(p, q)이고, 다음과 같은 16종류의 명제기호가 나온다.

	–	–	–	–				
1	T	T	T	T	F가 0개	(TTTT) (p,q)	항진명제(if p then p; and if q then q)(p⊃p)(q⊃q)	(p→p)∧(q→q) (p⊃p)∧(q⊃q)
2	F	T	T	T	F가 1개	(FTTT) (p,q)	Not both p and q(∼(p, q))	∼(p∧q)
3	T	F	T	T		(TFTT) (p,q)	If q then p(q⊃p)	q→p
4	T	T	F	T		(TTFT) (p,q)	If p then q(p⊃q)	p→q
5	T	T	T	F		(TTTF) (p,q)	p or q(p∨q)	p∨q
6	F	F	T	T	F가 2개	(FFTT) (p,q)	Not q(∼q)	∼q
7	F	T	F	T		(FTFT) (p,q)	Not p(∼p)	∼p
8	F	T	T	F		(FTTF) (p,q)	p or q, but not both. (p∼q :∨: q∼p)	(p∨q)–(p∧q) (p∧∼q)∨(q∧∼p)
9	T	F	F	F		(TFFT) (p,q)	If p then p, and if q then p(p≡q)	(p→p)∧(q→q)
10	T	F	T	F		(TFTF) (p,q)	p	p
11	T	T	F	F		(TTFF) (p,q)	q	q
12	F	F	F	T	F가 3개	(FFFT) (p,q)	Neither p nor q(∼p, ∼q or p|q)	∼p∧∼q p|q
13	F	F	T	F		(FFTF) (p,q)	p and not q(p ∼q)	p∧∼q
14	F	T	F	F		(FTFF) (p,q)	q and not p(q∼p)	q∧∼p
15	T	F	F	F		(TFFF) (p,q)	q and p(q, p)	q∧p
16	F	F	F	F	F가 4개	(FFFF) (p,q)	Contradiction (p and not p, and q and not q) (p∼p, q∼q)	(p∧∼p)∧(q∧∼q)

$$ {}_4C_0 + {}_4C_1 + {}_4C_2 + {}_4C_3 + {}_4C_4 = \binom{4}{0} + \binom{4}{1} + \binom{4}{2} + \binom{4}{3} + \binom{4}{4} = \sum_{v=0}^{4}\binom{4}{v} = \sum_{v=0}^{K_2}\binom{K_2}{v} = L_2 $$

$$ 1 + 4 + 6 + 4 + 1 = 16 $$

p와 q의 연산에 의해 생길 수 있는 경우는 무한대임에도 불구하고, 어쨌든 16가지의 배열만 가능한 이유는 (–, –, –, –)(p, q)이 어떤 종류의 명제일지라도 진리값은 이런 것들 중의 하나가 된다. 이제 진리값이 동

일한 두 명제는 동치이다. 그렇기 때문에 무한대의 연산을 예고하고 있다고 해도, 그래봤자 16가지 중의 하나이다.

I will give the name truth-grounds of a proposition to those truth-possibilities of its truth-arguments that make it true.

나는 어떤 명제를 참으로 만드는 그 명제의 독립변수의 진리가능 값에 진리근거(thruth—grounds)라는 이름을 부여한다.

예를 들어서 p와 q로 만들어지는 $(p \wedge q)$를 보자.

p	q	p∧q	p∨q
T	T	T	T
F	T	F	T
T	F	F	T
F	F	F	F

이때 T는 $(p \wedge q)$의 truth-ground이다. 그리고 $(p \wedge q)$의 truth-ground는 T이다. T로 만들어주는 것, 간단하게 truth-ground는 T인 것으로 보면 된다. 한 명제의 truth-argument의 진리가능성이 그 명제를 참으로 만들어줄 때, 그 (결과)를 명제의 truth-ground라는 이름을 붙이겠다.

논리추론
5.11~5.132

5.11 If all the truth-grounds that are common to a number of propositions are at the same time truth-grounds of a certain proposition, then we say that the truth of that proposition follows from the truth of the others.

일련의 명제의 공통적인 모든 truth-grounds가 동시에 어떤 명제의 truth-grounds라면, 우리는 그 명제의 참은 후자 명제의 참으로부터 도출되는 것이라고 말한다.

간단한 예를 한 번 보자. $(p \wedge q)$와 $(p \vee q)$를 보자.

p	q	p∧q	p∨q
T	T	T	T
F	T	F	T
T	F	F	T
F	F	F	F

그런데 $(p \wedge q)$를 T로 만들어주는 것이 $(p \vee q)$를 T로 만들어준다. 이때 $(p \vee q)$는 $(p \wedge q)$로부터 나온다. 그러니까 $(p \wedge q)$의 진리근거가 $(p \vee q)$의 진리근거에 포함되면, $(p \vee q)$은 $(p \wedge q)$로부터 나온다. 즉 $(p \wedge q)$의 논리적 귀결은 $(p \vee q)$이다. $(p \vee q)$ is the logical consequence of $(p \wedge q)$. $(p \wedge q) \rightarrow (p \vee q)$

'비가 오고 덥다'와 '비가 오거나 덥다'를 생각해보자. 비가 오고 더우면, 항상 비가 오거나 덥다가 된다. (비가 온다∧덥다) → (비가 온다∨덥다).

$(p \vee q)$는 $(p \wedge q)$의 논리적 귀결이다.

$(p \vee q)$는 $(p \wedge q)$를 따른다. $(p \vee q)$ follows from $(p \wedge q)$.

5.12 In particular, the truth of a proposition 'p' follows from the truth of another proposition 'q' if all the truth-grounds of the latter are truth-grounds of the former.

특히 'p'라는 명제의 참이 'q'라는 다른 명제의 참으로부터 나온다. 만약 후자의 모든 진리근거가 전자의 진리근거라면.

p의 참임이 q의 참임으로부터 나온다. 만약, 후자의 모든 진리근거가 전자의 진리근거라면. 예를 들어서 p와 q를 다음과 같다고 해 보자.

p	q
T	T
T	T
T	F
F	F

($q \rightarrow p$임)

그러면 q의 모든 진리근거는 반드시 p의 모든 진리근거에 포함된다. 이때 p는 q로부터 나온다. 혹은 p는 q의 논리적 귀결이다.

5.121 The truth-grounds of the one are contained in those of the other: p follows from q.

한 명제의 진리 근거가 다른 명제의 진리근거에 포함된다. 이때 p는 q로부터 나온다.

자, 같은 얘기다.

5.122 If p follows from q, the sense of 'p' is contained in the sense of 'q'.

만약 p가 q로부터 나온다면, 'p'의 의미는 'q'의 의미에 포함된다.

'비가 오거나 덥다'라는 의미는 '비가 오고 덥다'는 의미 속에 포함된다는 것이다(5.13 참조).

'비가 오고 덥다'와 '비가 오거나 덥다'를 생각해보자. 비가 오고 더우면, 항상 비가 오거나 덥다가 된다(비가 온다∧덥다) → (비가 온다∨덥다). '비가 오고 덥다'는 '비가 오거나 덥다', 즉 '비만 오고 안 덥다', '비는 안 오고 덥다', '비가 오고 덥다'를 부분으로 가지는 '비가 오거나 덥다'에 포함된다.

5.123 If a god creates a world in which certain propositions are true, then by that very act he also creates a world in which all the propositions that follow from them come true. And similarly he could not create a world in which the proposition 'p' was true without creating all its objects.

만약 신이 어떤 명제가 참인 그러한 세계를 창조했다면, 바로 그 행위로부터 신은 또한 그 몇 개의 명제로부터 나오는 모든 명제를 가진 세계를 창조했다. 그리고 비슷하게 마찬가지로 그는 그 대상 전체가 참이 아닌 채로 p라는 명제를 창조할 수는 없었다.

즉 p라는 명제를 창조 할 때에는 이미 그 대상이 거기에 있어야 한다. 그리고 신이 어떤 몇 개의 명제로 이루어진 세계를 만들면, 동시에 그 몇 개의 명제로부터 도출되는 세계를 한꺼번에 만들게 된다. 그러므로 우리가 신이 이런 q라는 세계를 만들었다고 하자. 그러면 논리적 귀결인 p라는 세계를 만든 것이다($q \rightarrow p$ 일 때).

다시 말해 신이 '비가 오고 더운 세계(q)'를 만들었다면, '비가 오고 안 더운 세계, 비가 안 오고 더운 세계, 비가 오고 더운 세계(p)' 이 세 가지의 세계를 동시에 만든 것이다. 비가 안 오고, 안 더운 세계는 만들지 않았다. 왜냐하면 '비가 오고 그리고 덥다'라고 할 때, 이것은 '비가 안 오고 덥지도 않다'는 것을 배제한다. 그런데 진리함수상 그 세계가 포함된다. 왜냐하면 ($p \wedge q$)가 F 일 때, ($p \vee q$)도 F이기 때문이다. 즉 F→F이면 T이기 때문이다.

5.124 A proposition affirms every proposition that follows from it.

한 명제는 그것으로부터 유출되는 모든 명제를 긍정한다.

자, 지금 잘 보면 비트겐슈타인이 5.11에서 5.124까지 아니 어디까지 갈 지 모르겠는데, 노파심에서 같은 얘기를 하고 있다.

5.1241 'p. q' is one of the propositions that affirm 'p' and at the same time one of the propositions that affirm 'q'.

논리곱, 이것은 p라는 명제와 동시에 명제 중의 하나인 q를 동시에 참으로 여기는 것이다.

여기에서 '$p.q$'는 논리곱($p \wedge q$)이다.

그렇다면 논리합은 해당되지 않는가?

논리합은 '동시에'가 아니다. p가 있을 때 q가 없어도 되고, p가 없을 때 q가 있어도 된다.

반면 논리곱은 p를 affirm(긍정)하면서 동시에 q를 affirm한다.

Two propositions are opposed to one another if there is no proposition with a sense, that affirms them both.

그 둘을 긍정시켜주는 유의미한 어떤 명제도 없을 때, 우리는 서로 상반된다고 말한다.

그 명제를 충족시키는 어떤 명제도 없을 때, 만약, 유의미한 두 명제를 충족시키는 명제가 서로 상반된다고 말하고, 그 둘을 동시에 충족시키는 명제를 긍정한다고 말한다.

둘 다를 긍정해주는, 예를 들어 $(p \wedge q)$가 참이 되려면, p도 참이고, q도 참이어야 한다. 이 둘을 동시에 충족시키는 그런 명제가 없다면, 이 둘은 서로 상반된다고 말한다.

Every proposition that contradicts another negate it.

서로를 배척하는 모든 명제는 그것을 부정하는 것이다.

p일 때는 q가 안 되고, p가 아닐 때에는 q가 된다면, 이것은 서로 부정이다. 그래서 반드시 false(거짓)가 나온다.

5.13은 평이한 것 같아도 굉장히 중요한 명제이다.

5.13 When the truth of one proposition follows from the truth of others, we can see this from the structure of the proposition.

하나의 명제의 참이 다른 명제의 참으로부터 도출된다면, 우리는 이것을 명제들의 구조로부터 알 수 있다.

여기에서 '구조로부터' 앞에 '이미'라고 추가하자. 자, 우리는 $(p \wedge q)$로부터 우리는 $(p \vee q)$를 추론할 수 있다. 그런데, 누군가가 "나는 $(p \wedge q)$로부터 $(p \vee q)$를 연역했어"라고 말한다면, 이것이 진정한 의미에서 추론이라고 할 수 있는가? 없다. 왜냐하면, 이것은 당연한 얘기 아닌가? $(p \wedge q)$에는 이미 $(p \vee q)$의 의미가 포함되어 있다. 그래서 두 구조에 있어서 그 구조를 보면 이미 알기 때문이다. 그러므로 이것은 경험적인 것이 아니다.

그러면 반대로 어떤 구조를 보았을 때, 그 구조상 이미 이런 추론 관계가 성립되지 않는다면, 그것은 하나의 추론이 될 수 없다. 구조상 추론이 되지 않는다면 경험적인 것이다. 그리고 경험은 추론할 수 없다. 경험은 우연이다. 그러므로 하나의 상황에서 전적으로 다른 하나의 상황을 추론하는 것은 불가능하다. 그러면 추론이 가능한 것은 같은 상황이기 때문이다.

그러므로 과학에서 말하는 인과율이라는 것은 분석철학상 없다. 왜냐하면 인과율이 가능하다는 것은 구조상 분명한 것이다. 그런데 구조상 분명하지 않으면 인과율이 아니기 때문이다. 논리학상으로 그렇다. 왜냐하면 전적으로 다른 사건을 또한 전적으로 다른 사건에서 추론할 수는 없기 때문이다.

그러면 지금 여기에서는 추론이란 아예 없는 것인가?

추론이라는 것은 엄밀히 말하면 없다. 우리가 추론이라고 말할 때에는 논증적 지식demonstrative knowledge이지 추론이라는 것은 없다. 그렇기 때문에 현재의 사건에서 미래의 사건을 추론할 수는 없다. 인과율에 대한 믿음은 미신이다.

그렇다면 그 관점에서 보면, 모든 과학적 지식은 경험을 설명한 것뿐이지 앞으로 발생할 모든 것까지 그렇다고 말하는 것은 아니다가 맞는 것 아닌가?

어떻게 말하면 오만이고, 어떻게 보면 바보이다. 오만이 좋은지 멍청한 쪽이 좋은지는 모르겠지만…. 과학이 괜찮은 것이다. 좋은 것이다. 그냥 이렇게만 말하면 된다. '현재 이러저러한 사건이 과학적 관찰상 존립하고 있다.' 괜찮다. 어떤 사람들이 말하기를, Feyerabend(파이어아벤트)는 과학철학자인데, 그는 과학가설은 모두 애너키즘(무정부주의)적이라고 했다. 무엇이 과학가설로 적합하고 부적합한지에 대해서는 알 수 없다고 했다. 칼 포퍼는 이렇게 말했다. '얼마든지 언제라도 반증 가능성에 대해서 열려있지만, 아직 반증되지 않았을 때, 그것이 과학적 가설이다.'

과학적 가설을 유지하는 원리로는 좋다. 그러면 새로운 과학적 가설의 도입은 어떻게 설명하는가? 멀쩡하게 반증되지 않고 있는데, 도입할 수 있는가?

과학은 절대 실패하지 않는다. 왜 그럴까? 과학은 하나의 믿음체계이기 때문이다. 신념의 체계이므로 실패하지 않는다. 과학가설이 틀릴 리가 없다는 것이다. 하나의 예를 들어보자. 제일 어리혁은 사람은 이렇게 말한다. 구석기 시대인들은 주술사(문화인류학자나 고고학자들이 자꾸 주술사라는 표현을 하는데, 구석기인들이 들으면 기분 나쁠 것 같다. 그들은 나름대로의 과학자일 수도 있다. 어쨌든 우리의 현대식 용어로는 과학자들)들이 계속해서 과학적 실패를 했기 때문에, '이제 과학이 붕괴되고 새로운 과학이 도입되었다'라고 말한다. 그런 적이 있는가 한번 생각해보자. 들에 물을 뿌렸는데 비가 오지 않아서, 상대편 인형에 송곳을 꽂았는데 상대가 죽지 않아서, 나무에 짚을 묶고 돌렸는데 봄이 오지 않아서.

그래서 그 과학이 실패할 수 있을까? 절대 실패하지 않는다. 주술사가 실패했다고 생각하지, 과학 자체가 실패했다고 생각하지 않는다. 실패할 수 없는 것은 언제나 믿음 체계이지, 실증적 지식 체계일 수 없다. 과학이 실패할 수 없다는 사실 자체가 사실은 과학이 인과율을 가지고 있지 않다는 것을 얘기한다. 그냥 신념의 변덕이다. 인간들이 실패하는 것이지 과학이 실패하지 않는다.

뉴턴 물리학이 실패해서 아인슈타인의 물리학이 도입되었는가?

우주선이 지구 궤도를 벗어날 때 뉴턴 물리학을 사용하는가, 아인슈타인의 물리학을 사용하는가? 뉴턴 물리학을 사용한다. 그런데 뉴턴 물리학이 왜 실패하는가? 지금도 멀쩡히 사용하고 있는데.

실증적인 이유 때문에 실패하지 않는다. 그러나 어떤 실증적인 면에서 실패가 있다면, 과학자가 잘못한 것이지, 자기들이 믿는 과학 자체가 잘못되었다고 절대로 생각하지 않는다. 인간이 그렇게 생겨먹었다. 그러므로 과학은 실패하지 않는다. 그리고 이것이 바로 과학이 하나의 믿음 체계, 미신이라는 것을 말한다. 어쨌거나 과학자에게 기분 좋다면 이렇게 말해줄 수 있다. '과학은 실패하지 않는다. 실패하는 것은 너의 변덕이다.'

만약, 믿음 체계의 변덕으로 사회가 손해를 보면 그 책임을 누구에게 어떻게 묻게 되는가? 과학 체계는 어떤 사람의 문제가 아니라, 공동체의 문제이다. 우선, 맞는 과학과 틀린 과학이 있지 않다. 이 세상에서는 '맞다/틀리다'라는 견지에서 우열을 가리는 과학은 없다.

오늘까지의 정보는 다섯 개였고, 내일 더 늘어나게 될 수도 있다. 그것은 정보의 문제이다. 과학은 정보의 문제가 아니다. 과학은 그냥 이런 것이다. 우리는 그렇게 믿기로 했다. 누가 무엇이라고 설명해서, 거기에 입각해서 보니 더 포괄적이고 더 마음에 들고 간단하더라, 그러니 그렇다고 하자. 이것이 과학이다.

톨레미의 천문학으로 천체 운행에 대해 설명할 수 없을까? 할 수 있다. 물론 복잡하다. 우아하지 않았다. 하지만 우리 시대의 기준으로 우아하지 않지만, 그 당시 칼라로 그린 아름다움이 있다. 추상화가 구상화 못

지않다. 그런 견지에서 보면 된다.

천동설로 설명이 다 되는데, 지동설을 왜 도입하고 배우는가? 또 지동설을 배우는데, 왜 황도를 중·고생 때 배우는가?

모월모시에 어디에서 태양이 뜬다는 것을 아는 것은 재미있다. 재미로 한다. 지동설이 아닐 때에도 일식은 설명되었다. 천동설, 지동설, 황도는 왜 배우는가? 국어, 국사, 국민윤리는 왜 배우는가? 다 너의 인생을 풍부하게 살아라 라는 뜻이다. 영화 〈가을의 전설〉을 보면, 대령이 "삶을 풍요롭게 하기 위해서"라고 말한다. 미래에는 어떻게 될 것인지를 내가 지금 아는 것이 재미있다.

칼 포퍼는 비트겐슈타인이 말한 것을 진정한 철학이라고 할 수 없다면서 비판했다. 하지만 누구라도 뭐라고도 말할 수는 있다. 그런데 포퍼는 왜 그랬을까? 그는《논리철학논고》를 이해하지 못했다. 나쁜 것은 별거 아니다. 자신이 이해하지 못하면 나쁜 것이다. 칼 포퍼는《논리철학논고》를 절대 이해할 수 없다. 내가 제일 싫어하는 책이 칼 포퍼의《열린사회와 그 적들》이고, 그다음은 라깡의《에크리Ecrits》그런 피상적인 책들이다.

내면적 동기가 있다면, 자신은 다른 사람들보다 무언가 잘난 것을 가지고 싶어 한다. 그런데 비트겐슈타인의 철학은 모든 명제는 동일한 가치를 가진다고 하면서 자신도 한 개인이 되어버린다. 고딕으로 말하면

bay밖에 되지 않는다. 그런데 나는 로마네스크의 크로스가 되고 싶고, 그럴 자격이 있다고 생각하는 것이다. 그렇게 잘나고 싶은 지식인의 입장에서는 그는 그러한 고딕적 사고방식, 등거리 이론이 싫었을 것이다. 내 생각에는 그렇다.

자기 자신이 타고난 찌질이라는 생각이 들었던 적이 한번도 없는가? 나는 항상 그랬고, 지금도 그렇다. 찌질이로서 당당하다. 내가 찌질이라고 생각하는 것이 그렇게 어려운가? 아무리 많은 공부를 하고, 아무리 많은 책을 쓰고, 아무리 좋은 대학을 나와도, 찌질이는 찌질이다. 다른 찌질이와 조금도 다를 바 없는 찌질이다. 왜냐하면 신으로부터 등거리에 있다면 다 찌질이인 것이다. 나는 찌질이의 대표선수이고 대변자다.

찌질하지 않는 사람이 있는가?

바로 그것이다. 그것이 포퍼는 맘에 들지 않았던 것이다. '찌질하지 않은 사람은 없다. 모두 다 찌질이라는 것을 인정해라.' 자신은 우월감을 갖고 살고 싶지만. 이에 대해서는 포퍼에게 간단히 물어보면 된다. "좋다. 기존가설의 유지는 당신이 설명하고 있다. 그러면 새로운 가설의 도입은 어떻게 되는데?" 아주 간단하다. 그가 주장하는 대로 반증되지 않는 한 기존의 과학가설이 살아남는다면, 새로운 과학적 가설은 어떻게 도입되는가? 그리고 또 하나, 과학은 반증되지 않는다. 과학자의 실패가 반증될 뿐이다. 포퍼와 대화를 한다면 이렇게 될 것 같다.

나 : 새로운 과학가설은 어떻게 도입되는데?

포퍼 : 모르겠다.

나 : 너도 모르니? 나도 모르는데. 그러면 당신이 반증 가능성에 대해서 말하는 것은 무슨 의미가 있는가?

포퍼 : ….

나 : 파이어아벤트의 무정부주의적이라는 것은 해명은 맘에 든다. 이것은 하나의 해명이라고 하겠다. 하지만 당신은 해명하는 척 하면서 해명이 아닌 말을 하고 있다. 그런 말을 누가 못하는가? 그런데 내가 너한테 말해줄게. 과학은 아예 반증되지 않는다는 사실을 알아주면 좋겠다. 하지만 과학자는 반증된다.

발사체가 계속 실패하면 뉴튼의 과학이 잘못된 것이라고 말하는가? 아니면, 그것을 만드는 기술자가 잘못한 것이라고 말하면서 그 사람을 교체하는가?

과학은 그런 것이다.

과학과 정보가 다르다면, 과학은 이론과학에만 한정되고, 정보는 실험과학에 대응되는 것 아닌가?

정보는 하나의 기술이다. 기술적 문제이다. 과학은 하나의 신념 체계, 믿음 체계이다. 그렇기 때문에 과학과 정보가 어긋나지 않다. 과학과 정보가 어떻게 어긋나는가? 계속 얘기하지만, 과학자는 실패할 수 있다. 그러나 과학자는 기존의 공동체가 무엇인가를 잘못 믿고 있는 경우, 그런 종류의 인과율에서 실패한다. 과학의 인과율 특징은 이렇다. 예를 들어 입헌정치와 똑같다. 제멋대로 하면 되는가? 안 된다. 반드시 절차가 있다. 상대편 족장을 죽이기 위해서, 인형을 만들 때 아무렇게나 만들지 않고, 반드시 입헌적 절차가 있다. 들에 비가 오게 하기 위해서 물을 아무렇게나 뿌리지 않는다. 다 입헌적 절차가 있다.

또 '저놈은 뭔가 잘못되어 있다. 그러니 네미의 호수(로마 근교에 있는 작은 호수)로 보내자'라고 결정하는 것이다. 이것은 다른 더 탁월한 과학자와 싸움을 붙여서 이긴 놈을 계속 과학자로 남게 하자. 《황금가지》(조지 프레이저의 저서, 신화와 종교를 주제로 연구한 책)에 나오는 얘기이다. 즉 과학자 교체다. 지금 말로 하면 정권 교체이다. 정권 교체에서 상대를 죽이지 않는 것이 언제 가능해졌는지 아는가? 정권 교체는 원래 상대를 죽인다. 구석기 시대부터 그랬다. 18세기의 영국에서 입헌제도를 의회제도가 완전히 확립된 후 내각이 붕괴되어도 살려두기로 한 것에서 시작됐다. 얼마 되지 않은 것이다. 옛날에는 과학자가 그 꼴을 당했다.

어쨌든 믿음 체계는 있어야 하지 않는가?

굉장히 중요하다. 그래서 과학이 중요하다. 과학의 의미는 과학이 우리에게 주는 어떤 실천적인 이익에 의해서가 아니라, 과학을 가진 공동체는 가지지 않은 공동체보다 훨씬 강력하다. 세계에 대해 동일한 물리적 총체성을 믿는다는 것은 그 공동체를 결합시키는 가장 강력한 접착제이다. 그렇기 때문에 과학이 필요하다.

과학적 변덕은 어느 경우인가?

파이어아벤트는 과학적 변덕은 무정부주의적이이라고 했다. 그리고 아인슈타인은 무슨 필요가 있어서 상대성 이론을 만든 것은 아니다. 그냥 호기심을 가지고 거울에 내 얼굴이 비칠까 아닐까를 살펴보다가, 빛의 절대속도와 운동의 상대성, 갈릴레오와 빛의 절대성과 결합시켜보니 빛이 절대속도를 지니게 되면 운동하는 모든 물체의 체적은 줄고, 질량은 늘어나야 맞게 된다는 것을 알게 된 것이다. 간단하게 출발한 것이고, 거기에 맞춰서, 다른 것을 설명해보니 이것으로 우주도 설명된 것이다.

이것이 하나의 변덕이다. 또 새로운 변덕이 나올 수 있고, 조만간 나올 것이다. 그러니 우리가 구석기 신석기 시대 사람들을 주술사라고 한다면, 지금 과학을 하고 있는 사람들도 주술사다. 사실 주술사는 훌륭한 사람이다. 얘기한 것처럼 공동체를 결집시키는 데 있어 정치가보다 훨씬 더 위대한 사람들이다. 내재적이기도 하고. 그러므로 과학자의 자부심은 다른 데 있는 것이 아니라 과학자는 주술사라는 데에 있다.

이론을 만드는 사람은 주술사지만, 실험하는 사람들은 삶에 맞춰본다. 실험하는 사람들은 기술자다. 대부분은 예상하는 결과가 나오기 위한 실험을 한다. 이것을 '자기예언의 법칙'이라고 한다. 결과를 미리 정해놓고 꿰어 맞춘다. 이런 것을 문화인류학이나 고고학에서 성행하는데,

나는 솔직히 말해서 메어리도 안 믿고, 아무것도 안 믿는다. 오스트랄로피테쿠스도 안 믿고, 호모하빌리스도 안 믿는다. 모두 기형적인 원숭이였을 것이다. 진화? 무슨 진화.

자, 한번 생각해보자. 인과율과 관련해서 매우 중요하다. 이런 문장의 의미는 무엇일까? 'A knows that p is the case.' '*p*가 존립한다는 것을 A(라는 사람)가 안다'는 의미가 무엇일까? 예를 들어 "나는 그것 알아"라고 할 때의 의미가 무엇인가?

우선, 위의 문장이 의미를 가질 수 있는가? 말이 되는 문장인가? 여러분이 말이 된다고 하면, 나는 말이 안 된다고 반박할 것이다. 또 여러분이 말이 안 된다고 하면, 나는 어떤 경우에는 말이 된다고 반박할 것이다. 누군가가 위의 문장이 '말이 된다(이 말이 의미를 지닌다)'고 말한다면 이렇게 반박할 수 있다. 그런데 누군가가 위의 문장이 '말이 안 된다'고 말하면, 어떤 경우에는 말이 되는 의미가 있는 문장이라는 것을 보이면서 반박할 것이다.

*p*가 자명하면 A가 안다는 말이 필요 없다.

바로 그것이다. that이하가 자명한 것, 즉 항진명제라면 자명한 것에 대한 서술은 어떤 의미도 지니지 않는다. 한정된 의미를 지니지 않는 모든 것에 대한 항상 긍정인 문장, 즉 항진명제를 말할 때에만 우선 문장이 성립한다. 그런데 that 이하가 자명하지 않다면, 즉 *p*가 존재할 수도 있고, 존재하지 않을 수도 있다면 이를 우리는 안다고 말할 수 없다.

계속해서 '나는 비가 온다는 것을 안다'라는 문장으로 적용해보자. 우리는 '비가 온다' 혹은 '비가 안 온다'라고 말하지, '나는 비가 온다는 것을 안다'고 말하지 않는다. 이 문장은 유의미하지 않다. 과학은 그냥 현상의 기술이다. 그런데 여기에서 유일한 현상은 '나는 안다'이다. 그런데 이것(that 이하)은 대상이다. 그 대상을 A가 아는 것이다. 만약 그 대상이 이럴 수도 있고, 아닐 수도 있다면, 그 대상을 아는 것이 아니다. 따라서 목적어가 항진명제여야만 안다고 말할 수 있다. 그래야만 이 문장이 의미를 가질 수 있다. *p*가 존재할 가능성도 가지고 존재하지 않을 가능성도 가지는 것이 아니라, 이미 항상 존재하고 있는 것으로서 항진명제일 때만 이 문장이 성립할 수 있다. 그러므로 항진명제를 말하는 것은 의미를 결한 말이다.

'나는 비가 오는 것을 안다'라는 것은 말이 안 된다. '비가 온다' 혹은 '비가 안 온다'가 맞다. '나는 안다'라고 말할 때 이럴 수도 있고, 저럴 수도 있는데 '그것을 안다'라고 말할 수는 없다. 알 수가 없는 것이다. 우리는 '지금 비가 오는 사태를 안다'라고 말하지 않고, '지금 비가 온다'라고 서술한다.

지금 비가 오는 것을 안다는 것이 의미가 있으려면 '지금 서울에 비가 오는 것을 안다'여야 한다. 다른 곳에 있는 사람들 모두가 경험하는 것은 아니기 때문이다.

지금 서울에 비가 오는 것을 *p* is the case라고 하자. 그러면 비가 오는지 아닌지를 말했다가 된다. 그리고 그에게 이렇게 물을 것이다. "너, 비가 오는지 아닌지 어떻게 알아?" 즉 '여기에 비가 오는 것을 안다'가 아니라, '비가 온다'고 말한다. 바로 이것이 인과율은 불가능하다는 것을 말해준다.

('A knows that p is the case', has no sense if p is a tautology.)

p가 항진명제라면, 'p가 어떤 상황이다를 안다'는 의미를 가지지 못한다.

그런데 이 문장은 동시에 *p*가 항진명제가 아닌 한, 이 문장은 성립할 수 없다. 즉 *p* is the case가 항진명제라면 이 문장은 의미를 가지지 않는다. 그런데 이런 문장이 가능하려면 *p* 이하가 항진명제여야 한다. 그렇기 때문에 'A knows that p is the case'은 불가능한 문장이다. 즉 'A knows'에 의해서 문장이 되는 것이지, 'A knows *p* is the case'라는 것에 의해 문장이 되지 않는다. *p* is the case가 항진명제인데, 어떻게 의미를 가지겠는가? 이는 '항진명제여야지만 안다'는 표현이 가능하다.

언어철학은 명료화이다. 그 외에 아무것도 아니다. 우리는 불명료한 언어를 사용하고 있는데, 그 때를 벗겨내고, 선명하게 만들어준다. 이것은 '철학이 새로운 것을 발견하는 것이 아니라, 이미 아는 것을 정렬하는 것이다'의 뜻이다.

과학은 항진명제가 아니다.

과학은 항진명제일 수가 없다. 왜냐하면 과학은 기술하기 때문이다. 무엇인가를 기술한다는 것은 언제나 거짓 명제가 가능해진다. 주제를 그 안에 내포하고 있을 때에는 상황을 잘못 기술할 수 있다. 그렇데 어떻게 이것이 항진명제가 될 수 있는가? 잘못할 수도 있는데. 즉 homo-logicus(호모 로지쿠스, 인간은 자신만의 논리를 갖고 산다)이기 때문에, homo-fraudabilis(호모 프라우다빌리스, 사기꾼, 협잡꾼)이다. 즉 인간은 논리적이기 때문에 사기도 친다. 이는 나쁜 뜻이 아니다. 왜냐하면 논리적이라고 할 때에는 형식만으로서 그것의 참/거짓을 구분할 수 없다. 그런데 그것의 참/거짓은 실재와 비교해서 알게 된다. 그렇기 때문에 실재와 비교하기 힘들거나, 실제와 비교할 능력이 안 될 때에는 그것이 사기가 된다. 그러므로 homo-logicus이기 때문에, homo-fraudabilis이다.

개는 사기를 칠 수 없다. 왜냐하면 개는 논리 자체가 개의 본능이기 때문이다. 개는 참인 명제 외에는 말하지 못한다. 논리와 참을 구분하지 못한다. 인간만 가능하다. 논리 때문이다.

삶은 섬세하게 자세히 잘 들여다보면, 매우 비극적이고 매우 희극적이다. 그러면 무엇이 좋은가 하면, 많이 느끼고, 깊이 느끼는 것이 좋은 것이다. 이를 위해 문학도 하고 예술도 한다. 미술도 하고 문학도 한다. 부디 즐거움을 많이 찾아내고 많이 슬프고 많이 욕도 하면서 살길 바란다.

이번에 할 부분은 매우 쉽다. 그리고 truth-argument는 독립변수로서 '진리 준거'로 하자.

5.13은 이런 것이다. 하나의 명제가 다른 하나의 명제에서 나왔을 때, 우리는 그것을 굳이 증명하거나 추론이라고 말할 필요가 없다. 왜냐하면 이미 구조에 의해서 보여지기 때문이다.

예를 들어 여기에 모든 사람과 어떤 사람이 있다고 하자. 그러면 어떤 사람은 모든 사람에서 나온 것이 분명하다(모든 사람 → 어떤 사람). 그러니까 '어떤 사람'은 '모든 사람'으로부터 나온 것이다. 하지만 이것을 굳이 추론이라고 하지 않는다. 이것은 이 명제와 이 명제의 구조(모든 사람 → 어떤 사람)에 의해서 이미 보여지고 있다. 말할 필요가 없기 때문이고, 이것은 근검의 원칙에 위배된다.

자, 그래서 하나의 명제가 다른 명제의 참으로부터 나온다면, 우리는 이것을 그 명제의 구조에 의해서 이미 알 수 있다. 예를 들어 $(p \wedge q) \rightarrow q$, $p \wedge q$라면, 무조건 q이다. 이때 $(p \wedge q) \rightarrow q$ 이것을 보면서 증명해야한다거나, 따져봐야 한다거나 혹은 q는 $(p \wedge q)$로부터 추론된다고 말할 필요가 없다. $(p \wedge q)$로부터 q가 추론된다는 사실은 이미 구조에 의해 보여지기 때문이다.

5.131 If the truth of one proposition follows from the truth of others, this finds expression in relations in which the forms of the propositions stand to one another:

만약 하나의 명제가 다른 명제의 참으로부터 나오는 것이라면, 이 사실은 서로 존립하고 있는 명제들의 그 관계에 있어서 표현을 발견한다.

즉 서로 존립하고 있는 이 명제들의 관계에 의해서 그 표현이 이미 그 안에 있다. '이미 표현되고 있지 않는가?'라고 묻는다.

nor is it necessary for us to set up these relations between them,

by combining them with one another in a single proposition;

또한 우리가 그것들을 서로 간에 단일한 명제로 엮어서 그것들 사이에 어떤 관계를 설정할 필요도 없다.

또한 무엇도 아니다. 이런 경우에 nor(~도 또한 ~아니다)이지만, 우리 식으로 표현하면 '그리고 무엇도 아니다'이다.

이것들을 단일한 명제로 엮어서, 그러므로 그렇게 된다는 새로운 명제를 만들 필요가 없다는 말이다. 제3의 명제를 만들 필요는 없다. 그냥 명제의 구조만으로 충분하다.

on the contrary, the relations are internal,

그 반대로, 이 둘 사이의 관계는 내적인 것이다.

무엇인가가 더해지는 것인가, 아닌가? 이렇게 생각해보자. "그 사과는 붉다." 그러면 이 '붉다'라는 사실은 '사과'에 무엇인가가 더해진 것인가, 아닌가? 파란 사과도 있고, 노란 사과도 있다. 그러니 붉다는 것은 사과에 더해진 것이다. 이것이 경험적 지식의 특징이다. 그리고 이것은 무엇인가가 더해졌을 때, 이것은 external(외재적)이다. 앞에서 concept proper와 external proper를 살펴봤다. 후자는 경험적 속성에 대해 말하는 것이다. 그렇지만 이럴 때 5.131에는 서로 간에 내재적인 관계에 있기 때문에 internal한 것이다.

'개가 짖다'도 경험적 속성인가?

'개가 짖다'는 안 된다. 다만 '그 개가 짖는다', '어떤 개가 짖는다'라고 하면 경험적이다. 왜냐하면 사실은 '개가 짖는다'는 것은 원칙적으로 무의미한 문장이기 때문이다. 우리가 만약 '모든 개는 짖는다'라고 한다면, 여기에서 '모든'의 의미는 무엇일까? 만약 이 문장이 유의미하다면, 혹은 존립 가능하다면 그때의 '모든'은 선험적인 '모든'이 아니라, 우리가 관찰 가능한 '모든'이다. 그래서만 의미를 가진다. 왜냐하면 개라는 경험의 대상이 모든 개를 포괄할 수는 없기 때문이다.

그러므로 '추론inference'이라고 하는 말은 언어 자체가 성립할 수 없는 것이다. 왜냐하면 첫 번째 구조상 내재적으로 추론 가능하다는 것은 이미 추론이 아니다. 그것은 형식에서 보여주기 때문이다. 그리고 그 외의 다른 지식은 감각지식이고 현상이기 때문에, 즉 존립하고 있는 사태이기 때문이다. '사태는 기술될 뿐이다.' 그러므로 세상에 추론이란 없는 것이다. 우리가 '추론한다'는 표현은 무조건 잘못된 것이다. 추론할 필요가 없거나, 추론이 불가능하기 때문이다.

사실 흄은 demonstrative knowledge(논증적 지식)과 the matters of fact(실제 문제)로 구분한다. 여기에서 전자가 내적 관계이고, 후자가 외적 관계이다. 그리고 후자가 경험적 지식이고, 전자는 구조상 그대로 보여지는 것이다.

지식		
demonstrative knowledge (논증적 지식)	matter of fact(실제 문제_	흄
internal relation (내적 관계)	external relation empirical (외적 관계, 경험적)	비트겐슈타인

위의 구분이 데이비드 흄의 표현이고, 아래가 비트겐슈타인의 표현이다.

그렇다면 '사과'와 '붉다'는 내적 관계인가, 외적 관계인가?

외적 관계이다. 반면 '모든 사람'과 '어떤 사람'은 내적 관계이다. 양쪽 모두 추론이라고 할 수 없다(전자는 추론이 불가능하고, 후자는 추론할 필요가 없다).

on the contrary, the relations are internal, and their existence is an immediate result of the existence of the propositions.

반대로 (그 관계는) 내적인 것이고, 이 관계의 존재는 그 명제의 존재의 직접적 결과이다.

그 명제가 존재하면, 그 존재로부터 이미 그 관계가 들어 있다. 직접

적이고 즉각적이어서 그것을 확인하기 위해서 증명한다거나 경험할 필요가 없다는 것이다. 쉽게 말해서 우리가 직관적이라고 말하는 것, 저절로 안다고 말하는 것은 내적 구조에 의해서 이미 알 수 있는 것이다.

예를 들어 $x^2-1 \longrightarrow (x+1)(x-1)$에 대해 생각해보자.

첫째, 이것을 증명하라는 것은 말이 되는가? 안 된다. 둘째, x^2-1로부터 $(x+1)(x-1)$이 추론된다는 것이 되는 말인가? 안 된다. 그리고 오늘의 태양이 동쪽에서 뜬다는 사실로부터 내일의 태양이 동쪽에서 뜬다는 사실을 추론한다는 것도 말이 안 된다. 오늘의 사건으로 내일의 사건을 어떻게 추론할 수 있겠는가?

그다음, 5.1311도 매우 쉬운 내용인데, 이것은 하나의 미궁이라고 말해져서, 어디에도 이것에 대한 주석이 없다. 나는 이미 알고 있었고, 여기 12명이 지금 알게 되는 것이니, 이 사실을 아는 사람은 13명뿐이다.

우선 먼저 설명할 것이 있다. 이미 다 알고 있다. 다만 확인하고자 하는 것이다. 쉐퍼의 <u>스트로크</u>를 기억할 것이다. 쉐퍼의 막대기는 not and 이다. 그래서 $p \mid q$는 $(\sim p \wedge \sim q)$이다.

그러면 이런 생각을 해보자. 우선 $(\sim p \wedge \sim q)$는 $\sim p$이다. 명제의 연산도 다른 것의 연산과 똑같다. '비가 안 오고, 비가 안 오는 것'은 '비가 안 온다'이다. 그러면 $\sim p$를 $p \mid p$라고 할 수 있다.

그다음 $(p \vee q)$는 같은 방식으로 $\sim\sim(p \vee q)$이고, 다시 $\sim(\sim p \wedge \sim q)$로 볼 수 있다. 그러면 $(p \vee q)$은 $\sim(p \wedge q)$로 바꾸어보면 어떨까? 그리고 $\sim p = p \mid$

p였다. 같은 식으로 $(p \vee q)$은 $\sim(\sim p \wedge \sim q)$이므로, 다시 $\sim(\sim p \wedge \sim q) | \sim(\sim p \wedge \sim q)$이 된다. 그럼 다시 $(p \vee q)$은 $(p|q)|(p|q)$가 된다.

그리고 1) $(p \vee q)$를 $(p|q)|(p|q)$로 볼 수 있다. 2) $\sim p$를 $p|p$로 볼 수 있다. 그러면 3) $(p \vee q) \wedge \sim p$이 $(p|q)|(p|q) \wedge (p|q)$로 변했다.

$(p|q) = (\sim p \wedge \sim q) = \sim p.\ \sim q$

$\sim p \wedge \sim p = \sim(p \vee q) = \sim p$

$\therefore \sim p \wedge \sim p = p|p = \sim p$ ----------(1)

$(p \vee q) = \sim\sim(p \vee q)$

$= \sim(\sim p \wedge \sim q)$

(1)의 관계로부터,

이제 $(p \vee q) = (\sim p \wedge \sim q) | (\sim p \wedge \sim q)$

$\therefore (p \vee q) = (\sim p \wedge \sim q) | (\sim p \wedge \sim q)$

$(p \vee q) \wedge \sim p = ((p|p)|(p|p)) \wedge (p|p)$

자, 위의 사실을 미리 알고, 다음을 보자. p와 q, $(p \vee q)$, $\sim p$의 진리함수표를 그려보자.

p	q	p∨q	~p	(p∨q)∧~p
T	T	T	F	F
F	T	T	T	T
T	F	T	F	F
F	F	F	T	F

여기에서 $(p \lor q)$와 $\sim p$의 논리곱의 진리값은 (FTFF)가 된다. (FTFF) $(p \lor q) \land \sim p$이다. 그러면 여기에서 q의 truth-ground와 $(p \lor q) \land \sim p$의 truth-ground를 살펴보자. q의 truth-ground 집합에 $(p \lor q) \land \sim p$의 truth-ground 집합이 포함된다. 즉 $(p \lor q) \land \sim p$이 q로부터 나왔다. 따라서 q는 $(p \lor q) \land \sim p$의 논리적 귀결이라고 할 수 있다. 이 사실을 염두에 두고 다시 본문을 보자.

5.1311 When we infer q from $((p \lor q)$ and $\sim p)$, the relation between the propositional forms of '$p \lor q$' and '$\sim p$' is masked, in this case, by our mode of signifying. But if instead of '$p \lor q$' we write, for example, '$p|q .|. p|q$', and instead of '$\sim p$', '$p|p$' ($p|p$ = neither p nor q), then the inner connexion becomes obvious.

우리가 $(p \lor q) \land \sim p$으로부터 q를 추론해낼 때, 당연히 맞는 말이다. 즉 q는 $(p \lor q) \land \sim p$로부터 나온다. 이 경우에 우리가 이것을 표현하는 양식에 의해서, $(p \lor q)$라는 명제의 형태와 $\sim p$라는 명제의 형태가 사실은 감추어져 있다.

비트겐슈타인이 하고 싶은 말은 '사실 이 명제의 본래적인 성격이 감추어져 있기 때문에'이다. 우리가 q는 $(p \lor q) \land \sim p$의 논리적 귀결이라는 사실을 빨리 알아볼 수 없이 진리함수표를 그려야 하는 이유는 $(p \lor q)$의 형식이나 $\sim p$의 형식이 감추어져 있다는 뜻이다. 그런데 아까 위에서 정리한 식처럼 바꾸게 되면 $(p \lor q)$은 $(p|q)|(p|q)$였고, $\sim p$는 $(p|q)$로 바꿀 수가 있다. 그러면 $(p \lor q) \land \sim p$은 $(p|q)|(p|q)$와 $(p|p)$의 논리곱이다.

그러면 여기에서 위의 표를 보자. $(p|q)|(p|q) \land (p|p)$에서 $(p|q)|(p|q)$은 $(p|q)$로부터 $\sim q$가 포함되어 있는데, 한 번 더 스트로크해서 ~이 한 번 더 되므로 결국 q가 된다. 즉 $(p|q)|(p|q) \land (p|p)$, 여기에 q가 포함되어 있음이 보여진다.

이번에는 $(x).fx$와 fa를 보자. fa은 $(x).fx$의 논리적 귀결이다. fa는 $(x).fx$로부터 나온다. 추론된다. 자, 다시 $p \land q$로부터, 당연히 q는 $p \land q$의 논리적 귀결이다. 예를 들어 $p \land q \land r$에서도 또 q는 논리적 귀결이고 $p \land q \land r \land s$에서도 q는 논리적 귀결이다. fa, fb, fc… 등의 일반성을 지니는 $(x).fx$로부터 fa도 나오고, fb도 나오고, fc 등이 나온다. $(x).fx$에는 fa, fb, fc등이 다 포함되어 있기 때문이다. 그러므로 fa는 $(x).fx$의 논리적 귀결이다. 그러면 마찬가지로 어떤 명제가 $(☆ \land ○ \land □ \land q)$여서 그중에 q가 있다면, 당연히 어떤 명제$(☆ \land ○ \land □ \land q)$에서 q는 나오게 되어 있다.

$$fa \wedge fb \wedge fc \rightarrow fb$$

$$xfx \rightarrow fa$$

$$xfx \rightarrow fb$$

$$xfx \rightarrow fc$$

$$p \wedge q \rightarrow q$$

$$p \wedge q \wedge r \rightarrow q$$

$$(☆ \wedge ○ \wedge □ \wedge q) \rightarrow q$$

이것을 명제의 교환법칙으로 교환이 된다. 그렇지만 반드시 그런 법칙을 알 필요도 없이, 위에서 설명한 내용이 당연해진다. 예를 들어 |는 ~을 포함하는 and이다. 어쨌든 논리곱이다. 그러면 위에서처럼 풀어 쓸 필요도 없이 $(p|q)|(p|q) \wedge (p|p)$는 ∧로 만들어지는 명제이고, |에 의해 $\sim q$가 논리곱으로 포함된다. 그리고 다시 |에 의해 ~이 한 번 더 되어서 $\sim(\sim q)$, 즉 q가 포함된다. 그러면 말할 것도 없이 $(p|q)|(p|q) \wedge (p|p)$에서 q는 추론된다. 이 말을 설명한 명제이다. 즉 $(p \vee q) \wedge \sim p$라는 형식으로 감추어져 있지만, $(p \vee q) \wedge \sim p$를 쉐퍼의 막대기를 사용해서 $(p|q)|(p|q) \wedge (p|p)$로 바꾸면, 즉각 $(p|q)|(p|q) \wedge (p|p)$로부터 q가 추론됨을 알게 된다.

우리는 진리표를 그려서 $(p \vee q) \wedge \sim p$로부터 q가 나온다는 사실을 보이는 것이 추론이라고 말할 수 있다. 하지만 사실은 $(p \vee q) \wedge \sim p$이 덮여

있는데masked, $(p|q)|(p|q) \wedge (p|p)$ 처럼 덮여있지 않게 만들면, 즉각적으로 우리는 $(p|q)|(p|q) \wedge (p|p)$로부터 q가 추론된다는 사실을 이미 알게 된다. 지금까지의 설명이 이해되는가? 천재적이지 않은가? $(p \vee q) \wedge \sim p$, 즉 $(p|q)|(p|q) \wedge (p|p)$를 직접 해보았더니, $(\sim p \wedge q)$가 되어서 q가 나오게 된다.

이 명제에는 $p \vee q$와 $\sim q$의 관계가 숨겨져 있다는 뜻인가?

두 명제의 $p \vee q$와 $\sim q$의 관계가 아니라, $p \vee q$와 $\sim q$의 관계로부터 q를 추론해내는 과정이 숨겨져 있다는 의미이다. $p \vee q$와 $\sim q$의 관계가 어떤 진리함수를 낼지가 덮여져 있다. 왜냐하면 그 진리함수표를 알아야 하기 때문이다. 그렇지만 $(p \vee q) \wedge \sim p$를 $(p|q)|(p|q) \wedge (p|p)$로 바꾸어 놓게 되면, (진리함수표를 그리지 않고도) "아, q가 추론되는 것은 당연하다"를 알게 된다.

$(p|q)|(p|q)$에서 당연히 q가 나온다. 그러므로 그 뒤에 이어지는 $(p|p)$가 무엇이건 관계없이 $(p|q)|(p|q)$ 만으로도 당연히 q가 나오는 것 아닌가?

스트로크(|)에서 q가 당연히 나온다. 나머지 $(p|p)$는 어쨌든 $\wedge$로 연결되어서 $(p|p)$가 아닌 다른 것이 와도 전혀 상관없다.

$(p|p)$는 $\sim p \wedge \sim p$인데, neither p nor p가 무엇인가?

$p|q = \sim p \wedge \sim q$이고, $\sim p \wedge \sim p$는 $\sim p$이다. 비가 안 오고, 또 비가 안 온다. 그러면 비가 안 오는 것이다.

그래서 그다음에는 뭐라고 했는지 보자.

(The possibility of inference from $(x).fx$ to fa shows that the symbol $(x).fx$ itself has generality in it.)

$(x).fx$에서 fa를 추론할 수 있다는 가능성은 기호 $(x).fx$ 그 자체가 그 안에 일반성을 가지고 있다는 것을 보여준다.

일반성을 가지고 있으니까, $(x).fx$는 fa도 되고, fb도 되고, fc가 다 되는 것이다. 그러니까 $(p|q)|(p|q) \wedge (p|p)$도 q를 포함하는 일반성을 가지고 있다는 뜻이 된다. 앞에서 설명했듯이 $fa \wedge fb \wedge fc \cdots$등으로 끝없이 나가는 것, 이것이 곧 $(x).fx$이다. 그래서 $(x).fx$는 fa, fb, fc 등 모두를 포함하고 있는 일반성을 가진다. 이때는 논리곱이다. 그러므로 $xfx \rightarrow fa$도 되고, $xfx \rightarrow fb$, $xfx \rightarrow fc$도 된다. 그래서 마찬가지로 xfx가 일반성을 가지듯이, $\wedge$으로 연결되면 $(p|q)|(p|q) \wedge (p|p)$에서 q가 추론될 수 있으므로 끝이다. 다른 것은 말할 필요도 없다.

'$p|q.|.p|q$'에서 '.'은 무엇인가?

$.|.$이다. 두 개가 따로따로, 즉 $(p|q)$와 $(p|q)$를 스트로크(not and)하라는 의미로 중간 막대기에 붙어 있는 점이다. '.'를 괄호로 생각할 수 있

는데, 옛날에는 괄호를 안 썼다. 옛날에는 그냥 fx라고 했다.

그래서 5.1331은 마치 일반화된 xfx에서 fa가 나오고, fb도 나오는 것처럼, q도 그렇다는 설명이다. 즉 일반화된 xfx에서 fa가 나오는 것이 보여지듯이, 마찬가지로 $(p|q)|(p|q) \wedge (p|p)$도 $\wedge$로 연결되면, 그 연결되는 어떤 것이던 나올 수 있다(이 경우에는 q가 나온다).

매우 재미있지 않은가? 환상적이다.

요약하면 우리의 추론에 있어서, 추론이 마치 진짜 무엇인가를 추론해내는 것처럼 보이지만, 사실은 그것은 명제의 형식이 덮여 있어서 그렇게 보이는 것뿐이다. 그것을 변경해서 살펴보면 불 보듯 뻔하다. 그러니까 표현의 기교상의 무제인 것이지, 실제로는 명제의 형식상에 이미 들어 있고, 구조에서 꼴에서 이미 보여주고 있다는 것이다. 그래서 여기에서 비트겐슈타인이 말하고 싶은 것은 그것은 우리가 일반적으로 추론이라고 말해왔던 것은 추론이 아니라 '내적 관계'라는 것이다.

5.132 If p follows from q, I can make an inference from q to p, deduce p from q.

만약 q로부터 p가 따라 나온다면, 나는 q에서 p로 이르는 추론을 할 수 있고, q로부터 p를 연역해 내는 것이다($p \leftarrow q$, $q \rightarrow p$).

보통 연역의 정의는 이것이다. 간단하게 말해서 연역의 정의는 논리적 귀결이다.

The nature of the inference can be gathered only from the two propositions.

추론의 본질은 두 개 명제 사이에서만 성립될 수 있다.

A, B, C가 있을 때, 우리는 세 개 사이의 추론을 말하지는 않는다. A→B 혹은 A→C, C→B처럼 추론의 과정은 언제나 두 개 사이다. 당연하지 않은가?

They themselves are the only possible justification of the inference.

그들이 그 자체로서 추론의 유일하게 가능한 정당화이다.

추론의 유일하게 가능한 정당화란 두 명제 사이에서 내적 구조에 의해 연역될 때에만 그 추론이 정당화될 수 있다. 즉 우리가 추론이라고 할 때 그것이 정당화될 수 있는 근거는 반드시 그것이 연역될 때만이다. 왜냐하면 거기로부터 나오는 것이기 때문이다. 논리적 귀결이기 때문이다.

한번 생각해보자. '비가 오고 덥다'라는 명제는 '비가 온다', '덥다'라는 두 개의 명제가 있어야 한다. 그리고 비가 오고 덥다면, 당연히 비가 오는 것이다. 또 당연히 더운 것이다. 그래서 $(fa \wedge fb)$이면, 반드시 fa가 성립한다($fa \wedge fb \rightarrow fa$). 원한다면 fb도 성립한다($fa \wedge fb \rightarrow fb$). 그런데 만약 $p \rightarrow q$ 면서 $q \rightarrow p$라면, 이제 p와 q는 하나이면서 같은 것이다.

'Laws of inference', which are supposed to justify inferences, as in the works of Frege and Russell, have no sense, and would be superfluous.

이제, 통렬하게 얘기한다. 프레게나 러셀이 말하는 바와 같은, 추론을 정당화하는 것으로서 가정되는 '추론의 법칙'은 뜻을 가지지 않는다. 그리고 이것은 과잉의 것이다(잘라져야 한다).

자, 그러므로 '추론의 법칙'이라는 말 자체가 필요하지 않다. 프레게나 러셀은 연역할 때, 그 연역을 추론의 법칙이라고 말했다. 그런데 그런 말을 할 필요가 있는가? 거기에 추론의 법칙이라는 제3의 용어가 들어갈 필요한가? 그냥 논리 구조상 보여지는데, 추론의 법칙이란 이러저러한 것이어서 이것을 준수하고 저것을 준수하고 등등의 말을 할 필요가 없는 것이다. 이미 눈 앞에 보여줬는데, 그걸 제3의 말로 다시 말할 필요가 없다. 한마디로 새로운 말을 만들어낼 필요가 없다.

인과율
(논리추론과 과학법칙)
5.133~5.143

5.133 All deductions are made a priori.

모든 연역은 선험적이다.

모든 연역은 선험적으로 이미 거기에 있는 것이다. 당연하지 않은가? 이미 들어 있어서, 하나마나 한 소리를 하고 있는 것이다.

5.134 One elementary proposition cannot be deduced form another.

하나의 요소명제가 다른 요소명제에서 연역될 수 없다.

이것이 결정적으로 중요한 말이다. 왜냐하면 요소명제들은 서로 독립적이니까. 따라서 요소명제에서 다른 요소명제가 추론될 수 없다면, 추론이라는 것은 없다. 물론, 오늘의 태양이 동쪽에서 떴다. 내일의 태양이 동쪽에서 뜰 수도 있다.

요소명제 a, b, c, d, e, f로 이루어진 명제 '가'와 요소명제 d, e, f, g, h, i, j로 이루어진 명제 '나'는 'd, e, f' 때문에 확실히 겹칠 수가 있다. 그렇다고 해도 이것은 추론의 법칙이라고 할 수 없다. 왜냐하면 애초에 요소명제 a, b, c, d, e, f, g… 등이 서로 간에 독립적이기 때문이다. 단지 하나의 요소명제는 다른 요소명제에대해서 2분의 1의 확률만을 가진다. 그러므로 내일 해가 동쪽에서 뜰 확률은 2분의 1이다. 요소명제의 본질상 그렇다.

그러면 '연역'이라는 말 자체가 의미가 없는 것인가?

연역은 이제 최소한의 말이다. 연역과과 추론의 법칙은 다르다. 연역과 귀납은 그것이 전개되는 논증의 방법에 대해서 말한다. 하지만 추론의 법칙은 마치 제3의 무엇이 있는 것처럼 실체를 가진 말이다. 그래서 연역은 하나의 연산기호처럼 실체를 안 가지는 일종의 논리상수이다.

5.135 There is no possible way of making an inference form the existence of one situation to the existence of another, entirely different situation.

하나의 상황의 존립으로부터 전적으로 다른 상황의 [다른] 존립을 추론할 (방법은) 없다.

즉 하나의 상황의 존립으로부터 전적으로 다른 상황의 존립을 추론할 수 없다는 것이다. 내일은 내일의 태양이 뜬다. 그러므로 오늘의 태양이 동쪽에서 떴다는 사실로부터 내일의 태양도 동쪽에서 뜬다는 것을 추론할 수는 없다. 오늘의 상황과 내일의 상황은 전적으로 다르다.

5.136 There is no causal nexus to justify such an inference.

그러한 추론을 정당화할 인과율은 없다.

5.1361 We cannot infer the events of the future from those of the present. Superstition is nothing but the belief in the causal nexus.

우리는 현재의 사건으로부터 미래의 사건을 추론할 수 없다. 미신이란 인과율에 대한 믿음 외에 아무것도 아니다.

이 문장은 귀에 못이 박히도록 들어왔다.

그다음 5.1362에서 'The freedom of the will'을 비트겐슈타인은 철두철미하게 현대의 입장에서 보고 있다. 중세의 입장이 아니다. 중세 입장에서는 자유의지라는 것은 없다. 그리고 개신교의 입장에서도 자유의지는 없다. 모든 것은 예정되어 있기 때문이다. 그런데 지금 비트겐슈타인은 실존주의 입장이다. 실존주의자들은 자유의지가 있다고 얘기한다. 이때 실존주의의 자유의지와 루터나 그 이전의 오컴 혹은 캘빙이 말하는 자유의지는 서로 반대된다. 오컴, 루터, 캘빙이 말하는 자유의지란 그들에게 있어 환상이다. 자유의지란 없다는 것이다. 모든 것이 결정되어 있으므로, 인간의 자유의지는 없다고 본다.

반면 현대에서 말하는 자유의지란, 우리에게 정해진 바가 없다. 만약 거기에 정해진 바가 있다면, 우리는 자유의지를 통해서 거기로 다가가면 된다는 의미이다. 이때의 자유의지다. 자, 그러므로 실존주의자로서의 현대 입장에서 자유의지는 자신이 무엇을 모르기 때문에, 미래의 어떤 사건이 있을지 모르기 때문에 그리고 보편적으로 우리가 추구해야 할 바가 무엇인지를 모르기 때문에 매 순간에서 우리는 우리를 창조해나갈 자유를 가진다. 우리를 창조할 자유이다.

자, 한번 보자. “인간은 하나의 행성을 떠맡았다.” 누구의 말인가? 에드가 모랭이다. 이게 무슨 뜻인가? 만들 자유가 있다는 의미다. 그렇다. 우리는 거기에 플라톤적 이념에 의해서 이미 있는 이데아를 위해 우리가 자유의지를 발동하는 것이 아니라, 세계를 창조해나갈 자유가 있다는 의미이다. 왜냐하면 거기에는 정해진 바가 없다. 더군다나 미래를 위해 참고할 만한 현재의 참고자료도 없다. 이때 우리에게 주어지는 것은 무한한 창조의 자유이다. 이런 의미에서의 자유의지이다.

5.1362 The freedom of the will consists in the impossibility of knowing actions that still lie in the future.

자유의지는 아직까지 미래에 놓여 있는 행위를 안다는 것의 불가능함에 있다.

즉 우리는 현재나 미래가 어떠한지에 대해 알 수 없다. 그러므로 현재에 있어 우리는 무엇을 하건 간에 자유로울 수가 있다. 자, 여러분, 지금 비트겐슈타인의 철학, 오컴 식의 철학에 입각하게 되면, 우리는 우리가 실재론에 의해서 발 디딜 수 있는 어떠한 토대를 잃게 된다. 인과율도 사라진다. 세계에 인과율이 없는데, 어떻게 신과 관련한 인과율이 있겠는가? 미래의 어떤 사건에 대해서 알 수 없다고 할 때, 심지어 신에 대해서는 어떻게 알겠는가? 우리는 전혀 알 수 없다. 이렇게 미래에 대해 알 수 없다는 점에서 우리에겐 창조할 자유의지가 있다는 뜻이다.

"실존주의는 인본주의다"라는 사르트르의 강연집이 있다. 거기에 보면 매우 재미있는데 인본주의가 르네상스식으로 인간 지식의 추론 능력이라고 정의하게 되면, 실존주의는 인본주의라는 것이 말이 안 된다. 그런데 거기에서 사르트르는 인간이 자유롭게 세계를 창조할 권리를 인본주의라고 규정한다. 인본주의가 다르게 정의된다.

지금(현재) 미래에 어떤 사건이 일어날지 모르게 된다는 점에 있어서 우리에게는 자유의지가 있다. 이런 자유의지가 반가운 것만은 아니다. 특히 자연과학을 통해서 미래에 대해, 영원에 대해 예언자가 되고 싶은 사람들에게는 참으로 반갑지 않은 소리다. 공부 꽤나 한다는 사람들이 가지고 있는 오만이 이것이다. 자신은 예언자가 되고 싶어 한다. 혹은 이미 예언자이다. 그런데 이렇게 됨에 의해서 우리 모두는 신으로부터 등

거리에 있게 된다. 어떤 점에서 등거리인가? 너도나도 찌질이다. 그래도 나쁜 찌질이가 안 되는 것은 그리고 또 삶에 있어서 유일한 지침은 자신이 왜 찌질이일 수밖에 없는가를 깨달아가는 과정이다. 그 외에 다른 방법은 없다.

미래에 대해 예언할 능력은 전혀 없지만, 생존이 미래를 추측하거나 예측하려는 노력을 하는 것과 관련 있지 않은가?

개인의 선택이다. 오늘 고속도로 화장실에서 보았는데, 이런 말이 쓰여 있었다. "돌이켜 보니 청춘은 짧고 아름다웠다. 나는 그것을 그때 왜 몰랐는지 모르겠다(박경림)." 내가 그에게 이런 말을 해주고 싶다. "당신은 아마 죽을 때, 나의 노년이 왜 짧고 아름다웠는지 모르겠다. 왜 그때는 그것을 몰랐는지 모르겠다. 똑같은 말을 할 것이다." 어떤 사람이 "나의 유년은 짧고 아름다웠다. 그때 그것을 왜 몰랐는지 모르겠다." 서른 살이 되어서 "나의 이십대는 짧고 아름다웠다. 그때 왜 그것을 몰랐는지 모르겠다", 그리고 죽기 직전에 "나의 노년은 아름다웠다. 그때 왜 그것을 몰랐는지 모르겠다"라고 한다면, 이 말들이 유의미한 말인가?

무의미하다. 과거를 돌이킬 필요도 없고, 미래를 추론할 필요도 없다. 우리가 사는 것은 현재뿐이다. 그러므로 시간을 소멸시켜야 한다. 언어과잉이 너무 심하다. 조금만 생각해도 금세 알 것을, 왜 그런 헛소리를 지껄이는지 모르겠다. 현존을 사는 사람은 과거에 내가 이랬다 저랬다고 얘기하지 않는다. 그리고 미래에 내가 이렇게 저렇게 될 것이라는 예언도 하지 않는다. 그냥 열심히 산다.

논리적으로는 맞는데, 삶에서는 확률적 · 통계적으로 추측할 수 있으면 유리하지 않은가(예를 들어 주식을 살지 말지)?

현존을 열심히 사는 사람에게는 그 안에 이미 추측이 들어가 있다. 그리고 그 추측이 빗나갈 것까지도 다 포함하고 있다. 자신의 모든 영원함을 순간에 고정시킨다. 무엇이 더 필요한가? 내가 미래를 생각하지 않고 산다고 해서, 미래에 대한 대비가 덜 되어 있을까? 더 되어 있을까? 더도 덜도 아니다. 그냥 현재를 살고 있다. 그냥 현재에 최선을 다하는 것이 그 안에 이미 미래에 발생할 수 있는 모든 확률을 다 가지고 있는 것이다. 뿐만이 아니라, 발생하지 않을 수 있는 일에 대해 대비된 확률까지도 다 가지고 있는 것이다.

논리학과 달리 우리는 추측하면서 살고 있는가?

아니다. 현존을 사는 사람에게는 추측이 필요 없다. 신경과학에서도 자유의지 이슈가 있는데, 자유의지가 허상이라는 것이 주론이다.

스피노자가 던져진 돌도 생각할 줄 안다면, 자신은 자유롭게 운동하고 있을 것이라고 믿는 견지에서의 자유의지가 신경과학에서의 자유의지이다. 그런데 한 번 생각해보자. 자유의지라는 것이 과연 없고, 모든 것들이 예측된 대로 움직인다고 해보자. 그러면 이것 자체가 하나의 가설이다. 우리의 삶을 가만히 살펴보자. 확실히 어떤 지점에서 어느 순간

결단이 필요했고, 결정을 내렸다. 그리고 그 방향으로 갔다. 다른 결단을 내릴 수도 있었고, 그런던 순간은 무수히 많았다. 그러면 '우리에게 자유의지는 있다/없다' 혹은 '우리가 생각했던 것만큼의 자유의지는 있다/없다'는 무의미한 말이 되어버린다. 그냥 살고 있는 오늘만이 있다.

《논리철학논고》 뒷부분에는 이런 말이 나온다. "우리가 만약, 영원함이라는 것을 시간의 무한 구속이 아니라, 시간의 소멸로 간주한다면, 영원은 마땅히 현존을 사는 사람에게 주어진다." 현존에 다 포함되어 있다는 것이다. 죽음을 극복하는 유일한 방법도 시간을 소멸시키는 것이다. 그 순간 죽음은 사라진다. 순간을 사는데, 어떻게 죽을 수 있겠는가?

현존을 산다는 것이 무엇인가?

'현존을 산다'는 것과 '영원히 산다'는 개념은 얘기이다. 자기 자신을 잊는다는 것이다. 그래서 I am my world, 내가 나의 세계이다. 내 자신이 세계 속에 나를 소멸시키고 전全세계로서 살아가는 것이다. 전全세계로서의 삶을 사는 것이다. 시간이라는 개념도 어차피 뇌가 만들어낸 환상이라고 한다면, 시간은 실체가 없는 것이다. 그렇다면 시간이 없다면, 사실 영원이라는 것이 의미가 없어지는 것이다. 그것이다. 그렇기 때문에 '무한한 시간적 지속'이라고 한다. '무한한 시간적 지속'도 시간이다. '영원'이라는 것은 시간을 소멸시키는 방법 밖에는 없다.

'시간의 소멸'이 철학적이나 논리적으로 모든 사람에게 적용되는 말이어야지, 내가 무아지경에 빠졌다는 것으로 모두에게 적용하는 것은 무리가 있어 보인다. 자신이 소멸되면 된다. 그리고 자신만 소멸되면 된다. 몰입이다.

몰입 상태로 사는 것이 시간을 소멸시킨다는 것과 논리적으로 어떤 관련이 있는가?

모든 시간은 내 마음속에 있는 것이다. 논리적인 것이 아니다. 내가 몰입이건 아니건 나에게서 시간은 소멸된 것이다. 논리적으로도 그리고 실제로도 시간이 소멸된 것이다. 몰입 상태에 있어야만 시간이 소멸되는 것이 아니라, 빈둥거려도 시간이 소멸된다. 다만 어떻게 빈둥거리느냐의 문제이다.

명상에서의 무아지경과도 같은가?

그렇다. 시간의 소멸은 명상이다. 그렇기 때문에 비트겐슈타인의 철학이 브라만 철학과 같다. 논리적일 뿐이지, 그 귀결은 똑같다. 비트겐슈타인의 철학뿐만이 아니라, 모든 경험론 철학의 귀결은 불교철학이다. 완전히 똑같다. 시간을 잊는다는 개념, 몰입은 알겠는데, '시간의 소멸'이 논리에 포함될 만한 성질의 것인가? 그러면 논리가 무엇인가? 세상은 있는 그대로 있고, 발생하는 그대로 발생한다. 거기에 연역 이외의 다른 추론은 없다. 동시에 이것은 현존하는 순간의 삶에 의해 시간이 사라진다는 것을 의미한다.

인간의 관념에서 뇌의 작용이 사라진다. 관념에서는 사라지는 게 맞다. 그러면 우리에게서 독립해서 존재하는, 인간의 인식 이외에 다른 객관적인 것이 있는가?

없다. 그러면 됐다. 무엇도 우리에게 독립해서 존재하는 어떤 실체를 가정하지 마라. 현대 과학도 그렇고 현대철학도 그렇고, 독립적 객체를 부정한다. 이를 인정하면 사이비다. 아직 근대에 살고 있는 것이다.

철학에서의 자유의지와 신경과학에서의 자유의지가 같은지는 모르겠는데, 시간 관점에서 차이가 있다. 신경과학에서는 시간의 문제로 자유의가 없다고 말한다. 즉 내가 결정했다고 인식한 순간보다 그 전에 이미 내가 결정을 했다고 본다. 이는 바로 미분적인 견지이다.

인식하고 결정하고 행동한 것이 아니라, 행동을 먼저 한 후 내가 결정했다고 인식하게 된다. 믿게 된다. 나의 행동 자체가 결정되어 있다는 것이다. 나의 행위와 모든 것이 결정되어 있는데, 그것이 인간의 견지에서가 아니라 신의 견지에서 보자면, 내가 구원을 받을지 아닐지를 신은 이미 알고 있다. 신은 그가 어떤 행위로 구원받는다는 그 행동까지도 아는 것이다. 신은 다 알고 있는 것이다. 전락과 구원 사이에서 모든 것이 결정되어 있다. 그리고 그만큼 인간에게는 자신이 구원받기 위해 무엇인가를 할 수 있는 그런 자유의지는 없다. 또 이렇게 한다고 해서 구원받는 것도 아니고, 저렇게 한다고 전락하는 것도 아니다. 그러므로 그 사람이 할 수 있는 행위의 유일한 준칙은 현존을 열심히 사는 것이다. 살기 위해

사는 것, 삶을 위한 삶을 사는 것이다. 그리고 나서 나머지는 신이 알아서 하는 것이다. 그리고 간신히 기대하는 것은 '내가 이렇게 열심히 산다면, 내가 전락할 영혼은 아니지 않겠는가'라며 두려움과 공포를 없애는 것이다.

현대 기독교에서 자유의지가 있다고 보는 것은 어떤 의미인가?

사이비이다.

프란시스 드 쉐퍼는 '우리는 프로그램 되어 있지만, 자유의지가 있어서 과거의 신앙을 부정했다'고 했다. 이것은 사이비인가?

그렇다. 사이비다. Paul Tillich가 맞을 텐데, 그는 "유일한 신앙은 신 앞에서의 계속되는 파산밖에는 없다"라고 했다. 이 사람은 정통 신학자이고, 정말 신학자다운 신학자이다. 나머지는 전부 사이비다. 어떤 사람들은 이렇게 말한다. "그렇게 하면, 당신의 신이 당신을 좋아한다는 근거가 무엇인가? 당신이 그런 행동을 하는 것을 신은 다 안다면서?" 그러면 "성경은 신이 썼다는 증거는 믿는가?"라고 묻는다. 이때부터는 싸움이 된다.

논리실증주의도 반박되지 않는가?

시대착오자들에 의해서 많이 반박되곤 한다. 논리실증주의는 현재까지 반박되지 않았다. 칼 포퍼 같은 죽어도 예언자가 되고 싶은 근대에 속한 사람들이 반박했던 것이다. 고양이가 호랑이에게 덤비는 꼴이다. 칼 포퍼가 '내가 네 코털 하나쯤은 뽑았지!' 하는 식이다.

사실 비트겐슈타인은 오컴과 더불어 철학사에서 가장 위대한 천재다. 비트겐슈타인이 초등학교 교사를 하다가 하도 학생들이 설명해달라고 해서 다시 케임브리지 대학교로 갔는데, 그때 그의 제자인 렌스콤이 그랬다. "신이 귀환했다." 상상도 못한 천재다.

자, 계속 하자.

We could know them only if causality were an inner necessity like that of logical inference.

단지 인과율이 논리적 추론과 같은 종류의 내적 필연성을 가질 때에만, 우리는 미래의 사건들을 알 수 있다.

여기에서 them은 미래의 사건들이다. 미래의 사건을 우리가 알 수 있을 때에는 오로지 그런 것들이 논리적 추론과 같은 종류의 내적 필연성을 지녀야만 한다. 그렇지만 현재의 사건과 미래의 사건은 이러한 논리추론의 성격을 가지지 않는다. 그렇기 때문에 우리는 여전히 미래에 놓여 있는 사건에 대해 알 수 없다.

The connexion between knowledge and what is known is that of logical necessity.

지식이라는 것과 알려지는 것은 논리적 필연성의 문제이다.

여기에서의 that은 connexion(연결)이다. 그리고 지식이라는 것과 알려지는 것을 보자. 우리가 지식이라고 할 때 지식은 이렇게 보면 된다. 예를 들어 '$(p \lor q) \land {\sim}p \rightarrow q$'는 우리에게 하나의 지식으로 성립한다. 그렇지만 또 우리는 학습을 통해서도 알게 된다. 이렇게 이미 우리의 지식으로 확립된 것과 우리가 배워서 알게 되는 것은 논리적 필연성의 문제, 즉 서로 논리적으로 필연적인 것만 그럴 수 있다.

과학 교과서에서 우리에게 알려져 있는 사실과 우리의 지식이 있다면 이들이 논리적 필연성을 가져야 하는데, 이 둘 사이에 그러한 관계가 없으므로 지식과 배움 사이에 괴리가 있다. 반면 지식과 배움이 일치하는 경우는 이 둘의 관계가 논리적 필연성 관계일 때뿐이다.

그렇게 된다면, 그것은 유의미한 배움이라고 할 수 있는가?

그것은 하나의 지식이지 배움은 아니다. knowledge(지식)이라는 것은 '$(p \lor q) \land {\sim}p \rightarrow q$'을 아는 것이다. 반면 what is known(알려진 것)은 '$(p \lor q) \land {\sim}p \rightarrow q$'을 배우는 것, 그렇게 함으로써 알게 되는 것이다. '나는 배워서 알았다'는 것과 그리하여 '하나의 지식이 되었다'라는 것은 논리적 필연성의 관계에서만 가능하다.

여기에서 만약 지식과 배움 사이에 있어 필연적 관계가 있다고 한다면, 사실 이것이 유일하게 가능한 경우는 논리적 관계일 때뿐이다. 그러므로, 한마디로 말하면, 배움에 의해서 지식에 도달할 수 없게 된다.

논리적으로 필연적인 것인데, 어떻게 배워질 수 있는가. 그래서 what is known은 경험적 지식은 없다는 것이다. 왜냐하면 어떤 것들이 배워서 지식이 되기 위해서는 반드시 논리적 필연성이 필요하다.

그런데 필연성이 없는데, 어떻게 그것을 우리가 지식이라고 말하고, 배우는 것이라고 말할 수 있는가?

('A knows that p is the case', has no sense if p is a tautology.)

만약 p가 항진명제라면, A knows that이라는 명제는 뜻을 가질 수가 없다.

'A는 *p*라는 사례가 있다는 것을 안다.' 잘 생각해보자. 'A는 *P*라는 사례가 존립한다는 사실을 안다.' 이것이 말이 되는 얘기인가? '그는 비가 온다는 사실을 안다.' 말이 되는가? 안 된다. 왜냐하면 비가 오거나, 비가 오지 않거나 A가 비가 온다는 사실을 안다는 것이 어떻게 해서 말이 되는가?

그런데 여기에서 *p*가 항진명제라면, 아무 의미를 가지지 않는다고 했다. 이것은 또 무슨 뜻일까? 항진명제면 안다고 말할 필요가 없다. 항진명제가 아닐 때에만 '*p*라는 사례가 있다는 것을 A는 안다'라는 말이 유의미해지는 것이다. *p*가 만약에 비가 온다라면, 비가 올지 안 올지 *p*가 존립할지 존립하지 않을지, 두 사례 모두 가능한 상황일 때에만 A가 그것을 안다는 것이 의미가 있는 것이다. 항진명제는 배움으로 얻을수 있는 것이 아니다. 그렇다면 배움과 지식사이의 논리적 필연성이 있어야 한다.

위의 'knowledge(지식)와 what is known(알려진 것)'과 연결해서 다시 보자. '만약 *p*가 항진명제라면, A knows that이라는 명제는 뜻을 가질 수가 없다.' 무슨 의미일까?

*p*가 항진명제이면, 그 자체로 성립하는데, 거기에 '안다'를 추가할 필요가 없다.

항진명제는 배워질 수 있는 것인가?

항진명제는 당연한 것이다. 그래서, 배워질 수 없는 것이다. 그 뜻이다. 안다는 것은 배워진다는 것이다. 그런데 항진명제는 배워질 수 없는 것이다.

자, 다음을 보자.

5.1363 If the truth of a proposition does not follow from the fact that it is self-evident to us, then its self-evidence in no way justifies our belief in its truth.
만약 어떤 명제의 참이 그것이 우리에게 자명하다는 사실로부터 흘러나오지 않았다면, 그 자명성은 그 명제의 참에 대한 우리의 믿음을 정당화하지 못한다.

자, 이런 생각을 해보자. 앞에서 설명한 것처럼 $(p \vee q) \wedge \sim p \rightarrow q$이다. 이것은 자명한 사실이다. 그래서 이러한 자명한 사실로부터 '비가 오고 덥고 그리고 비가 오지 않을 때'에는 '덥다'가 흘러나온다. 이런 식으로 자명한 것으로부터 나오지 않는 모든 지식은 우리에게 그것이 참이라고 주장할 수 없다는 것이다. 즉 논리적 필연성 이외에 그것이 우리에게 참임을 주장할 수 있는 것은 없다.

더 간단히 해보자.

$p \wedge q \rightarrow p$

$p \wedge q \rightarrow q$

$p \wedge q \rightarrow p \vee q$

$p \wedge q$에서 p는 당연히 흘러나온다. 혹은 $p \wedge q$에서 q가 나오고, 혹은 $p \wedge q$에서 $p \vee q$가 나온다. 어느 경우에나 모두 자명하다. 그러므로 이 관계를 바탕으로 연역된 것들은 다 참이라고 할 수 있다. 반면 연역된 어떤 것이 있는데 그것이 자명하지 않다면, 그 명제가 참이라고 주장할 근거가 없다.

예를 들어 누가 "이러이러해"라고 주장하면, 우리는 묻는다. "그 주장의 근거가 뭔데?" 여기에 대한 설명을 들어보니 그것이 자명하다면, 그 주장은 맞다. 그런데 만약 자명하지 않다면, 그 주장이 맞다고 할 수도 없고, 틀리다고 할 수도 없다. 여러 번 얘기했지만, 철학에서 실재론과 경험론이 다른 것은 자명함이 있느냐, 없느냐의 문제다. 예를 들어 공준이 자명한가, 아닌가. 실재론자들은 공준이 자명하다고 보고, 경험론자들은 자명하지 않다고 본다. 그러므로 경험론자들은 거기에서 흘러나오는 모든 정리가 그 자체로서 옳은 것은 아니라고 한다. 반면 실재론자들은 무조건 옳다고 주장한다.

5.14 If one proposition follows from another, then the latter says more than the former, and the former less than the latter.
만약 한 명제가 다른 명제로부터 흘러나온다면, 후자가 전자보다 더 많은 것을 말하고, 전자가 후자보다 더 작은 것을 말한다.

하나의 명제가 다른 하나에서 나왔다는 것을 보자. $p \wedge q$와 q를 보자. q는 $p \wedge q$에서 나왔다. 어느 것이 더 많은 것을 말하고 있는가? $p \wedge q$이다. 그리고 $(x).fx$와 fa에서도 마찬가지다. $(x).fx$ 모든 경우에 대해 말하고 있다. $(x).fx$가 더 많은 것을 말한다. $(x).fx$은 모든 x에 대해서 말하고 있기 때문이다.

5.14와 같은 명제에 대한 설명을 듣고 보니 사실 쉽고 다양한 얘기 아닌가? 그런데 이 문장이 떡하니 제시되었을 때, 무슨 말인지 이해될 것 같은가? 절대 그렇지 않다. 이와 관련해서 아주 재미있는 사건이 있었다. 예전에 나는 5.14의 명제에 대해 답답함을 느끼고 철학과 교수에게 쫓아가서 물어봤었다. 교수가 한참 설명하더니 "하나가 다른 하나에서 나왔다면, 당연히 다른 하나가 더 할말이 많지"라고 반대로 얘기했다. 그래서 그런가 보다 하고 집으로 갔다. 심지어는 내가 former와 latter의

뜻을 지금까지 바꾸어 알고 있었다고 생각했다. 하지만 한참을 더 생각해보니, 그게 아니였다. 그래서 다시 가져가서 사실은 반대인 것 같다고 말했다. 그러자 교수가 내 말이 맞는 것 같다면서, 다른 교수에게 다시 물었는데 그 교수도 똑같이 설명을 했다. 후자의 것이 크지라고. 그때 철학과가 일주일간 쑥대밭이 되었다.

'흘러나온다'는 것이 화살표의 역방향이라서 헷갈리는 것이다. 그런데 사실 전자와 후자가 헷갈리거나, 방향이 달라서 갈리는 것은 아니다. 개념이 정립되어 있지 않기 때문에 헷갈리는 것이다. $xfx \rightarrow fa$면, xfx가 더 많은 것을 말한다. $(fa \wedge fb) \rightarrow fa$에서는 $(fa \wedge fb)$가 더 많은 것을 말한다. 읽을 때에 반대로 이해하기 쉬우니 조심하자. $xfx \rightarrow fa$면, xfx가 더 많은 것을 말하는 것은 이해되는데, $(fa \wedge fb) \rightarrow fa$에서는 $(fa \wedge fb)$가 왜 더 많은 것을 말하는지 모르겠다.

$p \wedge q$는 '비도 오고, 덥다'는 정보가 있다. q는 '덥다'만 있다. $fa \wedge fb$는 fa보다 더 많은 정보를 가진다.

5.141 If p follows from q and q from p, then they are one and same proposition.

p에서 q가 흘러나오고, q에서 p가 흘러나오면, 그것은 사실 하나이다.

하나의 명제를 p에서 q가 나오고 q에서 p가 나온다.

5.142 A tautology follows from all propositions: it says nothing.

항진명제는 진리 근거가 꽉 채워져 있는 것이다. 그러므로 당연히 항진명제는 모든 명제로부터 흘러나온다.

p	q	p∨q	p∧q	~p	**항진명제**
T	T	T	T	F	T
F	T	T	F	T	T
T	F	T	F	F	T
F	F	F	F	T	T

truth-ground가 하나인 것, 두 개인 것, 세 개인 것 모두로부터 항진명제가 나온다. 반면 모순명제는 어떤 것으로부터도 흘러나오지 않는다.

tautology를 동어반복이라고 번역해도 되는가?

tautology는 언제고 참이라는 뜻에서 항진명제이다. 동어반복은 다르다. 동어반복은 무슨 말인가를 반복한 것이다. tautology에 무엇이 반복되어 있는가? tautology를 동어반복이라고 쓰면, 번역이 잘못된 것이다. 하나마나 한 소리를 했다는 의미에서 동어반복이라고 한 것 같다. '$(p \to q) \land (q \to p)$'와 '$p$와 q는 같다'. 이것은 동어반복이지만, p와 q가 그 명제를 구성하는 요소명제의 경우가 어떻건 간에 항상 참인 것, 이것이 항진명제이고, 그것이 tautology이다. 항진명제는 어떤 연산의 결과가 항상 참인 명제이다.

따라서 항진명제는 모든 명제에서부터 나온다. 항진명제는 모든 명제의 논리적귀결이다. 요소명제의 어떤 연산에 대해서도 항상 참이므로, 진리근거가 모두 참이 된다(TTTT)(p, q).

> it says nothing이란 항진명제는 항상 TTTT이므로 어떤 정보도 주지 않는다는 것인가?

(TTTT)(p, q) 그런 연산은 없다. 물론 만들 수 있다. (TTTT)$(p \lor \sim p)$. 그런데 이런 것들이 '유의미한 명제인가'라는 문제가 있다. 우리가 유일하게 항진명제를 유의미한 것으로 인식하는 경우는 'must be shown(보여질 수 있는)'일 때이다. 말해질 수는 없지만, 보여질 수 있는 것 혹은 논리 그 자체, 이것이 항진명제이다.

그래서 명제나 연산은 반드시 '발생한다/발생하지 않는다'의 사건과 얽혀 있어야 한다. 0과 1의 확률은 무의미하다. 확률이 0은 사건은 말할 필요조차도 없고, 확률이 1인 사건은 항상 참이라서 항상 발생하는 것은 그럴 수밖에 없는 것이다. 이렇듯 1은 무의미하지만, 그 경우가 있다. 확실히 기호의 조합이 가능하기는 하다. 기호가 조합된다는 것은 그것은 무엇인가의 유의미한 측면이 있다. 하지만 항상 참인 것들은 확정된 의미를 가지지 않고 열려 있다. 그러나 연산은 가능하다. 이런 경우는 언제나 formal concept, 형식개념이다. 즉 경험론은 한 마디로 실증적인 감각 경험에 닿지 않으면 무엇도 믿지 않는 것이다. 심지어 논리 추론도.

그럼에도 불구하고, 세계를 가능하게 하는 것은 무엇인가?

무엇인가가 우리를 묶어주는 그런 것이 있어야 세계가 존립할 수 있다는 것을 경험론자들도 안다. 그렇다고 한다면, 이는 선험적이어야 한다. 우리를 묶어주는 그것은 경험적일 수는 없다. 경험은 각자가 다 다르기 때문이다. 그래서, 무엇인가는 있어야 한다. 하지만 그것을 말하고자 하는 순간 곧장 모순에 빠지게 된다. 분명 무엇인가는 있다. 그러나 체험될 수는 없다. 그것은 반드시 조합된다. 하지만 의미를 가지지는 않는다. 이렇게 논리학에서는 바꿔 말할 수 있다. 그것이 바로 항진명제이다. 그러므로 항진명제는 선험적으로 작동하게 되는데, 이것이 논리이다. 우리는 논리에 잠겨서 살고 있다. 이것이 이 책을 관통하고 있는 매우 중요한 주제이다.

추론이 생각/사고의 한 요소가 될 수 있지 않은가?

사고의 한 요소라는 말을 하려면, 우선 '사고'를 규정해야 한다. 그러면 한번 물어보자. 풀이나 나무도 사고를 하는가? 풀과 나무가 사고를 하지 않는다면, 그런 의미에서 인간도 사고를 하지 않는다. "모든 생명은 들의 풀과 같고, 모든 영광은 그 풀의 꽃과 같아서, 풀은 시들고 꽃은 사라진다." 더 말할 필요 있는가? 이는 〈전도서〉의 얘기이다. 인간도 풀과 다름없다는 것이다. 생명체로서는 다름없지만, 살아가는 방식에서 인간은 추론을 한다.

추론을 어떻게 정의하는지 모르겠지만, 무슨 근거로 인간은 추론을 한다고 말할 수 있는가? 비트겐슈타인은 추론 할 수 없다고 말했지만, 논리적으로는 동의하지만, 사람들은 추론을 할 수 있지 않는가?

이 질문은 '나는 찌질이가 아닐 수도 있다'고 말하는 것과 같다. 우리 모두는 찌질이 맞다. "나는 들의 풀과 같아서, 들을 줄만 알지, 말할 줄은 모른다"고 성 프란시스코가 말했다.

추론은 나름대로의 과학인데, 경험으로 주어지기도 한다. 아기들도 공이 굴러나가다 어떤 물체 뒤에 숨었을 때, 몇 초 후 공이 다시 나타난다는 것을 예측한다. 이것이 추론한다. 강아지도 지나가다 머리를 부딪히면 그 다음엔 조심한다. 강아지도 추론을 한다. 반면 풀이나 나무는 뇌가 없으니까 추론하지 않는다.

그러면 뇌의 정의는?

뇌는 신경계다. 그러나 풀과 나무에도 신경계가 없다. 풀과 나무에도 신경계가 있다. 신경계가 없다면, 생명이 아니다. 생명의 특징이 신경계이다. 인간은 이러저리 다니고 예민하게 운동을 포착해야 하므로 신경계가 더 발달해서 뇌까지 생긴 것이다. 양적인 차이는 있겠지만, 질적인 차이는 없다. 나는 강아지를 내려다보면서 내가 더 우월하다는 생각을 한 적이 없다.

사람이 개와는 신경계가 있으니 가깝지만, 식물과는 다르다라는 주장인가? 식물은 추론하지 못한다.

과연 추론이 없다는 것을 진짜 말해도 되는가? 동물은 추론을 한다. 다만 논리적이 아닌 경험론적으로 추론을 한다. 그러나 식물은 추론을 하지 못한다.

추론이란 무엇인가?

간단하다. 추론이란 현재의 사건에서 미래의 사건을 추론하는 것이다. 경험적으로, 자신 마음대로 추론을 한다. 이건 강아지도 한다. 그런데 중요한 것은 추론이, 현재에 비추어 미래를 예측해둔 모델이 논리적 필연성을 가지는가이다.

그렇게 말할 근거가 있는가? 현재의 사건에서 미래의 사건을 추론할 때, 이 추론이 논리적 필연성을 가질 수 있는가?
경험적이다. 경험적이라면, 필연성을 갖지 못한다. 필연성을 갖지 못하면, 그것은 단지 경험상의 문제이다. 그리고 우리는 미래에 대해서 모른다고 밖에 말할 수 없다.

'확률적으로는 알 수 있다'라고 할 수 있지 않은가?

어떻게 보면, 엄밀한 철학적 견지에서 보면 의미가 없다. 사실우리는 이것을 금세 알 수 있다. 예를 들어발사체를 발사하다가 실패했는데, 왜 mitigation(완화, 경감)하면 안 된다. 어떤 일에 실패했을 때, 그것을 성공시키기 위해 제일 쉬운 방법은 요구조건을 낮추는 것이다. 그렇게 되면 만족할 수는 있지만, 그것이 해결책은 아니니다. 미봉책이고, 무책임한 것이다. 그러므로 우리는 근원적인 동기를 탐구하는 것이다. 그런 견지에서는 우리가 mitigation을 하지 않고 추론이라는 것을 한다.

그러면 이때의 추론은 논리적 필연성을 가지는가? 지금 이 얘기를 왜 하는가 하면, 반복되는 질문은 보다 근원적인 것을 찾는 것은 추론이라는 주장인데, 이것조차도 논리적 필연성을 가지는 종류의 인과율은 아니라는 것이다.

5.143을 시작하기 전에, 나는 포스트모더니스트에 대해서 시큰둥하다는 것을 기억할 것이다. 예를 들어 라캉에 대한 '삐딱하게 보기'나 들뢰즈나 데리다는 포스트모더니즘은 계몽서사와 거대담론의 해체라면서 그것과 관련된 많은 말을 한다. 사실 이것 하나만 말하면 된다. '하나의 사건의 존립에서 그와는 전적으로 다른 사건의 존립을 추론할 수는 없다.' 무슨 얘기인가 하면, 인과율은 없다는 것이다. 오늘의 사건에서 내일의 사건을 추론할 수 없다.

그런데 추론할 수 있다는 것은 무엇인가? 인과율이 있다는 것이다. 추론할 수 없다는 것은 인과율이 없다는 것이다. 그러면 인과율의 소멸에 의해서 우리가 사물을 삐딱하게 본다는 것은 마치 인과율이 있다고 믿는 사람들을 삐딱하게 본다는 것이다. 그리고 계몽서사나 담론은 그것이 인과율이다. 그래서 그것을 해체시킨다고 말하는 것이다.

그런데 그런 말을 하는 것이 의미 있는가? 한마디면 될 것을 왜 복잡하게 하고, 어떤 영화에서는 이렇다는 둥 말하는가? 굉장히 속되고 상스럽고 경박하다. 이런 것이 싫은 것이다. 품격이 없다는 생각이 든다. 그냥 근검의 원칙 한마디면 된다. 오컴의 면도날에 의해서, 오컴은 '존재는 이유 없이 증가해서는 안 된다'고 말했다. 이때 그 존재는 바로 인과율이다. 그 존재가 실재이다. 우리는 그것이 없어도 충분히 살아나갈 수 있고, 또 그것이 필수적일 이유가 없다.

이것을 비트겐슈타인은 이렇게 말했다. "기호에 지칭 대상이 없으면, 그것은 존재하지 않는다." 그러면 기호에 대응하는 대상object이 있다는 것인데, 인과율이라는 기호에 대응하는 실체가 없다. 그래서 대응하는 실체가 없을 때, 그 기호는 있어야 할 이유가 없다. 언어철학으로 보면 그렇다. 그러면 사실 얘기는 다 끝난 것 아닌가? 여기에다 이 말 저 말 붙일 이유가 없다. 포스트모더니스트들의 그런 것들이 나는 싫은 것이었다. 그리고 텍스트text 이론이라고 해서, 텍스트는 하나의 만들어진 무엇이라고 했다. 당연히 만들어진 것이다. 그것이 만들어지지 않을 수 있겠는가? 왜냐하면 우리가 아는 것은 우리의 얼굴밖에 없다. 이 세상에 만들어지지 않은 것이 어디 있겠는가? 자신이 만들어지지 않고 본래 존재하는 것을 찾아낸 것처럼 얘기해도, 그것은 모두 동의를 구하고 있는 상상의 가공물이다.

한번 보자. '인과율의 소멸'에 대한 개인의 심리적 대응물은 '냉소'이다. 그리고 사회적 대응물은 '민주주의'다. 민주주의의 의미가 무엇인가?

민주주의의 첫 번째 의미는 우리가 보편적으로 추구해야 할 어떤 이상이나 질서 같은 것들이 무엇인지 알 수 없다는 전제를 가진다. 그랬을 때 귀족정이 붕괴되는 것이다. 귀족정은 그 사회에서 품격이 있다거나 고결한 인품을 가졌다고 하는 사람들이 제시하는 이상이 있고, 그 이상을 준수해야 한다는 것이 귀족정이다.

반면에 그러한 것들이 소멸하게 되면, 우리가 무엇을 좇아야 하는지가 소멸하게 된다. 그러면 사회 구성원은 다수밖에 남지 않는다. 다수가 원하는 대로가 된다. 이것이 궁극적으로 파국으로 갈지 아닐지 알 수 없지만, 우리가 인과율이 없으므로 어느 방향을 향할지, 그것이 좋은 것인지 나쁜 것인지 알 수 없다. 무엇을 한들 알 수가 없다. 그렇기 때문에 민주주의가 인과율의 소멸에 대응하는 것이다.

그리스 사회가 강력한 귀족정이었다. 귀족정이 민주정으로 이행할 때, 이것에 대항해서 이념적으로 어떻게든 귀족정을 지키려고 했던 사람들이 소크라테스, 플라톤이었다. 사실 그리스는 민주주의적인 사회였다는 것을 알고 있다. 즉 그리스는 이미 실재론적 사회가 아니었다. 그런데 소크라테스와 플라톤은 어떻게든지 실재론을 버텨보려고 했던 것이다. 그래서 소크라테스를 죽인 것이다. 인과율이 없는 사회인데, 인과율이 있다고 주장하면서 계속해서 귀종정을 주장했기 때문이다. 그 후 그리스는 완전한 민주적 사회로 이행하게 되었다.

우리는 그리스 사회에 대해 잘못 알고 있는데, 그리스 사회는 사실 민주정도, 귀족정도 아니였다. 사실 그리스는 계속해서 귀족정을 민주정으로 이행시키는 세계였다. 그리고 플라톤, 소크라테스는 시대착오적으로 버텨 보려고 했던 것이다. 그런데 매우 재미있는 것이 있다. 정치적 시대착오가 때때로 위대한 학문적 업적을 낳는다는 것이다. 그리고 그것은 이제 실재론의 금자탑으로 남게 되었다.

그리스에서 귀족과 평민의 비율은 어느 정도였는가?

그리스에서 귀족과 평민의 비율은 언제나 유동적이었다. 예를 들어 한 집안이 모여 사는 씨족사회라고 하자. 그 중에서 언변이 가장 좋은 사람이 파트리아키가 된다. 족장이 되어 한 부족의 대표가 된다. 또 다른 부족의 대표도 있다. 그리고 그들이 원로원을 구성하는데, 이것이 지금의 국회이다. 그들이 의사결정을 했다. 그렇기 때문에, 비율이 어떻게 되었는지는 알기 어렵다.

그리스에는 자유민 자체의 수도 적었다. 자유민 내에서도 귀족과 평민으로 나뉘게 되었나?

그렇다. 그런데 로마는 시민권을 주었기 때문에, 그리스보다 노예는 적었을 것 같다. 로마가 시민권을 준 것은 제정 후기였다. 그러나 시민권을 아무에게나 주는 것이 아니라, 지금 미국이 시민권을 주는 것과 같이, 로마의 정책에 적극적으로 부응하면 시민권을 주었다. 아테네의 자유인과 노예의 수는 일대일이었다. 아테네에 인구가 제일 많았을 때가 자유인이 10만 명, 노예가 10만 명 정도였다. 우리가 흔히 알고 있는 노예, 즉 미국의 목화농장의 노예 같은 정도는 아니었다.

5.143 Contradiction is that common factor of propositions which no proposition has in common with another.

모순명제는 서로 간에 어떤 명제와도 공유하지 않는 명제의 공통된 속성을 가진다.

여기에서 factor를 property로 바꾸면 편하게 이해된다.

모순명제는 어떤 명제들의 공통 속성이다. 명제가 서로 간에 공유하는 것이 없는 명제들의 공통 속성이다. 모순명제가 공통된 속성을 가진다는 말을 하는 것보다는 서로 공유하는 바가 없는 명제들 사이에 가지는 공통 속성, 즉 명제가 다른 명제에 대해 공통성을 갖지 않는다는 것이 명제들의 공통 속성인 모순이다.

이때 공통되는 것은 무엇인가?

무엇인가를 공통으로 갖지 않는다는 사실을 공통으로 가진다. 바로 그것이다. 그러면 갖지 않는다는 것을 공통으로 가진다는 것이 무슨 뜻일까? 여기에 p와 q의 연산이 있다고 하자. 맨 왼쪽에 모순명제를 적자. 이때 모순명제의 특징은 무엇인가? (FFFF)(p, q)이다. 우리가 어떤 명제가 다른 명제의 논리적 원인이고, 다른 명제가 그 명제의 논리적 결과라는 것은 반드시 truth-ground로 결정한다. 그런데 이제 p와 q의 논리곱, 논리합을 적어보자. 그리고 모순명제와 ($p \wedge q$)를 잘 보자. 그리고 또 모순명제와 $(p \wedge q)$를 잘 보자. 그러면 모든 명제는 모순명제의 논리적 귀결이다. 그렇기 때문에 모순명제는 어떤 명제와도 공유하는 바가 없다.

(p, q)	p∧q	p∨q	(p, q)
F	T	T	T
F	F	T	T
F	F	T	T
F	F	F	T

다시 설명하면, $p \vee q$의 진리근거가 동시에 $p \wedge q$의 진리근거이면서 동시에 다른 T가 더 있다. 이럴 때 $p \vee q$는 $p \wedge q$의 논리적 귀결이라고 말한다. 그런데 전부 F면, 이론적으로 모든 다른 명제는 모순명제의 논리적 귀결이 된다. 그래서 모순명제는 모든 다른 명제의 논리적 이유이다. 모순명제는 다른 모든 명제에 대해 논리적 이유라는 공통된 속성을 가지게 된다. 예를 들어 $p \wedge q$와 $p \vee q$는 T라는 것을 공유한다. 그런데 모순명제는 모든 명제의 논리적 원인이면서, 또 다른 모든 명제와 공유하는 바는 하나도 없다.

가장 위대한 주석가는 이 부분에 대해 "비트겐슈타인은 또 한 번 논리적 애매함을 보인다"라고 말했다. 하지만 애매하지 않다. 분명하다.

자, 다시 한번 보자. $p \wedge q$의 진리근거의 집합은 $p \vee q$의 진리근거 집합의 부분집합이다. 이때 $(p \vee q)$는 $p \wedge q$의 논리적 귀결이다. 이번에는 항진명제를 보자. 그러면 항진명제는 모든 명제의 논리적 귀결이 된다.

또 모순명제는 모든 명제에 대해 논리적 원인이 된다. 이런 명제들은 서로 간에 T를 공유한다. 그런 모순명제는 다른 명제들의 논리적 이유이고, 다른 명제가 모순명제의 논리적 귀결인 관계에 있지만, 다른 명제들처럼 T라는 것을 공유하지 않는다. 따라서 모순명제는 모든 명제에 대해 진리근거를 공유하지 않는다는 점에서 공통된 성질을 가진다. 공통의 속성이란 그것이다.

다시 설명하면, 모순명제는 모든 명제에 대해 공통의 속성을 가진다. 즉 모순명제로부터 모든 명제는 논리적 귀결로 나온다. 그런데 어떤 명제도 모순명제와 서로 간에 공유될 수 없는 공통의 속성이 있다. 한 명제가 다른 명제의 논리적 귀결로 나왔다면 무엇인가를 공유해야 하는데, 신기하게도 모순명제는 그 명제와 공유하는 T가 없다. 계속해서 다음을 보자.

Tautology is the common factor of all propositions that have nothing in common with one another.

항진명제는 서로 간에는 아무것도 갖지 않는 모든 명제의 공통의 속성이다.

항진명제는 모두 T이므로, 누구와도 공통의 속성을 가진다. 그런데 서로 간에는 아무것도 같지 않는 그러한 공통의 속성이다. 항진명제는 모든 명제에 대해 공통의 속성이 될 수 있다. 왜냐하면 모든 것의 논리적 귀결이기 때문이다. 그런데 서로 간에 공통의 요소로서 갖지 않는 that은 all proposition이다. 모든 명제는 서로 간에 공유되는 바를 갖지 않는다.

다시 보자. 항진명제는 모든 명제의 공통된 속성이다. 모두다의 논리적 귀결이다. 그렇지만 서로 간에 공유하지 않는다. 모순명제는 모든 것을 유출 시키지만, 그럼에도 불구하고 공통의 것은 없다. 반면 항진명제는 모든 것의 논리적 귀결이다. $p \wedge q$일 때조차도 항진명제는 논리적 귀결이고, $p \vee q$일 때조차도 논리적 귀결이다. 모든 것의 논리적 귀결이다. 그래서 논리적 귀결이라는 모든 명제의 공통된 속성이다. 그런데 서로 간에 공유되는 바는 없다.

Contradiction, one might say, vanishes outside all propositions: tautology vanishes inside them.

모순은 모든 명제의 밖으로 사라지고, 항진명제는 그 안으로 사라진다.

문학적으로 표현한 것이다. 사실 모순명제는 모든 명제를 밀어낸다. 그러면서 자기는 바깥으로 사라진다. 반면 항진명제는 모든 것의 논리적 귀결로써 안으로 수용한다. 수용하니까 안쪽으로 사라진다. 하지만 둘 다의 특징은 무엇도 말해주는 바가 없다.

Contradiction is the outer limit of propositions: tautology is the unsubstantial point at their centre.

모순은 명제의 바깥쪽 경계이고, 항진명제는 그 중심의 실체를 가지지 않는 점이다.

논리와 수학적 확률 5.15~5.156

5.15부터 5.156까지는 확률에 대한 설명이다. 확률이 어떻게 정의되는가의 내용이다. 여기서 우리가 해결해야 할 문제가 있다. 우리는 인과율을 믿지는 않는다 해도, 미래에 대해 어떤 행동을 한다. 그 이유는 대체로 현재의 사건과 미래의 사건이 확률적으로 맺어져 있지 않을까라는 생각 때문이다. 비트겐슈타인은 확률을 어떻게 정의하는지 한번 보자.

다시 p와 q의 명제를 생각해보자. 그리고 $p \wedge q$를 s, $p \vee q$을 r이라고 하자.

$s = p \wedge q$	$r = p \vee q$
T	T
F	T
F	T
F	F

5.15 If *Tr* is the number of the truth-grounds of a proposition '*r*', and if *Trs* is the number of the truth-grounds of a proposition '*s*' that are at the same time truth-grounds of '*r*', then we call the ratio *Trs* : *Tr* the degree of probability that the proposition '*r*' gives to the proposition 's'.

*Tr*은 명제 *r*의 진리근거의 개수이고, *Trs*는 명제 *s*의 진리근거 수인데, 그 진리 근거는 동시에 명제 *r*의 진리근거에 해당하는 수이다. 그러면, 이때 우리는 *Trs*: *Tr*을 명제 *r*이 명제 *s*에게 주는 확률이라고 부른다.

truth-ground의 개수를 *T*라고 하자. 그러면 *Ts*=1이고, *Tr*=3이다. 이제 조건부확률 *Trs*는 *r*이 발생 했을 때 동시에 *s*가 발생한 수이다. 그러면 *Trs*=1이다. 그리고 *Trs* : *Tr*을 명제 *r*이 명제 *s*에 부여하는 확률도(확률)라고 부른다. 그래서 r일 때 s일 확률은 *Trs* : *Tr*=1:3이고, 3분의 1이 된다(*Trs*는 *r*이 참일때, 반드시 *s*도 참인 진리근거의 수이다. 참고로 *s*일 때 *r*일 확률은 *Trs* : *Ts*=1:1 =1. 그래서 $(p \wedge q)$일 때 $(p \vee q)$일 확률은 1이다. $(p \wedge q) \rightarrow (p \vee q)$).

명제에 있어서 확률은 어떻게 정의되는가 하면 먼저 어떤 두 개의 명제가 있을 때, 그 한 명제의 진리근거의 숫자가 있고, 다른 명제의 진리근거의 개수를 살핀다. 그다음 한 명제의 진리근거는 반드시 다른 한 명제의 진리근거가 동시에 발생한 경우여야 한다. 그러면 한 명제가 발생했을 때, 다른 명제가 발생할 확률이 위의 경우에는 1:3이고, 이것이 한 명제가 다른 명제에 부여하는 확률이며, 그 값은 3분의 1이다.

우리는 이렇게 간단하게 말할 수 있다. '비가 오거나 눈이 올 때($p \vee q$), 비가 오고 눈이 올($p \wedge q$) 확률은 1/3이다.' 즉 ($p \vee q$) 일 때, ($p \wedge q$) 이게 될 확률은 3분의 1이다. 이것이 확률의 정의이다.

이제 우리는 확률을 진리근거의 개수에 의해 정의할 수 있게 되었다. 그러면 예를 들어서, 이런 경우를 한번 생각해보자. 진리함수의 결과가 다음 표처럼 나왔을 때, A일 때 B일 확률 혹은 B일 때 A일 확률은 계산되는가? 그러면 그 값은 얼마인가?

A= (p, q)	B= (p, q)
F	T
F	T
F	F
T	F

$$T_A = 1,\ T_B = 2,\ T_{AB} = 0,\ T_{BA} = 0$$

진리근거(T)가 최소한 하나는 겹쳐야, 즉 어떤 진리근거가 동시에 있어야 (조건부 확률의) 계산이 된다. 그런데 지금 보면 A와 B의 진리근거가 하나도 겹쳐지지 않는다. A일 때 B일 사건은 없으므로, 이때의 조건부 확률은 0이다.

FF일 때는 어떻게 되는가?

T가 아니므로, 계산에 포함되지 않는다.

A와 B는 배타적인 경우인가?

이 경우, 배타적은 아니다(F일 때 F가 있기 때문).

*A*와 *B*는 서로 독립인가?

서로 독립적이지도 않다(서로 독립이려면, 위의 진리표처럼 4가지가 나와야 함). 서로 독립인 경우의 조건부확율은 2분의 1이다. 그러나 조건부확률은 0이다.

'비가 오고, 배가 아프다'라는 명제와 '비가 오거나 배가 아프다'라는 명제의 경우, 이것은 확률로 계산될 수 있는가? 그런데 이 경우에는 0이라고 할 수가 없다. 그런 일이 안 일어난다는 것을 보장할 수가 없다. 확률이 0이라는 것도 하나의 확률이다. truth-argument으로는 두 명제가 동시에 발생하지 않는다. 이때 두 명제를 서로 독립이라고 한다. 그러면 확률은 2분의 1이다.

확률이 계산되지 않는 경우가 있는가?

모순명제가 조건일 때는 무조건 확률이 계산되지 않는다. 항진명제일 때도 계산되지 않는다. 예를 들어 항진명제와 p는 p이고, 항진명제와 q는 q이다. 여기에서 p와 q 사이는 미정이므로 확률 계산이 되지 않는다.

만약 항진명제와 *p*만 따지면 무조건 *p*이고, 그때는 1이다. 그리고 서로 독립적인 명제일 때의 조건부확률은 2분의 1이다. 왜냐하면 *p*와 *q*가 서로 독립이면, 진리표에서 $Tp=2$, $Tq=2$, $Tp : Tq=1:2$, $Tq : Tp=1:2$이다.

p	q
T	T
F	T
T	F
F	F

앞의 설명들을 정리하면 다음과 같다.

만약, '비가 온다'와 '배가 아프다'로 구성되는 명제 *f*와 '우울하다'와 '개가 짖는다'로 구성되는 명제 *g*가 있다면, $f(r, h)$와 $g(d, b)$는 서로 간에 독립이다. 서로가 서로에게 주는 조건부 확률은 2분의 1이다. 반면, 위의 명제 A와 B는 서로 독립적이지 않고, 각각의 조건부 확률은 0이다. 그리고 '비가 온다'와 '배가 아프다'는 독립이고, 조건부 확률은 2분의 1이다.

계산이 안 되는 경우도 있는가?

항진명제와 모순명제를 제외한 나머지는 모두 확률 계산이 된다.

5.151 In a schema like the one above in 5.101, let Tr be the number of 'T's' in the proposition r, and let Trs, be the number of 'T's' in the proposition s that stand in columns in which the proposition r has 'T's'. Then the proposition r gives to the proposition s the probability $Trs : Tr$.

5.101의 표에서 Tr을 명제 r의 T의 개수라고 하고, Trs는 명제 r이 가지는 T와 같은 행에 있는 명제 s의 T의 개수라고 하자. 그러면 명제 r이 명제 s로 주는 확률은 $Trs:Tr$이다.

위의 얘기를 다시 한 것이다. 5.101의 진리리함수표를 이용했을 때는 이렇게 말할 수 있다는 설명이다. 같은 얘기이다.

그다음을 보자.

5.1511 There is no special object peculiar to probability propositions.

확률 명제에 있어 특정한 대상은 없다.

특권을 가지는 대상은 없다. 그러니까 요소명제로부터 전개되어 나갈 때, 어떤 것은 더 우선적으로 발생할 확률을 가진다, 이런 것은 없다. 단지 이것은 진리함수표에서의 문제이다.

5.152 When propositions have no truth-arguments in common with one another, we call them independent of one another.

명제가 서로 간에 공유하는 truth-argument를 가지지 않을 때, 우리는 이것을 서로 독립이라고 말한다.

서로 간에 truth-argument를 안 가진다는 것은 서로 간에 독립하지 않는다는 의미이다. 즉 서로 간에 공유되는 독립변수를 가지지 않는다.

독립의 정의를 여기에서 이렇게 말한다. 두 개의 명제가 있는데, 두 명제의 truth-argument가 전혀 공유되는 바가 없을 때, 이때 이 두 개의 사건을 독립이라고 한다. 예를 들어 '비가 온다'와 '덥다'로 구성되는 명제 f와 다른 하나는 '우울하다'와 '개가 짖는다'로 구성되는 명제 g가 있다고 해보자. 그러면 첫 번째 명제는 f=(rain, hot)이고, 두 번째 명제는 g=(depressi, bark)이다. 이 각각의 truth-argument들이 서로 간에 공유되는 바가 없다. 이때 이것을 독립이라고 한다. 모두 독립변수와 관련된다. 서로 간에 독립변수가 공유되지 않을 때, 우리는 그 사건을 독립이라고 부른다(T와 F 모두 공유하지 않을 때가 독립이다).

Two elementary propositions give one another the probability 1/2.

두 개의 요소명제는 서로 간에 2분의 1의 확률을 준다.

어떻게 생각해보면 너무나 가능하지 않은가? 서로 관련이 없는 사건이 일어날 때, 다른 사건이 일어날 확률은 2분의 1이라는 사실이다. 요소명제는 서로 독립이다. 따라서 요소명제는 하나가 발생할 때, 다른 요소명제가 발생할 확률은 서로에게 2분의 1의 확률을 준다.

재미있는 계산을 한번 해보자. 1년이 365일이라고 하고, 임의의 두 명의 생일이 같을 확률은 얼마일까? 365분의 1이다. 두 사람의 생일이 1월 1일로 같을 확률은 $\frac{1}{365^2}$ 인데, 1년 중 어떤 날이라면 365분의 1이다.

If p follows from q, then the proposition 'q' gives to the proposition 'p' the probability 1.

p가 q로부터 나오면, 즉 p가 q의 논리적 귀결이면($q \rightarrow p$), 명제 'q'가 명제 'p'로 1의 확률을 준다.

p가 q의 논리적 귀결이면, 논리 원인이 논리 결과에 1의 확률을 준다. 이것을 한 번 재미있게 살펴보자.

p	p∧q	q
T	T	T
F	F	T
T	F	F
F	F	F

이때 p는 $p \wedge q$, 그리고 q는 $p \wedge q$의 논리적 귀결이다. 그러면 $p \wedge q$일 때 p는 항상 발생한다. 이때 $p \wedge q$이 p로 주는 확률이 1이다. 마찬가지로 $p \wedge q$일 때 q도 항상 발생한다. 그러니까 논리적 귀결일 때는 확률이 항상 1이다.

$T_p = 2,\ T_{p \wedge q} = 1, T_q = 2,\ T_{p \wedge q, p} = 1,\ T_{p \wedge q, q} = 1$

$(p \wedge q) \rightarrow p$

$T_{p \wedge q, p} : T_{p \wedge q} = 1 : 1 = 1$

$(p \wedge q) \rightarrow q$

$T_{p \wedge q, q} : T_{p \wedge q} = 1 : 1 = 1$

The certainty of logical inference is a limiting case of probability. (Application of this to tautology and contradiction.)

논리적 추론의 확실성은 확률에 있어 제한된 경우이다(항진명제와 모순명제로 제한된다).

여기에서 논리적 추론의 확실성이란 분석적 확실성 혹은 연역적 확실성이다. 분석이나 연역이다.

논리적 추론이란 무엇인가?

$p \wedge q$의 진리 근거가 항상 $p \vee q$의 진리 근거에 포함될 때, 즉 부분집합이 될 때, 이 경우에 논리적 추론이 가능하다. 예를 들어 '비가 오고 덥다'이면 당연히 비가 온다. 그리고 또 당연히 덥다. 그래서 $p \wedge q$가 p로 주는 확률 그리고 $p \wedge q$가 q로 주는 확률은 1이다. 그런데 이 경우는 매우 제한된 경우이다. 그리고 모든 연역추론은 언제나 확률이 1로 간다. 그래서 연역이다. 그러니까 연역은 언제나 확률이 1인 경우를 쫓아간다.

5.153 In itself, a proposition is neither probable nor improbable. Either an event occurs or it does not: there is no middle way.

그 자체로서 하나의 명제는 가능하지도 혹은 불가능하지도 않다.

"일어날 거야" 혹은 "일어나지 않을 거야"라고 말하는 것은 안 된다. 즉 우리가 그것이 명제라고 말할 때에는 우리가 미래에 대한 추측으로서 말할 수 없다.

앞에서 봤던 'A know that p is the case'를 다시 보자. 여기에서 명제라고 할 만한 것은 know인가, *p* is the case인가? 'A know that *p* is the case.' 이 문장의 참/거짓을 판단하는 기준은 우선 A가 안다, 혹은 모른다이다. 그러기 위해서는 '*p* is the case'가 항진명제여야 한다. 만약 '*p* is the case'가 항진명제가 아니거나 혹은 '*p* is the case'가 이것인지, 저것인지 판정할 기준을 기다리고 있을 필요나 이유가 없다. 'A know that *p* is the case'에서 우선 중요한 것은 '안다/모른다'의 명제이고, '*p* is the case'는 당연히 항상 성립해야 한다.

'A knows that it will rain tomorrow'는 가능한 문장인가?

불가능하다. 여기에서 말해질 수 있는 것은 'A가 안다'는 사실이다. 하나의 명제라는 것은 반드시 존립하느냐/아니냐를 따질 수 있는 것이어야 한다. 그러면 여기에서의 존립을 따지는 사건은 'A가 아느냐/아니면 모르느냐'이다. 그러면 '*p* is the case'은 반드시 그냥 하나의 고정된, 당연히 있는 일이어야 한다. 왜냐하면 '*p* is the case'가 항진명제가 아닌 한, 'A가 안다'는 것을 판단할 수가 없다. 항진명제가 아니면 A가 알았는지, 잘못 알았는지도 알 수 없다.

여기에서 명제의 정의를 다시 해보자. 명제란, 참과 거짓을 판명할 수 있는 언명이다. 그러면 우리가 참/거짓을 판단할 수 있는 것은 '안다/모른다'이다. 그런데 그런 판단을 하려면, '*p* is the case'는 이미 확정되어 있어야 한다. 만약 '*p* is the case'이 확정되어 있지 않다면, A가 안다는 이 문장 자체가 성립될 수 없다.

'A knows' 대신에 'A thinks'라면?

마찬가지다. A가 잘못할 수도 있다. 그러나 생각 자체가 잘못은 아니다. 무엇인가를 생각할 것이다. 그런데 그 무엇이라는 것은 이미 우리가 항상 성립하는 것으로서 알고 있어야 한다. 'A knows that it will rain tomorrow.' 이것은 우리 언어의 괴상망측한 측면이다. 우리 언어가 잘못되어 있는 것이다.

이 책의 1.632에서 항진명제일 때는 'A knows that'가 의미 없다라고 반대로 되어 있다. 두 가지를 설명한 것인가?

그렇다. 항진명제이므로 말할 필요가 없는 경우이다. 즉 '*p* is the case'가 항진명제라고 하면, A가 안다는 사실은 무의미하다. 반면, '*p* is the case'가 항진명제가 아니라면, 이 문장의 판단은 '안다'는 사실로 판단해야 한다. 그렇기 때문에 '*p* is the case'이 또 의미를 가지지 않는다.

항진명제여도 그 사람이 모를 수도 있지 않은가?

그 사람이 안다/모른다는 것을 따지려면, '*p* is the case'가 확정되어 있는 경우여야 한다.

'안다' 대신에 '예측하다'를 넣으면 어떻게 되는가?

같은 얘기다.

그러면, '안다' 대신에 '말한다'라고 넣으면 어떻게 되는가?

"그런 말을 했다"라고 하면, 그 말을 한 사실이 확인된다. 그런데 만약 항진명제가 아니고, 아직 확정되지 않은 말을 했다고 하면, 그 말을 했다는 그 사실만 남는다. 그렇기 때문에 '*p* is the case'이 항진명제인지 아닌지에 따라서 동사가 중요한지 목적어가 중요한지가 된다. 이것이 위에서 얘기하는 바와 같다.

그다음은 확률에 대한 긴 얘기가 나온다. 자, 간단히 얘기하면 이렇다. 항아리에 검은 공과 하얀 공을 같은 수로 넣는다. 그런데 하나를 빼고, 다시 집어넣고, 또 하나를 빼고 다시 집어넣기를 반복한다. 또 이번에는 하나를 빼고, 다시 집어넣지 않는 경우를 반복할 때, 두 경우의 확률이 같을까? 달라진다. 이제 검은 공이 3개, 흰공이 3개 있을 때, 계속해서 검은 공이 나올 확률과 흰 공이 계속 나올 확률을 계산해보자. 검은 공이 연속해서 세 번 나올 확률은 $\frac{3}{6}\times\frac{2}{5}\times\frac{1}{4}$ 이고, 반면 흰 공이 연속해서 나올 확률은 $\frac{3}{6}\times\frac{2}{5}\times\frac{1}{4}$ 이 된다. 따라서 흰 공이 연속으로 세 번 나올 확률과 검은 공이 연속으로 세 번 나올 확률은 각각 20분의 1로 같다. 다시 집어넣는 경우는 위와 다르다. 앞으로 계속 이런 것을 한다.

5.154는 중간부터 보자.

5.154 By this experiment I can establish that the number of black balls drawn and the number of white balls drawn approximate to one another as the draw continues.

계속해서 빼내고 집어넣기를 반복하면, 흰 공을 꺼낼 확률과 검은 공을 꺼낼 확률이 1/2로 서로 다가간다.

이것을 수학에서는 large numbers(대수)라고 한다. 시행을 많이 하면(반복 시행), 결국 수학적 확률에 다가간다. 사실 말은 그렇게 한다.

So this is not a mathematical truth.

그런데 이것이 수학적 참은 아니다.

왜 수학적 참이 아닐까? 경험이라서? 경험적인 면이 여기에서 중요한 것은 아니다. 즉 꺼내 봐야 알게 되는 것은 아니기 때문이다. 그런데 시행을 많이 하면 2분의 1로 점점 다가가고, 무한대가 되면 2분이 1이 된다. 여기에서 무한대라는 개념이 매우 중요하다.

이것은 경험적 확률은 아니다. 경험으로 꺼내봐야 아는 것도 아니기 때문이다. 그런데도 수학적 확률이 아닌 이유는 수학은 언제나 확률이 1이기 때문이다. 반드시 그러하다는 확률이 1인 사건이 있어야 하고, 그

다음은 추론 혹은 연역이다. 계속 뽑는 것이 연역은 아니다. 그런 면에서 이것이 수학적 확률은 아니다. 대수의 법칙은 수학적 확률인데, 대수의 법칙에도 불구하고 이것이 연역, 추론이 아니기 때문에 수학적 참은 아니라는 뜻이다.

Now, if I say, 'The probability of my drawing a white ball is equal to the probability of my drawing a black one', this means that all the circumstances that I know of (including the laws of nature assumed as hypotheses) give no more probability to the occurrence of the one event than to that of the other.

내가 "하얀 공을 꺼낼 확률은 검은 공을 꺼낼 확률과 같다"고 말할 때, 이것이 의미하는 것은 내가 알고 있는 모든 상황이 전자의 발생에 주는 확률을 주지 않는 것과 마찬가지로 다른 것에 대해서도 그렇다.

즉 이럴 확률은 그럴 확률과 같다. 그런데 그것은 시행을 아주 많이 해봐야 안다고 말하면, 그것이 의미하는 바는 내가 알고 있는 모든 조건은 전자의 사건에 주는 확률을 모르는 것처럼(확률을 주지 않는 것처럼) 후자의 사건에 대해서도 확률을 주지 않는다는 것이다. 즉 애초에 정해진 확률이 아니라는 뜻이다.

두 개의 확률이 같다는 뜻인가?

'no more~ than~'이다. '~이 아닌 것은 ~이 아닌 것과 같다.' 내가 아는 모든 상황이 전자의 발생에 확률을 줄 수 없는 것은 후자의 발생에 대해 어떤 확률을 줄 수 없는 것과 같다. 즉 앞에서 우리가 진리함수표에서(진리 근거)를 가지고 따졌던 확률은 확률이 맞다. 그런데 주머니에 흰 공과 검은 공을 넣어서 시행을 반복하는 것은 요소명제의 진리함수표상의 확률과 다르다. 이것이 바로 확률로서 안 되는 것이 가설에 의해 가정되는 자연법the laws of nature이다. 여기에서 자연법은 인과율이다.

That is to say, they give each the probability 1/2 as can easily be gathered from the above definitions.

그래서 위의 정의로부터 쉽게 얻어지는데, 이것은 그들이 서로 간에 2분의 1의 확률을 준다고 말하는 것이다.

give no more probability than은 어떤 것(내가 아는 모든 상황)이 어떤 것(전자 또는 후자)에 대해 확률을 준다고 말할 수 없다는 의미이다. 서로 독립적이다. 앞에서도 설명했지만, $(p \vee q)$와 $(p \wedge q)$의 경우, 이 사건들은 서로 간에 확률을 준다고 말한다. 그런데 지금 검은 공을 꺼내는 것과 흰 공을 꺼내는 것은 서로 간에 어떤 확률을 줄 수가 없고, 이때 그 확률은 2분의 1이다.

- 명제 A가 명제 B에 확률을 주지 않을 때, 명제 A가 명제 C에 확률을 주지 않을 때, B와 C는 서로 독립이다.
- 어떤 상황을 모를 때, 그 상황하에서 A라는 사건이 발생할 확률은

2분의 1이다.

- 어떤 상황을 모를 때, A가 일어날 때 B가 일어나는 확률은 2분의 1이다.

상황을 모를 때, 5.154에서 설명하기로는 어떤 상황에서든 한 사건의 발생은 독립적이다. 따라서 두 번째 문장이 옳다. 세 번째 문장에서 "A가 일어날 때 B가 일어난다" 이 자체가 하나의 사건이라면 역시 2분의 1이다. '-'를 하나의 사건으로 보고 그것이 일어나느냐 안 일어나느냐 라는 문제이기 때문이다.

여기에 바로 그 말이 있다. 계속 보자.

What I confirm by the experiment is that the occurrence of the two events is independent of the circumstances of which I have no more detailed knowledge.

내가 이 실험에 의해서 확언할 수 있는 것은 두 개의 사건의 발생은 내가 더 이상 자세히는 알 수 없는 어떤 상황으로부터 독립되어 있다는 점이다.

어떤 항아리에 검은 공과 흰 공을 동일한 숫자로 담았다고 가정해보자. 그리고 다른 종류의 것은 없다고 가정한다. 나는 하나의 공을 뽑고, 잇따라 항아리 안에 다시 공을 집어넣고, 다른 것을 또 뽑는다. 이 실험으로 나는 검정 공들의 숫자와 흰 공의 숫자는 뽑기를 계속할수록 서로 비슷해진다는 것을 규명할 수 있다. 이것은 수학적 참은 아니다.

내가 만약 "흰 공을 꺼낼 확률은 검은 공을 꺼낼 확률과 같다"라고 말한다면, 이것은 내가 아는 그 모든 상황(가설로서 가정된 자연의 법칙을 포함하는)이 다른 사건의 발생에 대한 확률을 부여하지 않는 것처럼, 모든 상황은 어떤 사건의 발생에 대한 확률을 더 부여하지 않는다는 것을 의미한다. 다시 말해서 그것들이 각각에게 2분의 1의 확률을 부여한다고 말하는 것이다. 이는 위의 정의들로부터 얻어질 수 있는 것들이다.

이 실험을 통해서 확인할 수 있는 것은 내가 상황들에 대한 지식이 없는 상태에서 두 사건의 발생은 독립적이라는 것이다. 어떤 상황에서 사건이 발생하는 것에 대한 확률은 그 상황이 결정하는 것이 아니다. 5.153에서 어떤 사건은 일어나기도 하고 안 일어나기도 한다는 것, 5.1511에 따라 확률명제에서 특권과 같은 대상이 없다는 것, 이들이 5.154의 이해를 돕는데 참조될 수 있다.

우리는 5.152에서 명제들이 서로 공유하는 진리 조건이 없다면 이를 독립적이라고 부르기로 했다. 그런데 5.154에서는 독립적이라고 불리는 다른 상황에 대해서 이야기하면서 인과율에 대한 미신을 다시 지적한다. 상황에 대해서 내가 아는 바가 없는 경우, 즉 현재의 상황이 아닌 다른 시점의 상황들에 대해서 우리는 알 수 없다. 그런데 다른 시점들에서 사건의 발생에 대한 확률은 현재의 상황에서 사건의 발생에 대한 확률과 공유하는 진리 조건이 없다. 시점 간에 공유하는 진리 조건이 있다면 시간적 연속성 그리고 거기서 따라 나오는 인과성을 지지할 수 있을 것이다. 항아리에서 공을 뽑고 넣고를 반복하면서 어떤 색의 공이 나올지에 대한 확률을 구하는, 거듭하는 행위는 1회 차와 2회 차, n회 차 사이의 관계가 없다. 그것이 연속해서 일어난다고 해도 공을 다시 집어넣기 때문에 그 상황이 매 순간 동일하게 다시 조정되는 것이다.]

자, 이런 생각을 해보자. 우리가 미래의 상황에 대해 알 수 있는가? 없다. 그러면 이것은 미래의 사건에 대해 무엇인가의 확실성을 부여할 수 없다. 그러므로 이 실험으로부터 내가 확언할 수 있는 것은 두 개의 사건이 상황으로부터 독립되어 있다는 것이다. 그러니까 내가 그 상황에 대해 잘 알게 되면, 그것은 독립해 있는 것이 아니다.

다시 설명하면, 이것은 조금 어려운 얘기이지만, 중점이 어디에 놓이는지는 확률을 모르는 것이 아니라, '내'가 모른다는 것이다. 미래의 상황에 대해 우리는 모른다. 그러면 현재의 사건과 미래의 사건은 서로 독립이다. 그리고 이들은 서로 간에 2분의 1의 확률을 준다. 이것은 수학적 확률처럼 엄밀하게 정의되는 것은 아니라는 것이다. 그러므로 내일 해가 뜰 확률은 얼마인가? 2분의 1이다. 왜 그렇게 말할 수 있는가 하면, 내일의 상황을 모르기 때문이다.

이것은 매우 중요한 부분이니 다시 정리해보자. 미래의 어떤 상황에 대해 '내'가 모른다. 예를 들어 주머니에 손을 넣어 공을 꺼낼 때, 우리가 주머니 안의 상황을 들여다보지 못한다. 즉 나는 주머니 안의 상황을 모른다. 그러면 내가 알 수 없는 상황에 대해서 무엇인가가 발생할 확률은 언제나 2분의 1이다. 구체적인 사건의 내용이 아니라, 어떤 사건이든 항상 모든 상황에서 사건은 일어나거나 일어나지 않거나 두 경우밖에 없다. 이에 대해서는 논리의 문제라거나 수학적 참이 아니라고 이미 말했다.

중요한 것은 '나에게, 우리에게' 지식이 없다는 것이다. 내가 모른다는 것이다. 검은 공이 나올지 하얀 공이 나올지 모르니까 어느 것이 더 가능성이 높다고 말할 수가 없으니까, 2분의 1인 것이다. 우리의 지식으로는 불가능하기 때문에 미래의 사건에 대해서, 예를 들어 태양이 동쪽에서 뜰 확률을 누가 묻는다면, 그냥 2분의 1이라고 말하면 된다.

검은 공이 금속이고, 흰 공이 나무라는 정보가 있다면, 그때는 2분의 1은 아니다. 또 하나가 금속, 하나가 나무라면, 그래서 우리가 손으로 만져서 금속인지 나무인지를 안다면, 이것은 상황에 대한 정보가 이미 있기 때문이다. 하지만 내일을 손으로 잡아볼 수 있는 사람이 있는가?

먹이를 잡을 확률이 2분의 1이라고 알고 있는 사자와 10분의 9라고 알고 있는 사자의 생존율은 다를 것이다. 그런데 여기에서는 사느냐, 살아남지 못하느냐의 문제가 아니라, 우리의 지식의 성격상 그렇다는 의미이다. 즉 논리는 실천에서 독립해 있다. 그리고 우리는 논리적이 될 필요가 있다.

누군가 나에게 이렇게 묻는다. "내일 태양이 동쪽에서 뜰 확률이 얼마일까?" 그러면 나는 이렇게 대답한다. "2분의 1이지." 그러면 이렇게 말할 수 있다. "왜 2분의 1이야? 동서남북이니까 4분의 1이지." 여기에서 내가 '2분의 1'이라고 답한 것은 동쪽에서 뜬다와 동쪽이 아닌 데서 뜬다만을 따졌을 때 2분의 1씩이라는 것이다.

그러면 이렇게 물을 것이다. "동쪽에서 뜰 확률이 4분의 1, 다른 곳에서 뜰 확률이 4분의 3 아닌가?" 그래도 나는 여전히 "2분의 1"이라고 답한다. 이 차이는 무엇일까? 어떤 사건이 '일어난다/일어나지 않는다'밖에 없지, 그 중간 길은 없다. 그냥 '내일 태양이 동쪽에서 뜬다/동쪽에서 뜨지 않는다'라는 사건만 있다. 이것이 의미하는 바는 어떤 사실에 대해 발생할 확률은 원칙적으로 발생한다/아니다에 달려 있지, 얼마만큼의 확률로 발생하고, 얼마만큼의 확률로 발생하지 않느냐가 중요한 것이 아니라는 것이다. 비트겐슈타인의 말을 종합해보면 이렇다.

우리가 어떤 상황을 모르고 있을 때에는 그 사건의 발생 확률은 2분의 1이 맞다. 그러나 태양이 동쪽에서 뜬다는 것은 과거의 정보, 경험이 누적되어 있는 경우이다. 즉 과거의 정보가 계속 누적해서 내일 태양이 동쪽에서 뜰 확률을 우리가 99퍼센트로 여기는 것이다 .

우리를 망쳐온 것이 과거의 정보이다. 우리는 양극단에 설 수밖에 없다. 그 점에서 중간은 없다. 철두철미하게 인과율이 가능하다는 것과 불가능하다는 것, 두 가지의 길이 있다. 가능하다고 보면, 우리는 모두 뉴턴이 될 수밖에 없고, 불가능하다고 본다면 누구나 다 에른스트 마흐와 아베나리우스가 될 수밖에 없다. 양 극단이 그렇다. 그리고 비트겐슈타인은 후자의 입장에 서 있는 것이다. 후자의 입장에서 따진다면, 어떤 사건이 '일어난다/일어나지 않는다'의 사건이 발생할 확률은 사실상 논리적으로 모두 2분의 1이다. 우리가 그 상황에 대해 알 수 없을 때, 이것을 2분의 1 외에 무엇이라고 말할 수 있겠는가. 그러니까 누군가가 내일 일에 대해서 얘기하자고 하면, 내가 "내일 얘기하자. 오늘 얘기하는 것은 입만 아프다"라고 말하는 이유이기도 하다.

물론 나도 어떤 것을 판단할 때에는 과거의 축적된 경험을 가지고 얘기하고, 심지어 젊은이들에게 조언할 때에도 확실히 과거의 축적된 경험을 빌리기도 한다. 그렇지만 사실은 그 조언 자체가 말짱 꽝이라는 생각도 한다. 생각해보면 우리가 조언이라는 것을 과연 할 수 있는 것인가? 그리고 또 자신의 경험이라는 것이 쓸모있는 것인가?

부모가 모두 의사인 집안의 아이가 있다. 그 아이는 학교를 그만두고 매장에서 일을 하고 있다. 박스를 나르고, 사다리에 올라가 물건 정리를 하는 그 아이를 보면서 활기 있고, 행복해 보였다. 그 아이의 전 인생을 통틀어 그런 모습은 처음 봤다. 이런 상황에서 그 아이에게 무슨 조언을 할 수 있겠는가?

또 다른 예를 보자. 내가 아는 사람 중 밤에 철도 위에 센서를 부착하는 일을 하는 사람이 있다. 철로 위에 위험이 감지되면 재빨리 조치를 취할 수 있도록 알려주는 센서다. 이 일을 새벽 1시에서 4시 사이, 기차가 안 다닐 때 한다. 그 친구는 밤을 꼬박 새서 일하는데, 겨울밤엔 얼마나 춥겠는가? 그런데 그 친구는 나에게 이렇게 말한다. "나는 내 직업이 네 직업보다는 낫다고 생각한다. 나는 죽어도 네 일은 못해." 듣고 보면 그렇다. '나는 내 일이 행복하고, 너는 네 일이 행복한' 것이다.

나는 어제 오늘 공황증세로 많이 힘들다. 무슨 생각을 하는지도 모를 정도였다. 약을 먹고 힘들게 버티고 있는데, 제정신이 아니었다. 그래도 또 한다. 전력을 투구해서 글을 쓴다. 지금까지 내가 좋아서 해온 일이다. 그러면 누가 나에게 어떤 조언을 한들 무슨 소용이 있을까? 나도 내 행복을 찾아서 선택한 것인데….

내가 하고 싶은 말은 이것이다. 인간이 하는 일은 무력감을 안겨준다. 단지 무력감을 덜 느끼려면 자신이 무력하다는 것을 알아나가는 것이 최선이다.

쉐퍼의 막대기를 다시 한번 보자.

사실 모든 사람이 막대기를 혼란스럽게 사용한다. 이 사람은 이렇게, 저 사람은 저렇게. 비트겐슈타인이나 러셀은 쉐퍼의 막대기라고 하고 '|'를 $(\sim p \wedge \sim q)$로 쓴다. 그런데 또 어떤 사람은 $(\sim p \vee \sim q)$로 쓴다. 반도체에서 $(\sim p \vee \sim q)$는 NAND 메모리이고, $(\sim p \wedge \sim q)$는 NOR 메모리다. 지금은 NAND 메모리 방식을 채택한다.

자, 여기서 이것을 완전히 체계적으로 살펴보자. 어물쩍 넘어가도 된다고 생각하면 안 된다. 완전히 알거나 전혀 모르거나이지, 어중간한 것은 없다. 과연 쉐퍼의 막대기를 나도 만들 수 있는 것인지 살펴보자. 이 기호는 만든다는 데에 의미가 있는 것이 아니다. 이것이 어떻게 사용되는지 그리고 왜 이 기호가 유의미한지를 알아야 아는 것이다. 그러니 우리도 완전히 알아보자.

우선, Shaffer's stroke는 보통 Shaffer stroke라고도 한다. 쉐퍼는 이렇게 말했다. '$p|q = \sim p \vee \sim q$'. 그다음에는 사실 매우 불행한 사람인 퍼스의 화살표Peirce arrow가 있다. 퍼스는 이렇게 표기한다. '$p \downarrow q = \sim p \wedge \sim q$'.

Shaffer stroke	$p \mid q = (\sim p \vee \sim q) = \sim (p \wedge q)$	NAND
Peirce arrow	$p \downarrow q = (\sim p \wedge \sim q) = \sim (p \vee q)$	NOR

두 가지 차이를 알겠는가? 원래 쉐퍼의 막대기는 $(\sim p \vee \sim q)$이고, 퍼스의 화살표는 $(\sim p \wedge \sim q)$이다. 그런데 지금 비트겐슈타인은 $p|q$을 neither p nor q라고 하고 $(\sim p \wedge \sim q)$로 쓴다. 그리 러셀도《논리철학논고》의 서문에서 '쉐퍼는 모든 명제는 두 개의 함수 $\sim p \vee \sim q$ 또는 $\sim p \wedge \sim q$에서 나온다. 비트겐슈타인은 뒤의 것 $\sim p \wedge \sim q$을 쓴다It has been shown by Dr. Sheffer(Trans. Am. Math. Soc., Vol. XIV.pp. 481-488) that all truth-functions of a given set of propositions can be constructed out of either of the two functions "not-p or not-q" or "not-p and not-q". Wittgenstein makes use of the latter, assuming a knowledge of Dr. Sheffer's work'라고 했다. 그런데 쉐퍼가 원래 말했던 것은 $(\sim p \vee \sim q)$이다. 그리고 $(\sim p \wedge \sim q)$은 퍼스의 기호이다.

그러면 왜 혼란을 일으키면서도 $(\sim p \wedge \sim q)$가 쉐퍼의 것으로 채택되었는가? 그것은 NAND 메모리가 컴퓨터에서 훨씬 유리하기 때문이다. 컴퓨터 언어를 읽어나갈 때, NAND 메모리가 이런 방식이다. 참을 1이라고 하고, 거짓을 0이라고 하자. 그러면, NAND는 부정 논리곱이므로, 논리곱의 부정이다.

A	B	A∧B	A | B =~A∨~B =~(A∧B)
0	0	0	1
1	0	0	1
0	1	0	1
1	1	1	0

이렇게 된다. 이때 A와 B의 값이 인풋이다(입력). 그런데 A도 거짓, B도 거짓이면 NAND의 결과는 참(1)이 된다. 그러면 마지막의 경우만 거짓(0)이다. 즉 입력된 것이 거짓(0)을 향하면, 그 입력값은 둘 다 참(1)이다. 그래서 그 결과가 거짓인 경우만 따라가면, 입력값이 모두 참이 된다. 그래서 편해진다. A|B=~(A∧B) 이고, 이것을 반대로 하면 (A∧B), 즉 (0, 0, 0, 1)이 된다. 하지만 이 경우에는 거짓이 세 개가 되어서 읽는데 훨씬 복잡해진다.

컴퓨터 언어에 wing이라는 것이 있는데, 하나의 wing에는 (-, -, -, -) 이렇게 네 자리가 있다. 한 자리에 0 또는 1이 올 수 있으므로, 하나의 날

개로 24=16가지의 참/거짓을 구분할 수 있다. 그래서 4개의 wing이 한 단위이다. 그리고 wing의 집적(쌓음)이 소위 이진법으로 진행되는 가장 기본적인 컴퓨터 언어, 즉 4개가 한 단위로 읽히는 언어가 된다. 즉 우리가 쉐퍼의 막대기를 사용하는 이유는 NAND의 읽는 속도가 훨씬 빠르기 때문이다. 연산이야 전개 속도이므로 어차피 똑같다. 그래서 NAND를 컴퓨터에서 사용하게 된 것이다.

이제 논리학에서 어떤 의미가 있는지를 살펴보자.

비트겐슈타인 시절에는 반도체도 없었는데, 어떻게 NAND와 연관시켰는가?

그래서 당시에 그가 혼란을 일으켰고, 현재도 혼란을 일으키고 있다. 지금도 구글에서 쉐퍼의 막대기를 찾아보면, $p|q$가 $\sim p \wedge \sim q$로 나오는 경우가 많다.

비트겐슈타인은 쉐퍼의 막대기를 왜 반대로 사용했는가?

아마 어딘가에서 혼란이 생겼던 것 같다. 사실 비트겐슈타인은 쉐퍼의 '|' 기호를 사용하면서, $p|q$를 쉐퍼의 화살표라고 말하지 않고, neither p nor q라고 정의했다. 그러니까 형식은 쉐퍼의 기호를 사용하면서 내용은 neither p nor q, p도 아니고 q도 아닌, 즉 퍼스의 화살표를 사용했다.

원래 쉐퍼의 막대기는 $\sim p \vee \sim q$($=\sim(p \wedge q)$), 부정논리곱, NAND이다. 그

런데 비트겐슈타인이나 러셀이 사용하는 쉐퍼의 막대기는 사실은 퍼스의 기호(화살표, $p \downarrow q = \sim p \wedge \sim q = \sim(p \vee q)$, NOR)이다. 퍼스는 사실 쉐퍼보다 30년 전에 이미 발견했다. 하지만 발표를 하지 않았다.

내가 볼 때 찰스 샌더스 퍼스는 가장 불행한 철학자다. 이렇게도 불행한 철학자가 있는가 싶을 정도로 불행하다. 거기에다 무엇인가를 발표하면 무시당하고 모욕당해서, 발표 자체를 하지 않았다. 하지만 먼저 발표하는 것이 최선이다. 먼저 발표해서 잘된 사람의 예가 에디슨이다. 에디슨의 모든 것은 테슬라에 의해서 이미 다 밝혀졌던 것이다. 최초의 진공관도 테슬라가 만든 것인데, 에디슨이 돈방석에 앉았다. 사실 최초의 전화기도 벨이 만든 것이 아니다. 그러니까 최초의 발명이나 발견보다 중요한 것은 마케팅이다.

쉐퍼는 마케팅을 잘한 케이스이고, 퍼스는 잘못한 케이스이다. 그 바람에 $(p|q)$이 $\sim p \wedge \sim q$로까지 이해되는 상황까지 발생했다. 어쨌든 컴퓨터가 나오기 이전에 이것들은 혼란스럽게 사용되다가, 현대의 컴퓨터가 나오면서 쉐퍼의 정의, 퍼스의 정의가 분명해졌다.

자, 이제 다시 이런 것들이 논리학에서 어떤 의미를 지니는지 생각해보자. 원래의 쉐퍼의 막대기$(\sim p \vee \sim q)$를 다시 보자. 정의에 의해 $p|q = \sim p \vee \sim q$이고, $\sim p | \sim q = p \vee q$이다. 그리고 원래의 쉐퍼 정의를 생각하며 $(p \vee q)$를 보자. 그러면 $(p \vee q) = \sim p | \sim q$이다. 그런데 재미있는 게 있다. 우선 $\sim p = p|p$이다. 그리고 $p \downarrow p$도 $\sim p$이다. 쉐퍼의 막대기나 퍼스의 화살

표나 $\sim p$이다. $\sim p \vee \sim p$이건, $\sim p \wedge \sim p$ 이건 같다. 즉 $p|p = p \downarrow p$ 모두 $\sim p$이다. 그래서 $\sim p = p|p$이고, $\sim q = q|q$이다. 그러면 $p \vee q = p|p.|.q|q$가 된다. 우리는 여기에서 $\vee$라는 기호가 전부 그냥 하나의 '|'로 바뀌었다는 것을 알 수 있다($p \vee q = \sim p| \sim q = p|p.|.q|q$).

$p|q = \sim p \vee \sim q$

$\sim p|\sim q = p \vee q$

그런데 $p|p = \sim p \vee \sim p = \sim p$

그리고 $p \downarrow p = \sim p \wedge \sim p = \sim p$

따라서 $\sim p = p|p = p \downarrow p$이므로 대입하면 다음과 같다.

$\therefore p \vee q = \sim p|\sim q = p|p.|.q|q$

그다음 $p \wedge q$를 보자.

$p \wedge q = \sim(\sim p \vee \sim q)$이고,

위의 식에서 $\sim p \vee \sim q = p|q$ 이므로,

$p \wedge q = \sim(p|q)$가 된다.

그리고 $\sim p = p|p$이므로, 즉 $\sim \square = \square|\square$ 형태가 되므로

$\sim(p|q)$는 $\sim \square$이므로, $\sim(p|q) = (p|q)|(p|q) = p|q.|.p|q$

즉 $p \wedge q = \sim(\sim p \vee \sim q) = \sim(p|q) = p|q.|.p|q$

그래서 이번에는 $p \wedge q$가 $p|q.|.p|q$로 된다. 이 경우에도 '|' 하나로

전환된다.

그다음, $p \to q$를 보자. $p \to q$는 $\sim p \vee q$와 동치이다. 왜 그런가? 논리학에서는 이렇게 정의하고 있다.

$p \to q \equiv \sim p \vee q$ (둘은 서로 동치)

$= p | \sim q$

그런데 $\sim q = q|q$이므로 대입하면,

$\therefore p \to q = p.|.q|q$

$p \to q$도 쉐퍼의 막대기 하나로 해결된다.

자, 모든 논리학의 기호는 쉐퍼의 막대기 하나로 귀결된다. 그러므로 엄밀한 의미에서 논리상수(위의 설명에서 ∨, ∧, →와 같은 기호)는 실체를 가지지 않는다. 논리상수가 실체가 있다면, 어떻게 그것이 다른 것(쉐퍼의 막대기)으로 바뀌겠는가?

그래서 모든 논리학은 not의 문제가 된다. 이것은 매우 중요한 점이다. not을 적절히 정의하게 되면, 모두 '~'으로 환원된다. 그러므로 쉐퍼의 막대기의 의미는 단지 새로운 기호를 도입한 것에만 있는 것이 아니다. 즉 모든 논리학의 논리상수라고 알려진 것들이 사실은 실체를 가진 것이 아니라, 단지 하나의 연산에 불과하다는 것을 보여준다. 우리는 +

혹은 -라는 기호가 하나의 대상을 가지는 확고한 것으로 이해하는가? 아니다. +는 더한다는 의미이고, -는 빼간다는 의미 외에는 없다.

그런데 왜 복잡하게 이러한 수식을 다루는가?

$p \vee q = \sim p \mid \sim q = p \mid p . \mid . q \mid q,$

$p \wedge q = \sim(\sim p \vee \sim q) = \sim(p \mid q) = p \mid q . \mid . p \mid q,$

$p \rightarrow q = p . \mid . q \mid q$

이것이야말로 가장 간결한 것이다. 존재는 이유 없이 증가되어서는 안 된다. 사실 not만 있으면 되는데, 우리는 ∧ 혹은 ∨ 또는 →를 다른 성격을 가지는 다른 종류의 어떤 기호라고 알고 있다. 그런데 알고 보니 이것은 기호가 아니라 그냥 연산이었다. 그리고 그 연산은 이렇게 '|' 하나로 환원된다.

이번에는 퍼스의 화살표를 살펴보자. 퍼스의 경우에도 $\sim p$는 $p \downarrow p$이다(즉 $p \downarrow p = \sim p \wedge \sim p = \sim p$). 퍼스 화살표의 정의를 염두에 두고, $p \vee q$를 살펴보자.

$p \vee q = \sim(\sim p \wedge \sim q)$

$= \sim(p \downarrow q)$

그런데 $\sim p = p \downarrow q$, 즉 ~ □ = □ ↓ □의 형태이므로

따라서 $\sim(p \downarrow q)=(p \downarrow q) \downarrow (p \downarrow q)$

$\therefore p \vee q = p \downarrow q . \downarrow . p \downarrow q$

그러면 앞에서 본 것처럼 $p \vee q$는 $p \downarrow q . \downarrow . p \downarrow q$이다.

$p \wedge q$, $p \rightarrow q$도 모두 다 화살표로 전환된다. 그러니까 원하는 대로 쉐퍼의 막대기를 사용하거나, 퍼스의 화살표를 사용하면 모든 명제가 |이든 ↓이든 그 기호 하나로 전환된다.

덧셈, 뺄셈은 연산이라고 과거에도 생각했었을 텐데, 이런 얘기가 나왔을 때는 논리는 연산이라는 것을 생각하기 전의 일인가?

그것보다는 and/or을 아리스토텔레스가 사용했는데, 기호로 전환하는 것은 명제가 나왔을 때이다. 예를 들어 p와 q 두 개의 요소명제가 있다고 해보자. 그보다 우리가 요소명제의 개수를 알 수 없으니, 무한대의 요소명제가 있다고 하자. 물론 요소명제의 개수는 유한하지만, 일단 몇 개가 있는지 모르니까 무한이 많다고 하는 것이다. 그러면 이러한 요소명제로부터 만들어질 수 있는 명제, 복합명제는 몇 개일까? 우리는 알 수 없다. 하지만 우리는 어떤 식으로 만들어져 나가는지는 알 수 있다.

이런 것을 생각해보자. 1, 4, 9, 16, 25….

그러면 우리는 1, 4, 9, 16, 25… 이것이 무엇인지는 안다. 하지만 이것이 어디에서 끝나는지, 얼마만큼이나 있는지 모른다. 우리는 요소명제에 대해서도 그렇게 생각해야 한다. 우리는 세계 전체에 대해 요소명제를 전부 다 나열할 수는 없다. 아니, 있을 것이다. 하지만 우리에게 그럴 가능성은 없어 보인다.

단지 우리가 할 수 있는 것이라곤 1, 4, 9, 16, 25…를 일반항 $a_n = n^2$ 이라고 표현하고 만족스러워하는 것이다. 혹은 1에서 시작해서, 어떤 임의의 x가 있다면, 그다음 항은 $(\sqrt{x}+1)^2$가 된다는 그래서 $(1, x, (\sqrt{x}+1)^2)$ 이라고 쓰고 만족스러워하는 것뿐이다.

이렇게 두 항만 제시하면, 하나를 전항으로 삼아서 그다음을 전개하고 또 전개한다. 그래서 우리는 1, 4, 9, 16, 25…$=(1, x, (\sqrt{x}+1)^2)$라고 쓰고, 끝이라고 말한다. 이렇게 전개되어나갈 것을 기대하게 된다.

자, 그러면 요소명제로부터 나온 명제들로 이루어진 세계를 표현하게 되는가? 우선 요소명제가 p 하나만 있다고 하자. 그러면 먼저 p를 부정한다. p라는 명제가 있고, 그것을 부정해서 $\sim p$가 되었으니, 이 둘은 전체 세계다.

이번에는 여기에 q가 나타났다고 해보자(q가 새로 도입). 그러면 각각의 부정인 $\sim p$와 $\sim q$로 만들어지는 경우($\sim p \wedge \sim q$), 그리고 다시 이것을 부정하면 ($\sim p \wedge \sim q$)와 $\sim(\sim p \wedge \sim q)$가 전체 세계가 된다. 즉 새로운 요소명제를 도입하고, 전체에 대해 부정하면, 계속해서 세계가 확장된다.

요소명제가 p일때	p	~p	전체세계	
요소명제가 q일 때	q	~q	전체세계	
요소명제가 r일 때	r	~r	전체세계	
요소명제가 p, q일때		~p∧~q	~(~p∧~q)=p∨q	
요소명제가 p,q, r일 때		~p∧~q∧~r	~(~p∧~q∧~r)	전체 세계
요소명제가 p, q,r,s일 때		~p∧~q∧~r∧~s	~(~p∧~q∧~r∧~s)	전체 세계
요소명제가 p, q, r, s…일 때		~p∧~q∧~r∧~s∧…	~(~p∧~q∧~r∧~s∧…)	전체 세계

즉 부정된 것들의 논리곱과 그것 전체를 부정하면, 세계 전체가 된다. 또 여기에 계속 요소명제를 추가할 수 있다. 그래서 우리는 출발점은 요소명제 전체, 어떤 시점에서의 명제 $\bar{\xi}$, 그리고 그 명제들 전체의 부정 $N(\bar{\xi})$. 즉 $(\bar{p}, \bar{\xi}, N(\bar{\xi}))$ 이렇게 하면 바로 전체 세계가 된다. 환상적이지 않은가? 이게 끝이다. 그러면 '~' 하나만 계속해서 사용하면, 전체 세계일 수 있었던 것이었다.

어쨌든 중요한 것은 세계를 구성하는 것은 두 개의 그룹이다. 하나는 $(\sim p \cdot \sim q \cdot \sim r \cdot \sim s)$, 다른 하나는 그것의 부정인 $\sim(\sim p \cdot \sim q \cdot \sim r \cdot \sim s)$이다. 즉, 전체 세계는 $(\sim p \wedge \sim q \wedge \sim r \wedge \sim s)$와 $\sim(\sim p \wedge \sim q \wedge \sim r \wedge \sim s)$이다. 그러면 여기에서 p, q, r, s라는 요소명제는 실재reality로서의 요소명제인가? 존립하는 것으로서의 요소명제인가? 'p, q, r, s가 요소명제 전체'라고 말할 때, p, q, r, s는 실재로서의 요소명제이다. 그리고 $(\sim p \cdot \sim q \cdot \sim r \cdot \sim s)$와

$\sim(\sim p \cdot \sim q \cdot \sim r \cdot \sim s)$에 각각의 존립/비존립이 포함되어 있다. 그래서 이 두 그룹이 존립과 비존립의 모든 세계이다.

물론 엄밀한 의미에서 실재라는 것은 없지만, 지금 설명은 철학 용어를 비트겐슈타인식으로 사용할 때이다. 실재는 모든 가능성을 다 가지고 있다. 하나의 가능성이 실재이다. 그러나, 요소명제는 실재로서의 명제이다. 그리고 존립/비존립은 $(\sim p \cdot \sim q \cdot \sim r \cdot \sim s)$와 $\sim(\sim p \cdot \sim q \cdot \sim r \cdot \sim s)$에서 결정된다.

그러므로 각각의 명제를 부정해서 논리곱을 하고, 그 전체를 다시 부정을 하면, 이것이 전체 세계가 된다. 즉 '~' 하나만으로 된다. 매우 까칠하게 대하면서 "이것은 아닌데, 저것은 아닌데…"라고 말하는 사람은 사실은 세상에 대한 엄청난 긍정을 품고 있는 것이다. 안 그런가? 차가움과 뜨거움은 결국 같은 것이다.

이러한 설명들은 너무나 당연한 얘기인데, 왜 그렇게 심각하게 다루는가?

실제로 우리가 논리적으로 보면 당연하다. 그런데 아메리카 대륙의 발견은 당연한 것인가? 예를 들어 앞에서 설명한 것처럼 결국 세계란 어떠한 요소명제 전체$(\bar{p})$로 출발해서, 어떤 시점에서의 명제의 총체$(\bar{\xi})$와 그 명제 전체를 부정한 것$(\mathrm{N}(\bar{\xi}))$, 그래서 $(\bar{p}, \bar{\xi}, N(\bar{\xi}))$ 이것이 세계 전체이다.

또 우리는 $(1, x, (\sqrt{x}+1)^2)$라고 표현한다. 그리고 이것이 자연수의 제곱의 전개라고 사용한다. 이와 마찬가지로 두 개의 전/후항을 표현하고, 이것을 연속시키면, 결국 모든 자연수의 제곱을 내포한다는 것을 안다. 마찬가지로 전체 세계를 $(\bar{p}, \bar{\xi}, N(\bar{\xi}))$로 표현한다. 이것이 당연한가?

$(1, x, (\sqrt{x}+1)^2)$이 초항, *n*항, *n+1g* 항을 나타내고, $(\bar{p}, \bar{\xi}, N(\bar{\xi}))$은 초항, 중간항, 그것의 부정으로 전체를 표현한다. 동일하지 않은 것 같다. 물론 $(\bar{p}, \bar{\xi}, N(\bar{\xi}))$과 $(1, x, (\sqrt{x}+1)^2)$이 동일하지는 않다. 하지만 초항이 있고, 두 개의 전 후항으로 계속 전개되어 간다는 것이다. 이 둘에 의해 무엇을 의미하는지 안다. 마찬가지로 $(\bar{p}, \bar{\xi}, N(\bar{\xi}))$라는 이 표현으로 명제가 어떻게 계속 되어가는지를 알 수 있다.

대수학에서 공준은 몇 개일까? 기하학의 공준처럼 대수학에서의 공준도 5개이다. 6개라고 말하는 사람도 있지만, 하나는 겹친다. 그래서 다섯 개다. Reflexive, Symmetric, Transitive, Additive, Multiplicative이다. 다섯 개의 공리axiom 혹은 공준postulate이다. 이 다섯 개로부터 얼마나 많은 대수학의 정리가 전개되는가?

예를 들어 어떤 정리가 다음과 같은 공준으로 이루어진다고 해 보자. 다섯 개의 공준으로 이루어지는 세계는 우선 R이 사용되고, T가 사용되고, (t_1 시점에) 그것으로 만들어지는 세계(★)가 된다. 그리고 마찬가지로 어느 시점(t_2)에서는 ★과 A가 또 엮여질 수 있다. 또 S와 T로 ★이 되고, 다시 M이 결합해서 또 다른 정리가 만들어질 수도 있다. 이런 식으로 보면, 전개되어나가는 모든 대수학이 사실은 처음 출발의 공준 전체를 $\bar{p}$ 로, 그리고 전개되어 나가는 어느 한 시점(t_1 또는 t_2)에서의 명제 전체를 $\bar{\xi}$로, 그리고 그것 전체의 부정은 $(N(\bar{\xi}))$이 된다. 그래서 $(\bar{p}, \bar{\xi}, N(\bar{\xi}))$이 된다. 이것은 비트겐슈타인 혼자만 얘기하는 매우 독창적인 설명이다.

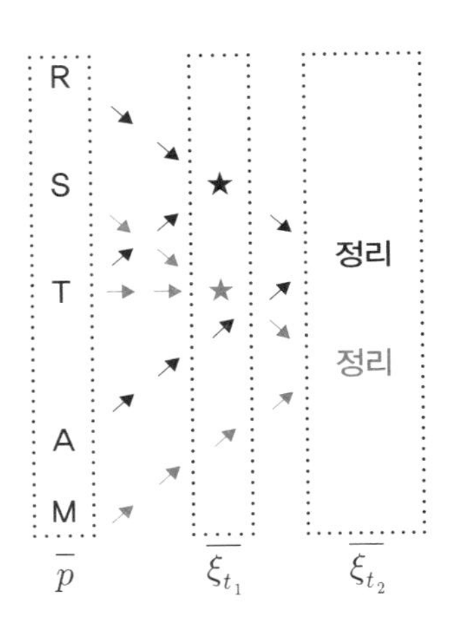

예를 들어 여기에 p와 q라는 두 개의 명제가 있어서 $\sim p$, $\sim q$의 세계가 있다. 여기에 s가 도입되면, $\sim s$도 있다. 이때의 전체 세계는 $\sim p \cdot \sim q \cdot \sim s$와 이것 전체의 부정$(\sim(\sim p \cdot \sim q \cdot \sim s))$이면 된다. 그다음 r이 도입되면, $\sim r$도 있고, 그러면 세계 전체는 $\sim p \cdot \sim q \cdot \sim s \cdot \sim r$와 이 명제의 부정인 $\sim(\sim p \cdot \sim q \cdot \sim s \cdot \sim r)$이다. 이런 식으로 전체 세계가 확장되어간다.

쉐퍼의 막대기이건, 퍼스의 화살표이건, 이것이 가지는 가장 중요한 의미는 사실 not에 의해서 세계를 구성할 수 있다는 것이다. not만으로. 사실은 not과 and이다. ~과 ·(∧)이다.

한번 생각해보자. 우리에게 'or'가 더 간단한가, 'and'가 더 간단한가? 어떤 것이 더 자연스러운가? 혹은 따지거나 생각하는 것이 어느 쪽이 더 쉬운가? and이다. 바로 그런 것이다. and는 얼마나 마음이 편한가? 왜 그럴까? and는 $x.fx$이기 때문이다. 모든 x에 대해서다. 반면, or는 $\exists x$이다. $\exists x$는 어렵다. or라면, 경우 1 경우 2…를 다 살펴야 한다. $p \wedge q$, $p \vee q$의 진리함수표에서도 마찬가지다. $p \wedge q$는 관심을 가져야 하는 경우(T)가 한 가지이지만, $p \vee q$는 세 가지 경우에 대해서이다. 그래서 참인 것만 찾아가면 되기 때문에 NAND가 편하다.

p	q	p∧q	p∨q
T	T	T	T
F	T	F	T
T	F	F	T
F	F	F	F

그래서 이제 우리는 not과 and만으로 모든 세계를 구성할 수 있게 되었다. '설마 그럴까?'라고 생각할지도 모른다. 그러나 진짜 그렇다. 그런데 우리가 그렇지 않게 느껴지지는 이유는 역시 우리 언어의 어색함awkwardness이다. 언어가 잘못되어서이다.

이 시점에서 비트겐슈타인의 분석철학의 의미를 정확히 살펴보자. 그는 여기에, 세계에, 철학에 없는 새로운 어떤 것도 도입하지 않는다.

단지 그는 "세계는 분명한 것이다. 예를 들어 $p \wedge q$이면 당연히 $p \vee q$이다. 이것($(p \wedge q) \rightarrow (p \vee q)$)은 너무나도 당연하다. 우리 언어가 언어의 논리상 그렇다고 말했다. 그런데 왜 우리는 $p \wedge q \rightarrow p \vee q$를 아닌 것처럼 말하는가?"라고 말한다. "우리의 언어는 너무나 분명하다. 그러나 단지 우리가 용례에 의해 우리 언어를 분명하지 않게 사용한다." 그래서 비트겐슈타인은 우리 언어의 정체를 밝히고자 했다.

세계는 요소명제가 주어지는 순간 모든 것은 다 끝난다. 모든 것은 다 거기로부터의 연역이다. 그런데 우리는 왜 연역되지 않는 세계를 이 세계에 끌어들이려고 하는가? Logic must take care of itself, 논리는 스스로를 보살핀다. 그런데 이렇게 모든 것이 논리적 귀결로 나아가는데, 왜 우리는 잘못 되어서 아닌 것처럼, 다른 것을 도입하는가?

$(p \vee q) \wedge \sim p \rightarrow q$에서 q는 $(p \vee q) \wedge \sim p$의 논리적 귀결이다. 비트겐슈타인은 '$(p \vee q) \wedge \sim p \rightarrow q$'의 정체를 밝혔다. $(p \vee q) \wedge \sim p$로부터 q가 당연히 나오는 것이다. 사실 우리는 '$(p \vee q) \wedge \sim p \rightarrow q$'를 모를 수 있다. 우리 언어가 masked(가면을 쓴) 되어 있어서, 혹은 disguised(변장한) 되어 있어서, $(p \vee q) \wedge \sim p$로부터 q가 나온다는 사실을 모를 수 있다. 우리 언어는 우리 옷이 몸을 드러내도록 만들어지지 않은 것처럼, 사유를 드러내도록 만들어지지는 않았다. 우리 언어가 가지고 있는 그러한 잘못된 관습 때문에 이런 논리적 양상이 드러나지 않는다. 그러니까 논리적 양상이 드러나는 것을 명확히 밝혀주는 것이지, 비트겐슈타인이 새로운 언어를 도입했다거나, 올바른 언어를 도입한 것이 아니다. 올바른 언어는 요소명

제로써 이미 거기에 있다.

요소명제가 주어져 있다. 그것으로 모든 것은 끝이다. 다섯 개의 공리가 주어질 때, 모든 대수학은 이미 모순 없이 진행되어야 한다. 그런데 누구는 수학을 잘해서 답을 제대로 쓰고, 누구는 답을 제대로 못 쓴다. 그러면 왜 제대로 풀지 못하는지를 밝혀야 하고, 어떻게 해야 제대로 사용하는 것인지를 보여주어야 한다.

누군가가 "요소명제가 누리는 절대적 우월성은 어디에 있는가?"라고 물을 수 있다. 우리는 신학에서 신의 존재 의의에 대해 혹은 존재의 원인, 존재의 양태에 대해 뭐라고 말하는가? "신은 원인 그 자체이다. 혹은 스스로 존재하는 자이다"라고 말한다. 왜냐하면 거기에 최초의 것이 있어야, 거기로부터 모든 것이 연역된다. 즉 최초의 무엇인가가 있어야 하는데, 신이 스스로 존재하지 않는다면, 신이 무엇인가로부터 유출되어야 한다. 그러면 신이 궁극적인 모든 것의 원인이라는 것에 모순된다. 그래서 신의 속성 중 제일 중요한 것으로서 being(존재), "신은 그 자체로서 존재한다"라고 한다. 이것을 비트겐슈타인은 "요소명제는 스스로가 스스로의 함수가 된다"라고 했다. 이것으로 끝이다.

다른 모든 명제는 요소명제의 함수이다. 하지만 요소명제는 요소명제의 함수이다. 스스로가 스스로의 함수이다. 요소명제는 공준처럼 스스로 그냥 존재하는 것이다.

그러면 최초의 것을 가정하고, 거기로부터 유추시켰다면, "플라톤의 실재론과 어떻게 다른가?"라고 물을 수 있다. 어떻게 다른지 보자. 우리가 현재 사용하는 언어를 분석해보면, 그 끝에 가서는 무엇인가가 반드시 있어야 한다. 우리는 무엇인가에 대해 말할 때, 예를 들어 탁자, 책상, 의자, 이렇게 말할 수 있는 이유는 분석의 끝에 무엇인가가 있어야 한다는 것을 전제하고 있다. 그러니까 최초의 존재라는 것은 현존에 의해서 거꾸로 규정되는 것이다.

"인상주의 회화는 이를테면 거꾸로 된 스무고개이다"라고 말한 적이 있다. 무슨 뜻인가? 인상주의 화가, 세잔에게 물어보자. "네가 하고자 하는 작업이 무엇인가?" 그러면 그는 답할 것이다. "나는 원초적인 것으로서의 세계를 파악하고자 한다." 모네에게 물어보면, "나는 원초적인 것으로서의 세계를 파악하고자 한다"라고 할 것이다.

인상주의 회화는 종합을 위한 회화인가, 분석/분해를 위한 회화인가? 분해를 위한 것이다. 하나의 대상을 어떤 연속적인 선 사이를 채우는 전체적인 빛의 tinge(엷은 색)로 된 것을 그냥 패치patch로 점을 찍듯 분석해나간다. 마치 이런 점들로부터 무엇인가를 추정해내는 스무고개와는 반대로 지정된 것을 해체해나가는 거꾸로 된 스무고개이다. 이것에 의해 추정되는 바가 바로 요소명제이다.

예를 들어 '인접한 나라를 다른 색으로 칠할 때 모든 지도를 네 가지 색으로 칠할 수 있다'는 명제는 논리적 사실인데, 이것을 모든 사람이 알지 못한다. 하지만 '논리적'이면, 모든 사람이 논리를 알 수 있을 것 같다.

우리가 논리에 의해 알 수 있는 것은 최초의 가정된 요소명제로부터 계속해서 만들어지는 명제들 사이의 내적 관계이다. 외적 관계여서는 안 된다. 내가 말하고자 하는 바는 논리학을 다 이해해야 된다는 의미가 아니라, 하나의 논리 규준이라는 의미이다. 그리고 그 규준을 어긴다는 것은 무엇인가가 잘못되어 있다는 것이다.

네 가지 색으로 인접한 영역을 겹치지 않게 칠할 수 있다는 것이 논리학인가? 맞다. 그런데 우리가 이것을 선천적으로 아는가? 그렇지 않다. 비트겐슈타인이나 논리학자들이 말할 때, 우리가 논리를 선천적으로 안다는 것을 전제로 하고 있지 않다. 선천적으로 안다면, 논리학을 할 필요가 없다. '$(p \vee q) \wedge \sim p \rightarrow q$' 이것을 모르는 사람들 많다. 그런데 논리적으로 따져보면, '$(p \vee q) \wedge \sim p \rightarrow q$'는 맞다. 이것이 틀리다고 말하면 안 된다. 잘못 배운 것이다. 생각해보면, 맞다. 무엇인들 선험적이겠는가? 우리가 선험이라고 말할 때에는 거기에 논리구조상 내포하고 있다는 의미이지, 우리가 그것을 저절로 안다는 것과는 다른 문제이다.

인간이 논리를 만들기는 했지만, 인간의 본성, 좁게는 인간의 사고 내에서도 논리는 굉장히 작은 영역이다. 누가 인간이 논리를 만들었다고 했는가? 만들었는지 아닌지 우리는 모른다. 그렇기 때문에 논리는 형식 개념이다. 그냥 주어져 있는 것이다. 논리는 삶의 일부, 우리 사유의 일부라고 할 수 있다(삶의 일부처럼 볼 수도 있을 것이다. 그러나 일부라고 할 수는 없다). 예를 들어서 "산소는 우리 삶의 일부분이야", "산소는 원소주기율표에서 여러 원소들 중의 하나일 뿐이다"라고 말할 수 있다. 즉 우리 삶은 산소 없이 지탱될 수는 없다. 산소는 우리 삶에 스며들어 있다. 마찬가지로 논리는 이미 모든 것을 전제하고 있다. 그러한 것들이 비논리적이면 안 된다. 무조건 안 된다. 그래서 '신은 비논리적이지 않은 모든 세계를 창조할 수 있었다'라고 하는 것이다. 일단 논리는 그렇게 '인감됨'의 배경에 깔리는 것이다.

그러면 세계는 무엇으로 구성되는가? 우선, 여기에 경험적 측면으로는 요소명제가 있다. 그리고 그 후의 모든 것들은 다 논리이다. 사실 경험적 측면이 존재해야 한다는 것도 우리의 현존하는 언어에 대한 분석으로부터 나온다. 그것이 가정되는 것 자체도 사실은 경험적이다. 그렇다고 해도 일단 요소명제는 스스로의 함수가 된다. 거기에 요소명제가 있고, 거기로부터 모든 것이 나온다고 할 때, 그러한 것들이 전부 요소명제 안에 들어 있는 것을 보는 것이다. 드러내서 보여주는 것이다. 논리는 일부가 아니라 이미 퍼져있다, 전제되어 있다. 일부라면 마치 논리말고 다른 것이 논리 없이도 세상을 가능하게 하는 것처럼 보이기 때문이다.

어떤 논설이나, 어떤 문학을 보자. 길을 가다가 어떤 그림을 보았는데, 레오나르도 다 빈치 빰치게 그린 그림이자. 이 그림에 대해 뭐라고 말할까? 제일 먼저 "사실상 비논리적인 그림이다"라고 말한다. 이 얘기는 그 그림이 하나의 양식을 지키지 않았다는 점에서이다. 양식을, 형식을 지키지 않은 것이 비논리다. 예술도 비논리적이면 안 된다. 모든 것은 일단 논리적이어야 한다.

그런데 애당초 논리가 적용되는지 아닌지도 모르는 영역이 두 개 있다. 그 하나의 영역이 형식개념이다. 이것은 앞에서 배운 것처럼 카테고리이다. '1, 5'가 주어질 때, 여기에는 '수'가 배경에 깔려 있기 때문에 1과 5를 수라고 말해서는 안 된다. 또 $f(x)$를 말하면서, 이것이 함수라고 말하지 않는다. $f(x)$라고 표기될 때, $f(x)$에는 이미 함수라는 것을 전제하고 있다. 이것이 형식개념이다.

그다음 또 하나의 영역이 있다. 우리의 실증적 영역을 벗어난 것, 즉 요소명제를 벗어난 것에 대해서는 말할 수 없다. 이것은 'be passed in silence, 침묵 속에서 지나가야 할 것'이다. 이 두 영역에 대해서 우리는 말해서는 안 된다.

논리가 우리에게 어떻게 주어졌는지도 모르는데, 인류 역사상 논리는 하나인가? 논리는 문화의 관습 아닌가?

논리가 문화의 관습이나 관례라고 말하는 것은 논리의 본질에 대해 안다는 것이다. 논리는 논리 자체 하나이다. 그런데 요소명제는 다를 수 있다. 문맥에 따라 요소명제가 달라진다. 세계에는 내적 속성이 있고, 외적 속성이 있다. 내적 속성이 논리학이고, 외적 속성이 우리의 경험지식이다. 요소명제의 구성은 외적 속성이다. 하지만 요소명제의 작동은 내적 속성이다. 다르다. 그래서 "논리란 무엇인가?"라고 누가 묻는다면, "세계의 내적 속성이다"라고 답하면 된다. 그러면 "우리의 경험은 무엇인가?" "외적 속성이다." 일단 그렇게 때문에 요소명제가 주어지면, 세계는 주어진다. 하지만 요소명제는 항상 똑같이 일관되게 주어진다고 말할 수 없다. 그렇지만 그것을 따질 필요는 없다.

요소명제는 사람마다 다를 수 있는가?

요소명제는 사람마다 같다. 모든 사람들이 함께 공유하는 것이다. 만약 누군가가 요소명제에 대해 모른다고 한다면, 그는 세계에 대해 모르는 것이다. 그냥 모르는 사람이다. 그런데 우리가 무엇인가를 요소명제를, 논리를 모르는 사람을 '모르는 사람'이라고 하지, 사람이 아니라고 하지 않는다. 원소주기율표를 모른다고 해서, 그가 사람이 아닌 것은 아니다. 원소주기율포를 모른다고 해도 원소주기율표라는 것이 있다는 것, 물질은 무엇인가로 구성되어 있다는 것, 분석이 가능하다는 것을 안다. 분석이 가능하다는 것, 이것이 곧 논리이다. 우리는 제일 먼저 묻는다. "어떻게 분석하지?"라고. 분석해서 무엇이 나오는지는 몰라도 분석은 가능하다는 것은 안다. 그리고 분석해야 알 수 있다는 것을 안다. 이런 것이 논리에 속한다.

나는 예술사를 썼다. 예술사를 쓰는 전제는 이렇다. 고대에는 구석기, 신석기, 이집트 시대, 이런 시대가 있다. 이때 구석기시대, 신석기시대는 서로 외적 관계에 처한다. 그런데 각 시대 내부에는 내적 관계에 있다. 한 시대의 이념과 예술양식은 내적 관계에 놓인다. 논리적인 관계, 형식적인 관계에 있다. 나의 예술사 집필은 두 가지였다. 이 내적 관계를 밝히는 것 그리고 외적 관계를 전부 모으는 작업. 그래서 현대까지 모아야 한 바퀴 돌아서, 각각의 시대를 이해할 수가 있게 된다. 그러니까 우리는 무엇인가에 대한 이해를 내적으로도 이해해야 하고, 외적으로도 이해해야 한다.

즉 어떤 시대의 형이상학(세계관)이 이러한데, 그 시대의 예술양식이 그 시대의 세계관과 다르다면, 그 예술은 논리를 지키지 않은 것이다.

논리를 지키는 것은 필연이다. 반드시 지켜야 한다. 어떤 사람이 르네상스 시대에 이집트 방식의 예술을 했다면, 그는 내적 양식을 지키지 않은 것이다. 그의 작품은 그 시대에 있어 유의미하지 않은 예술이다. 그 점에서 예술은 논리를 따르는 필연성을 지녀야 한다.

시대마다 논리가 다른가?

논리의 형식은 같다. 단지 어떤 동기에서인지는 모르지만, 그 형이상학은 다르다. 논리는 동일하지만, 요소명제가 달라진다. 요소명제의 문제는 너무나 당연하다. 우리가 어떤 시대를 탐구할 때 우리는 그 시대의 사람이 되어야 한다. 그 시대의 입장에서 볼 때, 그 시대에 어떠한 요소명제가 있다는 점은 예술사에서는 중요성을 가지지 못한다. 예술사에서 있어 중요한 것은 작품의 양식이 이러하고, 작품의 양식과 그 시대의 세계관이 어떻게 해서 같은가를 보여주는 것이다. 그러면 이제 각 시대를 어떤 견지에서 보는가의 문제가 남는다.

나는 이 시대적 구분을 '구조적'으로 본다. 왜냐하면 비트겐슈타인이나 소쉬르의 의견이 옳다고 보기 때문이다. 이것이 견해point of view이다. 그러면 나의 견해는 현대철학이고, 분석철학이다. 어떠한 견지에서 본다 해도 논리는 동일하게 작동한다.

시대와 시대 사이가 '외적 속성'을 지닌다는 것이 어떤 뜻인가?

왜 서로 외적으로 차이가 있는지는 모른다. 하지만 외적 차이라는 것은 있어서, 양식은 서로 다른 양식으로 존재한다. 그런데 왜 그런 양식이 거기에 있는가는 알 수 없다.

문학사에서는 '작용/반작용'이라는 개념이 있다.

말도 안 된다. 예술사에서 낭만주의와 신고전주의를 지나 사실주의에 이를 때, 결코 '작용/반작용'이 적용되지 않는다. 왜냐하면 사실주의는 낭만주의 대부분을 계승한다. 절대로 사실주의가 낭만주의의 반명제가 아니다. 낭만주의의 모든 요소들 중에 왜 어떤 것이 대두되었는지, 또 어떤 것은 왜 하필 그때 대두되었는지, 왜 어떤 요소는 다른 양식에서도 연속적이었는지, 이런 것들은 해명되지 않는다. 이것은 그냥 모른다고 놔두는 것이 낫다. 왜냐하면 소쉬르가 말했다. "우리는 언어의 기원에 대해서 알 수도 없고, 알 필요도 없다." 한 시대와 다음 시대를 어떻게든 묶으려고 하는 것, 그것이 인과율이고, 우리는 인과율이 없는 시대에 살고 있다.

시대와 시대 사이의 '외적 속성'이란 각 시대의 차이점인가?

외적 속성을 가장 간단히 말하면 '경험적'이다. 내재적인 것이 아니라 경험적인 것이다. 경험적이려면 한 시대를 보고, 또 다른 시대를 보면서 그 차이를 알아야 한다. 그래서 양식적 차이를 알아야 한다. 내적인 관계를 따지는 것이 아니라 각 시대를 바깥쪽에서 바라보는 것이다. 내적 속성은 형식 논리학이다. 그리고 외적 속성은 경험 지식이다.

5.155 The minimal unit for a probability proposition is this: The circumstances-of which I have no further knowledge-give such and such a degree of probability to the occurrence of a particular event.

확률함수의 최소 단위는 다음과 같다. 더 이상의 지식을 가질 수 없는 상황들이 어떤 특정한 사건의 발생에 이러저러한 정도의 확률을 준다.

5.156 It is in this way that probability is a generalization. It involves a general description of a propositional form. We use probability only in default of certainty-if our knowledge of a fact is not indeed complete, but we do know something about its form. (A proposition may well be an incomplete picture of a certain situation, but it is always a complete picture of something.) A probability proposition is a sort of excerpt from other propositions.

확률이 일반화인 것은 다음 방식을 통해서이다. 그것은 명제형식의 일반적인 기술을 포함한다. 우리는 확실성의 결여에서만 확률을 쓴다. 만약 사실에 대한 우리의 지식이 정말이지 완전하지 않다면 그러나 그 형식에 대해서는 무엇인가를 안다면. 명제는 어떤 상황의 불충분한 그림이 될 수 있다.

그러나 그것은 항상 무엇인가에 대한 완전한 그림이 된다. 확률명제는 다른 명제들의 일종의 추출이 될 것이다.

5.155와 5.156은 간략하게 말하면, "확률이라는 것은 어떤 사건의 확실성을 파악하는 것이 아니라, 그것의 형식을 파악하는 것이다. 그것의 형식에 대해서는 무엇인가를 나는 알고 있다 라고 말하는 것이다."